스마트한 생각들

Die Kunst des klaren Denkens

by Rolf Dobelli
Illustration by Birgit Lang
Copyrights © 2011 by Carl Hanser Verlag, Munich/FRG

No part of this book may be used or reproduced in any manner whatever without written permission except in the case of brief quotations embodied in critical articles or reviews.

Korean Translation Copyright © 2012, 2024 by Woongjin Think Big Co., Ltd.
Korean edition is published by arrangement with Carl Hanser Verlag, Munich/FRG through BC Agency, Seoul

이 책의 한국어판 저작권은 BC에이전시를 통한 저작권자와의 독점 계약으로 '웅진씽크빅'에 있습니다. 저작권법에 의해 한국 내에서 보호를 받는 저작물이므로 무단전재와 복제를 금합니다.

Die Kunst des klaren Denkens

스마트한 생각들

롤프 도벨리
지음

비르기트 랑
그림

두행숙
옮김

사람의 마음을 움직이는 52가지 심리 법칙

갤리온
GALLEON

프롤로그

모든 것은 2004년 가을 어느 날 저녁에 시작되었다. 나는 출판업자 후베르트 부르다의 초대를 받아 뮌헨으로 떠났는데, 이른바 '지식인들의 자발적 교류'라는 모임에 참석하기 위해서였다. 그때까지 나는 결코 나 자신을 지식인이라고 여긴 적이 없었다(나는 경영학을 공부했고, 지식인과는 거리가 먼 사업가가 되었다). 그러나 후베르트는 내가 두 권의 책을 출간했으니 그것만으로도 자격은 충분하다고 했다.

그 모임에는 나심 니콜라스 탈레브가 나와 있었다. 당시 그는 철학에 조예가 깊은 월 스트리트의 투자 전문가였다. 나는 그에게 영국과 스코틀랜드의 계몽주의 철학, 특히 데이비드 흄에 정통한 사람으로 소개되었다. 사람들은 나에 대해 완전히 혼동하고 있는 것이 분명했다. 나는 아무 말도 하지 않은 채 엷은 미소를 지으며 좌중을 둘러보았고, 그렇게 해서 생겨난 잠깐의 침묵은 마치 내가 대단한 철학 지식을 갖고 있는 것처럼 보이게 했다. 탈레브는 빈 의자 하나를 자기 앞으로 끌어당기더니, 손으로 의자 쿠션을 털어주면서 나에게 앉으라고 권했다.

간단한 인사가 오간 뒤에 다행히도 대화의 주제는 데이비드 흄에서 내가 최소한 몇 마디 거들 수 있는 월 스트리트로 넘어갔다. 우리는 CEO들이 저지르곤 하는 생각의 시스템적 오류들에 대해 이야기했다. 그리고 우리 자신도 그런 오류를 저지를 수 있다는 것에서 제외시키지 않았다. 또한 정말 어처구니없는 우연한 사건들도 한참 시간이 지난 후 되돌아보면 필연적으로 그렇게 될 수밖에 없었던 일로 여겨진다는 것과 주식 투자자들이 시세가 매입가 아래로 떨어진 주식을 포기하지 못하는 심리에 대해서도 이야기하며 웃었다.

그런 만남이 있은 후 탈레브는 나에게 자신이 쓴 원고를 보내줬다. 나는 거기에 주석을 붙이고 부분적으로는 비판도 해주었는데, 그 내용이 영광스럽게도 탈레브를 세계적 지성의 반열에 올려놓은 베스트셀러 『블랙 스완』에 실리기도 했다.

그 후 나는 점점 지식에 굶주려서 '휴리스틱(Heuristic, 인지적 발견법. 의사결정 과정을 효율적으로 단순화한 지침을 말한다. 그러나 그것이 항상 최상의 해결책임을 보장할 수는 없다-옮긴이)'과 '편향(Bias, 어떤 문제를 해결하는 데 여러 가지 대안이 있는데도 불구하고 편향적인 시각을 고수하려는 경향-옮긴이)'에 대한 책들을 마구 찾아 읽으며, 미국 동부 해안의 지식인들로 불리는 수많은 학자들과도 긴밀하게 교류했다. 그리하여 몇 년 뒤에는 사회심리학과 인지심리학에 관한 귀중한 공부를 끝낼 수 있었다.

이 책에서 말하는 '생각의 오류'란, 시스템적 합리성과 논리적이고 이성적인 것에만 입각해 생각과 행동이 빗나가는 것을 말한다. 여기서 '시스템적(systematic)'이라는 말은 중요하다(이 책에서 사용되는 '시스템'이라는 말은 사람들이 어떤 특정한 결과를 선호하는 고유의, 또는 본래부터 갖고 있는 성향을 뜻한다고 할 수 있다. 따라서 약간은 부정적인 의미를 갖고 있다- 옮긴이). 왜냐하면 우리는 종종 익숙하고 선호하는 방향으로 잘못 들어가 오류에 빠지기 때문이다. 우리는 자신의 지식을 과소평가하기보다는 과대평가하고, 뭔가를 얻을 수 있다는 긍정적인 전망보다는 뭔가를 잃어버릴 위험 쪽으로 훨씬 더 자주 치우친다.

나는 그동안 쌓아온 심리학 지식들과 생각의 시스템적 오류들을 사업 경영과 투자 활동에 활용하기 위해 목록으로 만들고, 개인적으로 수집한 일화들을 사례로 넣어 글을 써보기로 마음먹었다. 단지 나 자신을 위해 정리하려는 것일 뿐 출간하려는 의도는 전혀 없었다. 그런데 얼마 지나지 않아 내가 수집한 목록이 경영이나 투자 분야뿐만 아니라, 대다수 개인의 삶에서도 유용하게 쓰일 수 있다는 것을 깨달았다. 생각의 오류에 대한 지식으로 나는 우리가 빠질 수 있는 인식의 함정들을 일찍 깨닫게 되었으며, 그것들이 커다란 해를 입히기 전에 미리 예방할 수 있었다. 그리고 처음으로 사람들의 무분별한 행동과 성급한 결정들을 이해하게 되었고, 미리 대비하여 좀 더 유리한 입장에서 그들을 대할 수 있게 되었다. 하지만 무엇보다도 큰 도움이 된 것은 내 안에 잠재된 무분별함의 유령을 퇴치할 수 있었다는 점이다. 내 손에는 그것을 쫓아버릴 수 있는 개념과 근거들이 쥐어져 있었다. 벤저민 프랭클린이 번개가 전기를 방전한다는 것을 발견하고 피뢰침을 발명한 이후로 천둥이나 번개에 대한 두려움이 조금씩 사그라진 것처럼, 생각이 오류를 일으키는 원인을 알고 난 후에는 나의 무분별함도 전만큼 위력을 과시하지 못하고 있다.

친구들에게 이런 변화에 대해 이야기하자 그들은 이 작은 편람에 관심을 갖기 시작했다. 결국 그 관심이 이어져서 CEO·투자자·정책결정자 교수 등을 상대로 수많은 강연을 하게 되었고 이렇게 책으로 출간되기에 이르렀다.

자, 이제 이 책은 독자 여러분의 손에 쥐어졌다. 이 자체가 여러분에게 행운을 가져다주지는 않을지라도, 적어도 스스로의 잘못으로 장차 일어날 지나치게 큰 불행을 막는 데 도움이 되리라는 것은 분명하다.

롤프 도벨리

차례

프롤로그 • 4

후광 효과
잘생긴 사람이 더 쉽게 출세하는 이유 • 13

매몰 비용의 오류
돌아가기에는 너무 멀리 와버렸다 • 18

수영 선수 몸매에 대한 환상
운동을 하면 누구나 몸매가 좋아질까? • 24

희소성의 오류
한정판 제품이 더 잘 팔리는 이유 • 30

기적
신의 계시를 받은 열다섯 명의 성가대원 • 35

소유 효과
왜 비싸게 판 사람은 없고 비싸게 산 사람만 있을까? • 40

귀납법의 오류
수억 원을 가로챈 금융 사기꾼의 비밀 • 45

더 좋아지기 전에 더 나빠지는 함정
컨설턴트의 말이 언제나 옳은 이유 • 50

확증 편향1
보고 싶은 것만 보고 믿고 싶은 것만 믿는 우리 • 56

확증 편향2
믿기 위한 증거와 믿을 수 있는 증거를 구분하라 • 62

상호 관계 유지의 오류
장미 한 송이의 대가 • 68

운전사의 지식
말 잘하는 아나운서에게 속지 마라 • 74

대비 효과 • 79
4백만 원짜리 가죽 시트가 싸게 느껴지는 이유

사회적 검증과 동조 심리 • 85
수백만의 사람들이 옳다고 주장해도 어리석은 것이 진실이 되지는 않는다

승자의 저주 • 90
당신은 10만 원을 얻기 위해 얼마를 걸겠는가?

사회적 태만 • 95
팀이 더 게으르다

지수의 확장 • 100
5백억 대신 3천만 원을 선택하는 이유

틀 짓기 • 105
'위기는 기회다'라고 우기는 이유

행동 편향 • 110
우리는 아무것도 하지 않고 기다리는 고통을 참지 못한다

부작위 편향 • 115
80명의 목숨을 살리는 약을 못 팔게 하는 이유

이기적 편향 • 120
나는 잘했어, 네가 좀 부족했지

쾌락의 쳇바퀴 • 126
백억 원짜리 로또에 당첨된다면 얼마 동안 기쁠까?

자기 선택적 편향 • 131
나만 불행하다는 착각

기본적 귀인 오류 • 136
CEO 때문에 실적이 떨어진 게 아니다

호감 편향 • 141
당신은 사랑받고 싶어서 비이성적으로 행동한다

집단 사고 • 147
케네디와 가장 지적인 남성들의 어처구니없는 작전

기저율의 무시 • 152
가장 높은 확률에 따르기

가용성 편향 • 157
비행기 사고가 날지 모르니까 자동차 여행이 낫겠어

이야기 편향 • 163
중요하지 않은 기사가 신문 1면을 차지하는 이유

사후 확신 편향 • 169
나는 이미 다 알고 있었다

통제의 환상 • 174
로또 번호를 직접 선택한다고 당첨 확률이 높아지는 것은 아니다

중간으로의 역행 • 180
병원에 갔든 안 갔든 감기는 나았을 것이다

도박꾼의 오류 • 185
주사위는 순서대로 나오지 않는다

공유지의 비극 • 190
무료 공공 화장실이 더러운 이유

결과 편향 • 195
'결과만 좋으면 됐지'의 위험

선택의 역설 • 200
너무 많은 것보다 차라리 하나뿐인 게 나은 이유

확률의 무시 • 206
가능성이 희박해도 당첨 상금이 높은 것에 도전하는 이유

제로 리스크 편향 • 211
모든 위험을 완벽하게 제거할 수 있다는 환상

인센티브에 특별 반응을 보이는 경향 • 216
쥐를 사육한 사람들

정박 효과 • 221
깎아줄지언정 가격을 싸게 매기지 않는 이유

손실 회피 • 226
상대를 설득하는 가장 강력한 기술

그릇된 인과관계 • 231
소방관이 많으면 화재 피해가 크다?

생존 편향 • 236
평범한 99퍼센트가 아니라 성공한 1퍼센트에 속한다는 착각

대안의 길 • 241
행운의 두 얼굴

예지의 환상 • 246
금융위기를 정확하게 예견한 경제학자는 0.001퍼센트도 되지 않는다

결합 오류 • 251
직관의 함정

연상 편향 • 256
징크스의 탄생

초심자의 행운 • 261
처음에 모든 일이 잘 풀리면 의심할 것

과신 효과 • 266
예언가들이 옳았다면 지구는 백 번도 더 망했다

권위자 편향 • 271
권위자에게 무례해야 하는 이유

인지적 부조화 • 277
이따금 위로가 필요할 때는 쓰라

과도한 가치 폄하 • 282
오늘을 즐겨라. 그러나 일요일에만

에필로그 • 287
감사의 말 • 297
참고문헌 • 298

후광 효과

잘생긴 사람이 더 쉽게 출세하는 이유

실리콘밸리의 벤처 기업인 시스코시스템스(Cisco Systems, Inc.)는 인터넷 경제 시대의 총아였다. 경제 저널리스트들의 견해에 의하면, 그 기업은 그야말로 모든 것을 완벽하게 해냈다. 최선의 고객 지향, 효율적인 사업 전략, 능수능란한 기업 합병, 독창적인 조직 문화, 카리스마 있는 CEO 등 어느 하나 빠지는 것이 없었다. 그리하여 2000년 3월, 시스코시스템스는 세계에서 가장 주식가치가 높은 기업 중 하나가 되었다. 그러나 무슨 이유에선지 이듬해 시스코시스템스의 주식은 80퍼센트나 하락했다. 그러자 그 기업을 극찬했던 저널리스트들은 비난을 퍼붓기 시작했다. 그들이 지적한 이유는 다음과 같았다. 서투른 고객 지향, 불분명한 사업 전략, 미숙한 기업 합병, 해이해진 조직 문화, 무력한 CEO. 시스코시스템스는 그동안 CEO도 그 어떤 전략도 바꾸지 않았는데 말이다. 사실 주식 가치가 떨어진 진짜 원인은 주식시장의 갑작스런 수요 감소였다. 그것은 시스코시스템스의 내부 사정과는 아무런 상관이 없었다.

사람들은 하나의 좋은 현상에 현혹되면 그로부터 전체 현상을 결론짓는 경향이 있다. 이런 모순을 '후광 효과(Halo effect)'라고 한다. 시스코시스템스는 초기에 드리워진 후광이 특히 환하게 빛났다. 그리고 저널리스트들은 시스코시스템스의 주식 시세에 현혹되어 내부 사정을 자세히 조사하지도 않은 채 무조건 좋을 거라는 결론을 내렸던 것이다.

후광 효과가 발휘하는 기능은 언제나 똑같다. 사람들은 간단히 얻을 수 있는 수치들이나 광고를 보고 그 기업의 경영진이 믿을 만한지, 탁월한 전략은 있는지 등의 탐지하기 어려운 특성에 대해서도 쉽게 결론을 내린다. 그리하여 어느 생산업자의 평판이 좋으면 그 회사 제품의 품질도 뛰어난 것으로 인지하는 경향을 보인다. 그렇게 판단할 객관적인 이유가 전혀 없는데도 말이다. 심지어 특정 업종에서 성공한 CEO들에 대해서는 그들이 다른 모든 업종에서도 성공을 거둘 수 있고, 사생활에서도 틀림없이 영웅적인 면모를 보일 거라고 가정한다.

심리학자 에드워드 손다이크는 외모, 사회적 신분, 나이와 같이 한 개인이 갖고 있는 특성은 상대방에게 긍정적이거나 부정적

사람들은 아름다운 용모를 지닌 사람을
더 다정하고 더 솔직하며 더 지적인 사람으로 인식한다.

인 첫인상을 주는데 그것은 다른 모든 것을 능가하는 '빛을 발하면서' 전체적인 인상에 지나치게 영향을 미친다고 말했다. 가장 많이 연구된 사례는 '외모의 아름다움'이다. 수십 번에 걸친 연구 끝에 사람들은 용모가 아름다운 사람을 더 다정하고 더 솔직하며 더 지적인 사람으로 인식한다는 것이 입증되었다. 매력적인 사람들이 더 쉽게 출세하고 교사들이 외모가 준수한 학생에게 무의식적으로 더 나은 성적을 주는 것 역시 실험을 통해 증명됐다.

이러한 후광 효과를 가장 잘 활용하는 것이 바로 광고다. 도심의 전광판에는 수많은 유명 인사들이 사랑스런 미소를 짓고 있다. 잘생긴 배우가 투자 전문가인 것처럼 묘사되고 프로 테니스 선수가 왜 커피포트의 전문가인 양 꾸며지는지 논리적으로는 이해가 잘 안 되지만 판매에는 확실한 효과가 있다. 그래서 광고 모델의 이미지가 나빠지면 판매도 떨어진다. 제아무리 큰 기업이라도 소비자들의 이런 심리를 통제할 수는 없는데 그 이유는 후광 효과가 무의식적으로 작용하기 때문이다.

객관적 판단을 마비시키는 후광 효과는 때때로 멋진 결과들을 낳기도 한다. 열렬한 사랑에 빠져본 적이 있다면 후광 효과라는 것이 얼마나 강한 빛을 발휘하는지 알 것이다. 당신의 눈에는 사랑하는 사람이 완벽한 존재로 보인다. 특별한 매력을 지닌 지적이고 배려심 깊으며 마음 따뜻한 사람으로. 그래서 당신의 친구들이 아무리 그 사람의 결점을 지적해도 그저 질투쯤으로 여겨질 뿐이다. 그러나 한 사람의 출신이나 성별 또는 인종이 그의 다른 모든 특성보다 더 지배적으로 후광을 발휘할 경우에는 종종 큰 폐해를 끼치기도 한다. 고정관념(stereotyping)이 생겨나는 것이다. 인종주의자나 남성우월주의자가 아니더라도 누구나 그런 고정관념에 빠질 수 있다. 그러므로 당신은 눈에 띄게 드러나는 특징을 제외시키고 좀 더 신중하게 관찰하라.

세계적인 오케스트라 스태프들은 단원을 모집할 때 지원자들의 연주를 천막 뒤에서 평가한다. 성별이나 인종 또는 외모가 그들의 판단력을 흐리게 만드는 것을 피하려는 것이다. 나는 경제 저널리스트들에게 어느 회사에 대해 평가하려면 그 회사의 4분기 실적만 보지 말고(그런 평가는 이미 증권거래소에서 하니까), 더 깊이 다양한 요인들을 분석하라고 조언한다. 그렇게 했을 때 드러나는 결과가 항상 멋진 것만은 아닐 수도 있다. 그러나 분명 더 신뢰할 만하다.

매몰 비용의 오류

돌아가기에는 너무 멀리 와버렸다

얼마 전 아내와 함께 본 영화는 형편없었다. 한 시간쯤 보다가 나는 참지 못하고 아내의 귀에 대고 속삭였다. "여보, 집으로 갑시다." 그러자 그녀가 대답했다. "절대로 안 돼요. 영화 티켓을 사느라 3만 원이나 썼는데 그걸 헛되게 할 수는 없어요." 나는 반박했다. "그건 별로 중요하지 않아. 여기 앉아서 재미없는 영화를 보는 게 오히려 시간 낭비라고. 3만 원은 이미 날아가버린 거잖소." 그러자 아내가 말했다. "아녜요, 당신 생각이 틀렸어요." 그러면서 그녀는 여전히 언짢은 얼굴로 스크린을 노려봤다.

그다음 날은 마케팅 회의가 있었다. 4개월 전부터 진행해온 광고 캠페인을 계속 하느냐 마느냐에 관한 안건이었다. 그 광고는 들인 예산에 비해 성과가 너무 낮았다. 나는 즉시 중단하자는 데

찬성했다. 그러나 광고부장은 다음과 같은 이유를 대며 반대했다. "우리는 이미 너무 많은 돈을 캠페인에 투자했습니다. 지금 중단하면 모든 것이 헛수고가 될 거예요." 그러면서도 곧 좋은 성과를 얻을 수 있을 거라는 확신은 하지 못했다.

'매몰 비용의 오류(Sunk cost fallacy)'란 바로 이런 것이다. 이미 지불한 비용이 아까워서 다른 합리적인 선택에 제약을 받는 것. 우리는 일상에서 수시로 이런 매몰 비용의 오류에 빠지곤 한다.

가까운 친구 중 한 명은 몇 년 동안 문제가 많은 연애를 하면서 괴로워하고 있었다. 그의 여자 친구는 자주 거짓말을 했는데, 그가 거짓말을 알아차리고 헤어지려고 할 때마다 자신의 잘못을 후회한다며 찾아와 용서를 빌었다. 더 이상 그 여자와 관계를 지속하는 것이 아무런 의미가 없었지만, 그는 매번 자신을 달래며 그녀와 다시 만났다. 도대체 왜 헤어지지 않느냐고 묻는 친구들에게 그는 이렇게 말했다. "나는 그녀와 잘 지내기 위해 너무 많은 열정을 쏟아부었어. 지금 와서 그만두는 건 내 노력이 헛수고였다는 걸 인정하는 거잖아." 전형적인 매몰 비용 오류의 희생자다.

개인적인 문제든 비즈니스와 관련된 문제든, 모든 의사결정은 언제나 불확실한 상황 속에서 이루어진다. 우리가 마음속에 상상하는 일은 일어날 수도 있고, 그렇지 않을 수도 있다. 또 어느 시점에서든 사람들은 자기가 들어섰던 길에서 벗어나 다시 새롭게 떠날 수도 있다. 다시 말해 진행 중인 프로젝트를 중단하고 그에

돈과 시간을 쏟아부을수록
사람들은 그 계획이 성공하리라는 희망을
버리지 못한다.

따른 결과의 부담을 안은 채 다른 프로젝트를 시작할 수도 있는 것이다. 특히 모든 것이 불확실한 상황에서는 문제가 발생한 즉시 계속 추진하는 것이 이득인지, 그만두는 것이 이득인지 충분히 고려하는 것이 합리적이다. 그러나 이미 많은 시간과 돈, 에너지, 애정 등을 투자했다면 합리적 판단을 내리기 전에 매몰 비용의 오류가 우리를 덥석 낚아챈다. 그럴 때는 객관적으로 분석하면 의미가 없는 게 분명한데도 계속해서 시간이나 돈, 애정 등을 투자할 수밖에 없는 지리멸렬한 이유가 생기고 만다. 그리고 더 많이 투자할수록, 다시 말해 매몰 비용이 커질수록 그 프로젝트를 계속해야 한다는 압박은 더욱 강해진다.

매몰 비용의 오류의 희생자가 되기 가장 쉬운 사람들이 바로 증권 투자자들이다. 그들은 주식 매매를 결정할 때 매입 가격에 맞춰서 방향을 정하곤 하는데, 주가가 매입 가격보다 높으면 주식을 팔고, 반대로 매입가보다 낮으면 팔지 않는다. 하지만 그것은 매몰 비용의 오류에 빠질 수 있는 비합리적인 방법이다. 주식 투자를 결정하는 데 매입 가격이 주된 역할을 해서는 안 된다. 중요한 것은 앞으로의 주가 변동에 대한 전망이다. 미래에 대한 예측은 누구나 틀릴 수 있다. 특히 증권거래소에서 그렇다. 그러나 매몰 비용의 오류에 빠지면 그 사실을 쉽게 인정하지 못한다. 그래서 어떤 주식 때문에 잃은 돈이 많으면 많을수록 그 주식을 더욱 집요하게 붙들고 있게 된다. 끈기 있게 버팀으로써 스스로 타당한 근거를 가지고 있음을 증명하려고 한다. 자신의 선택에 모순이 있었다는 것을 인정하기 싫은 것이다. 예를 들어 진행 중이던 프로젝트를 중단하기로 결심하면 우리는 모순에 부딪힌다. 과거에 내린 판단이 잘못됐다는 것을 스스로 인정해야 하기 때문이다. 그래서 차라리 무의미한 프로젝트를 계속 이어가는 것으로 고통스러운 현실을 마주하지 않으려고 한다.

'콩코드 여객기'는 국가 차원에서 추진했던 적자 프로젝트의 대표적인 본보기였다. 개발 파트너였던 영국과 프랑스 모두 초음속 여객기의 사업성이 높지 않다는 것을 오래전부터 통찰하고 있었지만, 그들은 계속해서 막대한 돈을 투자했다. 오로지 국가의 체면을 유지하기 위해서였다. 만약 도중에 그만뒀다면 지켜보는 경쟁 국가들에게 스스로 항복하는 것이나 마찬가지였을 것이다. 그래서 매몰 비용의 오류는 종종 '콩코드 오류'라고 불리기도 한다. 현실을 외면하는 것은 계속 과다한 비용을 지출하는 결정을 내리게 할 뿐 아니라, 결과적으로 치명적인 매몰 비용의 오류에 빠지게 한다. 미국이 베트남 전쟁을 질질 끈 것도 바로 "이 전쟁에서 너무나 많은 병사들이 희생되었다. 이제 와서 중단한다면 병사들의 목숨을 헛되게 하는 것은 물론 참전을 결정한 일 자체를 잘못으로 만들어버릴 것이다"라는 이유 때문이었다.

"돌아가기에는 너무나 멀리 와버렸다"라든가 "나는 이미 이 영화를 반 이상 봐버렸다" 또는 "나는 이 프로젝트에 1년이나 매달렸다"라고 말할 때는 이미 매몰 비용의 오류가 한구석에서 뱀처럼 똬리를 틀기 시작한 것이다. 장기 프로젝트를 끝까지 마무리하려면 투자를 계속해야 할 정당한 이유들이 많이 있어야 한다. 이미 투자한 것 때문이라는 단 한 가지 이유만으로는 안 된다. 그리고 합리적으로 결정하려면 이미 지출된 비용을 무시해야 한다. 지금까지 무엇을 얼마나 투자했든 상관없이, 현재의 상황과 미래에 대한 객관적인 전망 속에서 판단을 내리는 것이 중요하다.

수영 선수 몸매에 대한 환상

운동을 하면 누구나 몸매가 좋아질까?

나심 탈레브는 좀처럼 빠지지 않는 몸무게를 줄이기 위해 운동을 하기로 결심했다. 그는 언제든 쉽게 시작할 수 있는 갖가지 종류의 스포츠를 떠올려보았다. 그러나 요가를 하는 사람들은 너무 말라서 행복하지 않은 인상을 풍겼고, 보디빌더들은 몸이 세련되지 못하고 어리석어 보였다. 그리고 테니스 선수들은 정말이지 지나치게 고상한 중산층이었다. 유일하게 수영 선수들만이 마음에 들었다. 그들은 균형 잡힌 우아한 몸을 갖고 있었다. 그래서 그는 일주일에 두 번씩 집 근처 수영장에 가서 염소가 함유된 물속을 첨벙거리며 제대로 엄격하게 훈련을 하기로 결심했다.

시간이 한참 지난 후에야 그는 자신이 환상에 빠져 있었다는 것을 깨달았다. 프로 수영 선수들의 몸매가 그토록 완벽한 것은 숱한 연습의 결과가 아니었다. 오히려 그 반대였다. 그들은 원래 좋은 몸매를 갖고 있었기 때문에 좋은 수영 선수가 될 수 있었던 것이다. 그들이 원래 갖고 있던 신체 구조가 선택의 기준이 된 것이지, 그들이 실행한 행위의 결과물이 선택의 기준이 된 것이 아니었다는 말이다.

화장품 광고에는 아름다운 여성 모델들이 등장한다. 그래서 소비자들은 화장품이 사람을 아름답게 만들어준다고 생각하게 된다. 그러나 그 여성들을 아름답게 만들어준 것은 화장품이 아니다. 그 모델들은 우연히도 아름다운 용모를 갖고 태어났고 그 때문에 화장품 광고 모델로 선발된 것이다. 수영 선수들의 경우와 마찬가지로 아름다움은 선택의 기준이지, 행위의 결과물은 아닌 것이다. 이렇듯 선택의 기준과 결과를 뒤바꿀 때 '수영 선수 몸매에 대한 환상(Swimmer's body illusion)'이라는 속임수에 빠지게 된다. 아마 이러한 환상이 없다면 상품 광고의 절반은 제대로 효과를 발휘하지 못할 것이다.

그러나 단지 섹시한 몸매만이 그런 문제를 야기하는 것은 아니다. 하버드대학교는 최고의 대학이라는 명성을 얻고 있다. 큰 성공을 거둔 많은 사람들이 하버드대학교에서 수학했다. 그런데 그것이 과연 하버드대학교는 좋은 학교라는 의미일까? 확신할 수 없는 일이다. 어쩌면 형편없는 대학이면서도 전 세계에서 가장 머리 좋은 학생들을 모집하고 있는지도 모른다. 나도 장크트갈렌(스

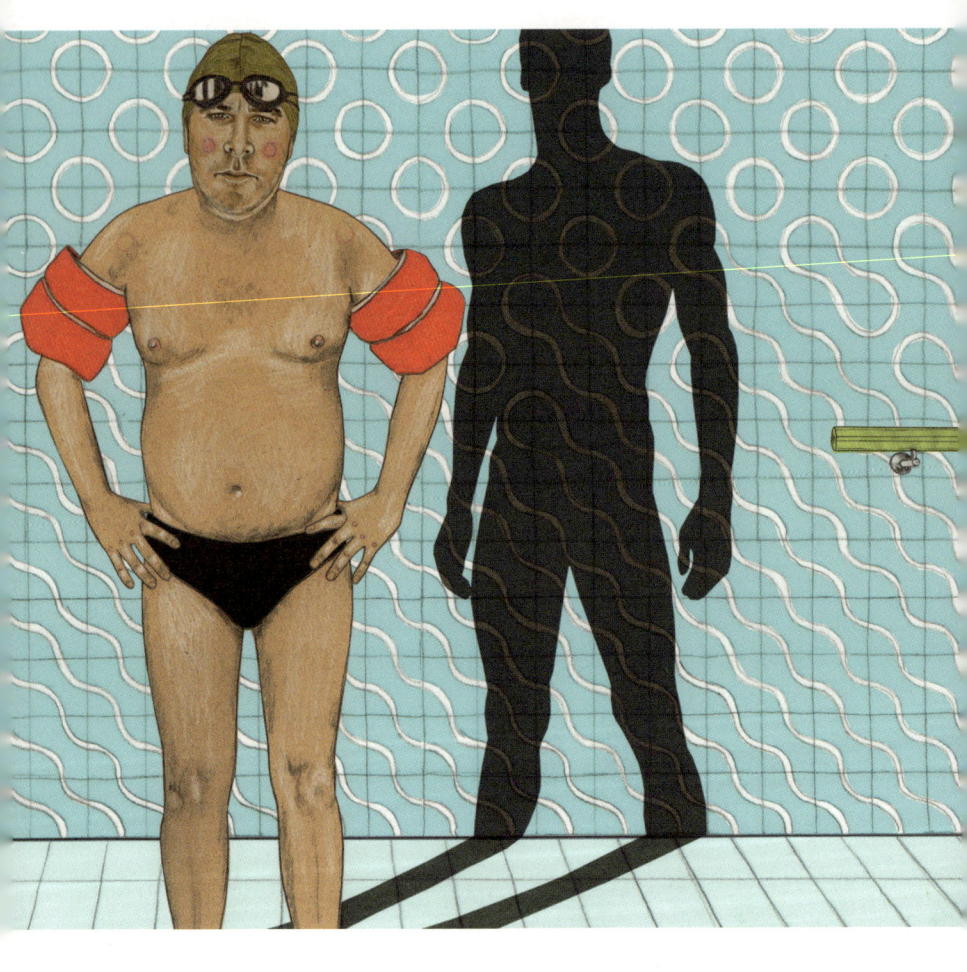

선택의 기준과 결과를 뒤바꿀 때
우리는 수영 선수 몸매에 대한 환상이라는
속임수에 빠지게 된다.

위스 공립 대학교-옮긴이)에 다닐 때 그런 경험을 했다. 그 학교의 명성은 높지만(20년 전에), 강의는 평범하기 그지없었다. 그럼에도 불구하고 무슨 이유에선지 졸업생들 가운데는 성공을 거둔 사람들이 꽤 많다. 학생들을 잘 선발해서일까? 아니면 그 대학이 위치한 좁은 골짜기의 기후 때문에? 그도 아니면 학교 식당의 음식 때문이었을까? 정확한 이유는 아무도 알지 못한다.

전 세계에 성행하는 MBA 강좌들은 학위 이수자들의 소득 통계를 이용해 사람들을 유혹한다. MBA를 마치면 지금보다 높은 소득을 올릴 수 있으므로 엄청나게 비싼 학비를 내더라도 결국 다 보상을 받는다는 것이다. 그러나 그들이 하는 말은 믿을 만한 것이 못 된다. 여기서 어떤 학교들이 통계를 속였다고 비방하려는 것은 아니다. MBA를 취득하려고 노력하는 사람들은 그런 노력을 하지 않는 사람들과는 전혀 다른 특성을 갖고 있다. 지적 욕구가 강하다던가 승부욕이 강하다던가 성실하다던가 하는 성향 말이다. 따라서 나중에 그들의 소득이 높아지는 데는 MBA 학위 여부와는 관련 없는 수천 가지 다른 이유들이 있다. 그런데도 많은 사람들은 MBA광고에 현혹되어 시간과 돈을 낭비한다. 공부에도 수영 선수 몸매에 대한 환상이 작용하고 있는 것이다. 즉 선택의 기준을 결과물과 뒤바꿔서 보고 있다. 그러므로 만약 당신이 계속해서 공부를 하겠다고 생각한다면 소득을 올려야겠다는 것 말고 다른 이유를 찾기 바란다.

스스로 행복하다고 말하는 사람들에게 행복의 비밀이 어디에 있느냐고 물어보면, 종종 이런 말을 듣는다. "절반쯤 물이 담긴 유리잔을 보고 반쯤 비어 있다고 생각하기보다는 반쯤 차 있다고 생각해야 하지요." 과연 긍정적으로 생각하면 행복해질까? 행복하기 때문에 긍정적으로 생각하게 된 것은 아닐까? 그들은 이런 의문들을 이해하지 못한다. 자신들은 이미 행복한 사람으로 태어났고 그렇게 생각하는 것이 당연하다고 믿기 때문이다. 행복한 사람들은 대부분의 행복은 선천적으로 타고나며 살아가는 동안 줄곧 유지된다는 것을 통찰하려고 하지 않는다. 수영을 하면 수영선수의 몸매를 가질 수 있을 거라는 환상은 '긍정적으로 생각하면 행복하다'는 자기 환상의 모습으로도 존재한다.

그러므로 이제부터 자기 자신을 행복하게 만드는 일에 대해 쓰인 책과 자료들을 냉정하게 살펴보라. 그런 글들은 100퍼센트 자연적으로 행복해지는 성향을 지닌 사람들에 의해 쓰였다. 그들은 페이지마다 유용한 조언들을 헐값으로 쏟아내지만, 그 조언이 소용없는 사람이 수백만 명이나 있다는 사실은 알려지지 않는다. 왜냐하면 불행한 사람이 쓴 여전히 불행하다는 글은 책으로 만들어지지 않기 때문이다.

사람들은 노력하면 손에 넣을 수 있을 것 같은 것들, 이를테면 단단한 근육, 아름다운 외모, 더 높은 소득, 오래 사는 것, 몸에서 풍기는 미묘한 광채, 행복 등을 준다고 하면 그곳이 어디든 일단

호기심을 갖는다. 그러나 수영장 안으로 들어가기 전에 거울을 한 번 들여다보라. 그리고 나 자신에게 정직해져라.

희소성의 오류

한정판 제품이 더 잘 팔리는 이유

어느 날 오후 친구의 집에 초대받아 차 한 잔을 했다. 그러나 나는 도저히 대화에 집중할 수 없었다. 그녀의 세 아이가 방바닥 위를 이리저리 뒹굴며 소란을 피우고 있었기 때문이다. 그때 문득 가방 속에 유리구슬 한 봉지가 들어 있는 것이 생각났다. 나는 그 난폭한 아이들이 유리구슬을 갖고 조용히 놀 거라는 희망에서 그 것을 방바닥 위에 쏟았다. 그러나 희망은 산산이 깨지고 말았다. 곧바로 격렬한 싸움이 벌어졌기 때문이다. 처음에는 그들 사이에 무슨 일이 일어났는지 이해하지 못했다. 그런데 자세히 관찰해보니 수많은 유리구슬들 사이에 반짝이는 파란색 구슬 하나가 눈에 띄었다. 아이들은 서로 그것을 가지려고 야단이었다. 100개가 넘는 유리구슬은 모두 파란색 구슬과 마찬가지로 예쁘고 반짝거렸

일찍이 로마인들은 이렇게 말했다.
"귀한 것은 비싸다."

다. 그런데도 아이들은 파란색 구슬을 차지하는 것을 최우선 목표로 삼았다. 이유는 하나다. 그것이 귀하기 때문이었다. 나는 웃었다. 그 아이들은 얼마나 유치한가!

그런데 문득 나 역시 비슷한 일을 저질렀던 것이 생각났다. 2005년도에 구글에서 '선택적으로' 이메일 서비스를 시작한다는 소식을 들었을 때, 나는 계정을 얻어내는 일에 몹시 열중했고 결국 성공했다. 대체 왜 그랬을까? 이메일 계정이 필요해서도 아니었고(그 당시 이미 네 개의 이메일 계정을 갖고 있었다), 'Gmail'이 다른 경쟁 사이트보다 더 나아서도 아니었다. 단지 누구나 다 그 이메일 계정을 갖지 못한다는 사실 때문이었다. 돌이켜보면 웃음이 나오지 않을 수 없다. 어른들은 더 유치하다!

"귀한 것은 비싸다(Rara sunt cara)"라고 일찍이 로마인들은 말했다. 사실 '희소성(scarcity)의 오류'는 인류만큼이나 그 역사가 오래 되었다. 앞에서 만났던 친구는 부업으로 부동산 중개업을 하고 있다. 그녀는 매물에 관심은 있는데 결정을 내리지 못하는 고객을 만나면 전화를 걸어서 다음과 같이 말한다. "런던에서 온 한 의사가 어제 그 토지를 봤어요. 그분이 살 생각이 있는 것 같은데 고객님은 어떠세요?" 때때로 '런던에서 온 의사'는 교수 또는 은행가로 바뀌기도 한다. 물론 모두 그녀가 마음대로 지어낸 인물들이다. 하지만 그렇게 해서 얻는 효과는 매우 크다. 결국 고객은 그녀의 말을 듣고 대부분 사는 쪽으로 결정을 내린다. 왜 그럴까? 그 부동산은 대량생산된 상품이 아니므로 다른 사람이 사버리면 다시는 똑같은 것을 가질 수 없기 때문이다. 그러나 객관적으로 볼 때 그것은 합리적인 결정이 아니다. 부동산의 가치와 런던에서 온 의사는 아무런 상관이 없기 때문이다.

사회심리학자 스티븐 워첼은 학생들을 상대로 소비자 선호도 조사를 했다. 두 그룹의 실험 참가자들은 비스킷의 품질을 평가해야 했는데, A그룹은 비스킷 한 상자를 받았고 B그룹은 달랑 두 조각을 받았다. 그 결과 한 상자를 받은 A그룹보다 두 조각을 받은 B그룹이 비스킷의 품질을 훨씬 더 높게 평가했다. 워첼은 그 실험을 여러 차례 되풀이했는데, 결과는 항상 같았다.

사람들의 이런 심리를 이용하듯 백화점은 '빅찬스! 한정 판매'라는 식으로 광고한다. '오늘뿐입니다!'라고 적힌 전단지는 고객들에게 상품을 살 수 있는 시간이 별로 남지 않았다는 신호를 보낸다. 화랑 운영자들 역시 전시된 작품들 아래에 붉은 점을 찍어둠으로써 미술품 수집가들의 마음을 움직인다. 붉은 점이 의미하는 것은 "이 그림은 팔렸습니다"라는 뜻이다. 그런가 하면 우표나 동전, 오래된 물건을 수집하는 사람도 많다. 비록 어떤 우체국에서도 그 우표를 받아주지 않고, 어떤 상점에서도 그 동전과 물건들을 받아주지 않지만 그들에게는 큰 상관이 없다. 중요한 것은 그것들이 희귀하다는 사실이다.

희소성의 오류에 대한 또 하나 흥미로운 실험이 있다. 대학생들에게 각각 열 장의 포스터를 나눠주고 매력적인 순서대로 정리하라고 요청했다. 그리고 집으로 돌아가기 전에 그 포스터들 가운데 하나를 주겠다고 약속했다. 순위 배열이 끝난 후 학생들에게 새로운 지시가 내려졌는데, 그들이 세 번째 자리에 배열한 포스터는 선택해도 가질 수 없다는 조건이었다. 그리고 다시 열 장의 포스터들을 새로이 평가해달라고 하자 놀라운 일이 벌어졌다. 대부분의 학생들이 가질 수 없는 포스터를 가장 매력적인 것으로 평가한 것이다. 이러한 현상을 '리액턴스(reactance)'라고 부른다. 사람들은 선택할 수 없는 물건이 있으면 그것을 더 매력적으로 평가한다. 이것은 일종의 저항 반응인데, 심리학에서는 '로미오와 줄리엣 효과'라고 부르기도 한다. 즉 부모의 반대나 주위의 장애는 로미오와 줄리엣의 경우처럼 연인들의 사랑을 더 깊게 하는 효과가 있다는 것이다. 미국에서는 고등학교 졸업파티에서 학생들이 취할 정도로 과하게 술을 마시는 이유가 21세 이하의 알코올 소비를 법으로 금지하기 때문이라는 지적도 있다.

희소한 것에 대한 사람들의 전형적인 반응은 '특별하다'는 것이다. 희소성은 우리로 하여금 객관적인 평가 기준을 상실하게 한다. 그러므로 어떤 사안을 볼 때는 오직 비용과 유용성만으로 판단하라. 어떤 재화가 희소한지 아닌지, '런던에서 온 의사'가 그 물건을 원하는지 아닌지 따위가 중요한 역할을 하지 못하게 해야 할 것이다.

기적

신의 계시를 받은 열다섯 명의 성가대원

1950년 3월 1일 7시 15분, 네브래스카 주 비어트리스의 어느 교회 성가대원들은 연습을 위해 만나기로 약속되어 있었다. 그러나 그들은 여러 가지 이유로 모두가 지각을 했다. 목사의 가족은 딸아이의 옷을 다림질하느라, 어느 부부는 자동차 시동이 걸리지 않아서 늦었다. 피아노 반주자는 저녁 식사 후에 깜박 잠이 들어 버렸다고 했다. 그런 여러 이유로 열다섯 명의 성가대원들은 한 명도 빠짐없이 모두 지각을 했다. 그런데 저녁 7시 25분에 그 교회에서 폭발 사고가 났다. 그 폭발 소리는 마을 전체에 다 들릴 정도였다. 교회의 벽은 떨어져 날아갔고 지붕은 그 자리에서 폭삭 무너져버렸다. 하지만 기적처럼 사망한 사람은 아무도 없었다. 소방대장은 그 폭발이 가스 누출로 일어난 사고라고 추정했다. 그러

도저히 믿을 수 없는 놀라운 우연의 일치라 해도
그 일이 일어나지 않을 확률보다
일어날 확률이 더 높다.

나 성가대원들은 신의 계시를 받은 것이라고 확신했다. 과연 신의 계시가 있었던 것일까?

무슨 이유였는지 모르겠지만 지난주에 오랫동안 연락하지 않았던 안드레아스라는 친구 생각이 났다. 그런데 갑자기 전화벨이 울렸다. 바로 안드레아스가 전화를 걸어온 것이다. "이거야말로 텔레파시가 분명해!"라며 나는 감격스런 마음으로 외쳤다. 과연 텔레파시였을까?

1990년 10월 5일자 〈샌프란시스코 이그재미너〉는 인텔사가 경쟁사인 AMD사를 고소할 거라고 보도했다. 인텔사는 AMD가 AM386이라는 명칭의 컴퓨터 칩을 유통시킬 계획이라는 사실을 알아냈는데, 이 명칭은 인텔사에서 개발한 386을 도용한 것이 분명하다는 것이었다. 흥미로운 것은 인텔사가 어떻게 그 사실을 알아냈느냐 하는 점이다. 그 배경은 이러했다. 우연하게도 두 회사에는 마이크 웹이라는 이름을 가진 직원이 한 명씩 있었다. 두 명의 마이크 웹은 같은 날 캘리포니아에 있는 같은 호텔에 체크인을 했다. 그리고 이 두 남자가 다시 체크아웃을 하고 떠난 후 그 호텔은 마이크 웹 앞으로 배달된 소포를 하나 받았다. AM386에 관한 비밀이 담긴 소포였다. 그런데 그 소포는 호텔 측의 착오로 인텔사의 마이크 웹에게 보내졌다. 그리고 그는 즉각 인텔사의 법률 담당 부서로 소포를 보냈다.

이런 이야기들은 얼마나 개연성이 있을까? 스위스의 정신분석

학자인 칼 구스타브 융은 그런 믿을 수 없는 우연의 일치 안에 동시성이라고 부르는 알 수 없는 힘이 작용하고 있다고 보았다. 논리적으로 생각하려는 사람이라면 종이 한 장과 연필 한 자루를 가지고 앞에서 나온 이야기들을 분석해보자. 먼저 첫 번째 사례인 교회 폭발 사건을 살펴보자. 종이에 네 개의 영역을 나누고 발생 가능한 가설을 모두 써 넣어라. 첫 번째 영역은 다음과 같이 묘사된다. "성가대는 지각했고 교회는 폭발했다." 나머지 세 영역에는 다음과 같은 가능성들이 들어갈 수 있다. "성가대는 지각했고 교회는 폭발하지 않는다." "성가대는 지각하지 않고 교회는 폭발한다." "성가대는 지각하지 않고 교회는 폭발하지 않는다." 그리고 각각의 가설들이 현실에서 일어날 빈도수를 측정해 각 영역에 기입하라. 결론, 매일같이 수백만 개의 교회 성가대가 지정된 시간에 연습을 하지만 교회들은 폭발하지 않았다. 그러나 수백만 개가 넘는 교회들에서 100년에 한 번쯤 그런 사건이 일어나지 않을 확률이 '제로'는 아닐 것이다. 그러므로 신의 계시가 작용해야 할 만큼 불가능한 일은 아닌 것이다. 부차적인 이야기지만, 왜 신이 교회를 폭파시켜 공중으로 날려버리려고 하겠는가? 신이 그런 식으로 인간과 커뮤니케이션을 한다면 얼마나 어리석은 신인가!

아는 사람이 전화를 걸어오는 경우도 마찬가지다. 안드레아스가 내 생각을 했지만 전화를 걸지 않거나, 내가 안드레아스 생각을 했는데 안드레아스는 전화를 걸어오지 않거나, 안드레아스가 전화를 걸었는데 내가 그를 생각하지 않거나, 내가 전화를 걸고 그가 내 생각을 하지 않았을 수많은 발생 가능한 가설들을 눈앞에 그려보라. 그러고 나서 확률을 따져보라. 사람들은 인생의 90퍼센트 정도를 누군가를 생각하면서 보낸다. 그러므로 두 사람이 서로를 생각하다가 그들 중 한 사람이 수화기를 들어 전화를 걸 확률은 그런 일이 전혀 일어나지 않을 확률보다 더 높을 것이다. 그리고 당신이 아는 사람이 100명 더 있다면, 누군가 전화를 걸어올 가능성은 그만큼 더 높아진다.

결론적으로 말해 일어나지 않을 것 같은데 우연히 일어나는 일이라는 것은 알고 보면 드물기는 하지만 전적으로 일어날 가능성이 있는 사건들이라는 것이다. 그러니 만약 그런 일이 일어나더라도 너무 놀라지 말라. 일어나지 않는 것이 더욱 놀라운 일일 것이다.

소유 효과

왜 비싸게 판 사람은 없고 비싸게 산 사람만 있을까?

중고차 매매업자의 주차장에는 BMW 자동차가 위풍당당하게 반짝거리고 있었다. 이미 몇 킬로미터를 주행한 차였지만, 흠잡을 데 없는 상태를 유지하고 있었다. 다만 5천만 원이라는 가격이 너무나 비싸게 느껴졌다. 나는 중고차에 대해 약간의 지식이 있다. 내가 보기에는 최고 4천만 원 정도가 적정해 보였다. 하지만 그 판매업자는 양보하려고 들지 않았다. 첫 협상이 깨진 뒤 일주일 만에 판매업자는 다시 나에게 연락을 해왔다. 그리고 4천만 원에 그 차를 넘겨주겠다고 말했다. 물론 나는 당장 수락했다.

이튿날 그 BMW를 타고 가다가 어느 주유소 앞에서 멈췄는데 주유소 주인이 걸어오더니 내 차를 5천 5백만 원에 그것도 현금을 주고 사겠다고 제안해왔다. 나는 왠지 모를 뿌듯함을 느끼며 고맙지만 싫다고 거절했다. 그런데 집으로 돌아오는 길에 나의 태도가 얼마나 비합리적이었는지 깨달았다. 바로 전날까지 최고 4천만 원 정도의 가치로밖에 안 보였던 것이, 내 소유로 넘어오자 갑자기 5천 5백만 원을 받아도 부족한 가치를 갖게 된 것이다. 객관적으로 보면 나는 BMW를 즉시 되팔아야 했다. 그러나 그 뒤에 숨어 있는 생각의 오류 때문에 그렇게 하지 않았다. 바로 '소유 효과(Endowment effect)'다.

우리는 소유하고 있는 것을 소유하지 않을 때보다 더 가치 있는 것으로 느낀다. 달리 표현하면, 자신의 소유물을 팔 때 스스로가 그것에 대해 지불할 용의가 있는 가격보다 더 많은 돈을 요구한다.

이런 현상에 대해 심리학자 댄 애리얼리는 다음과 같은 실험을 진행했다. 그는 자신의 수업을 듣는 학생들에게 구하기 힘든 배구 결승전 입장권을 제비를 뽑아서 나눠주었다. 이어 표를 받지 못하고 돌아간 학생들에게 그 표를 구입한다면 한 장에 얼마를 지불할 생각인지 물어보았다. 대다수의 학생들이 10만 원 정도의 가격을 제시했다. 그런 다음에 그는 입장권을 받은 학생들에게 만약 표를 판다면 얼마를 받을 생각인지 물었다. 그들이 제시한 평균 판매 가격은 놀랍게도 24만 원 수준이었다. 이것은 우리가 뭔가를 소유하고 있으면 그 사물에 더 높은 가치를 부여한다는 것을 단적으로 보여준다.

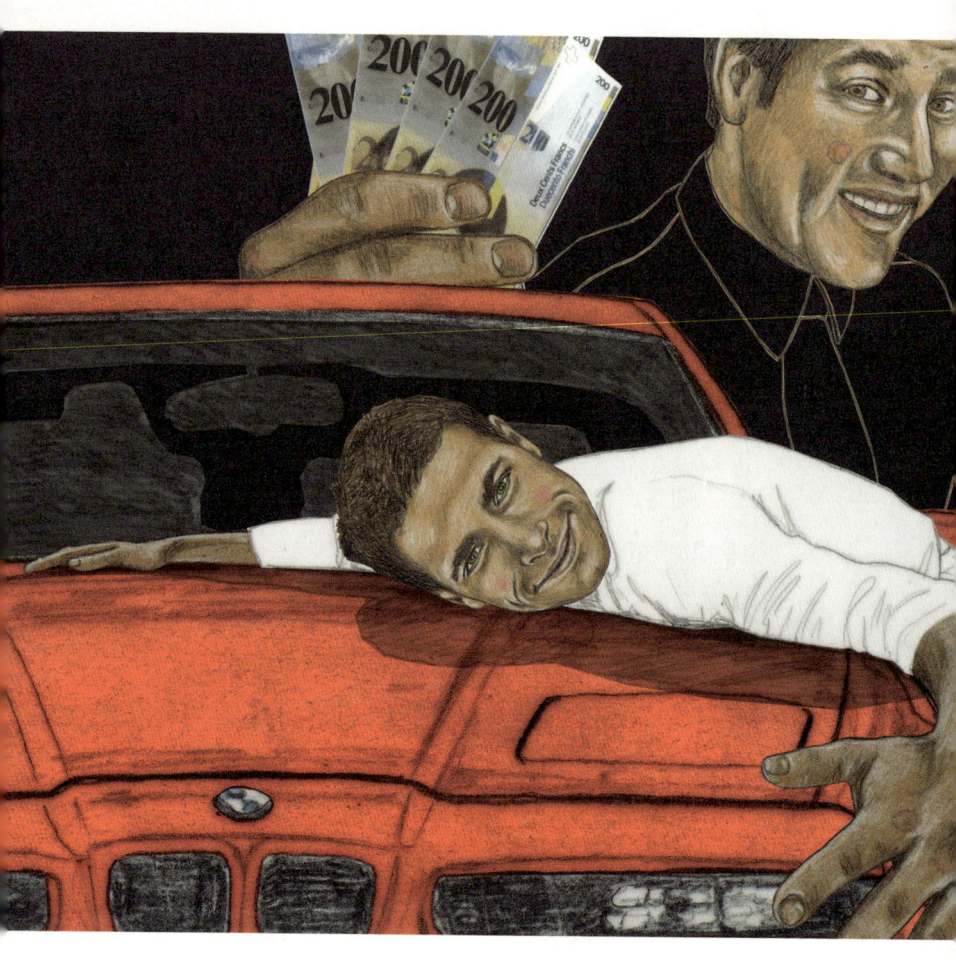

우리는 자신의 소유물을 팔 때,
그것을 사기 위해 지불할 용의가 있던 가격보다
더 많은 돈을 요구한다.

부동산 사무실에서는 소유 효과가 더욱 뚜렷하게 나타난다. 집을 팔려는 사람은 본능적으로 자신이 소유한 집을 시장가격보다 더 높게 평가한다. 집 소유주에게는 시장가격이 불공정하다 못해 파렴치하게 낮은 것처럼 보인다. 왜냐하면 그는 자기 집에 대해 정서적으로 애착을 갖고 있기 때문이다. 그리고 이러한 정서적인 부가가치 비용까지 포함해서 매입자가 지불해야 한다고 생각한다. 그러나 이것은 이치에 안 맞는 일이다.

워런 버핏의 오른팔이라 할 수 있는 찰리 멍거는 소유 효과를 직접 경험한 적이 있다고 말한다. 젊은 시절 그는 특출하게 돈벌이가 되는 투자를 해보라는 제안을 받았는데, 유감스럽게도 이미 전 재산을 투자한 상태여서 여유 자금이 없었다. 새로운 투자를 하기 위해서는 자신이 소유하고 있던 지분의 일부를 팔아야 했지만 그는 그렇게 하지 않았다. 그 이유는 이미 투자한 것 가운데 어느 것도 포기할 수 없었기 때문이다. 소유 효과가 그를 주저하게 만든 것이다. 결과적으로 멍거는 50억 원이 넘는 수익을 낼 수 있는 기회를 날려버렸다.

무엇을 버리는 일은 무엇을 쌓아가는 것보다 더 어렵다. 그것은 우리가 왜 집 안을 허섭스레기들로 채우곤 하는가를 설명해줄 뿐더러, 예술품 애호가들이 왜 쉽게 물건을 바꾸거나 팔지 않는지도 이해할 수 있게 해준다.

놀랍게도 소유 효과는 이미 소유하고 있는 물건뿐만 아니라 거의 소유할 뻔한 물건에 대해서도 적용된다. 크리스티즈나 소더비즈 같은 경매 하우스들은 그러한 심리를 이용해서 먹고산다. 마지막까지 경매가를 부르는 사람은 마치 그 예술품이 거의 자신의 소유가 된 듯한 기분을 느끼고, 그와 동시에 자신이 갖게 될 물건의 가치가 높아질 거라는 희망을 갖는다. 그래서 그는 자신이 처음 계획했던 것보다 더 높은 가격을 제시한다. 그러다 경매의 입찰 경쟁에서 손을 뗄 수밖에 없게 되면 마치 손해를 본 것 같은 안타까움을 느낀다. 이런 심리 때문에 대형 경매, 예를 들어 자원의 시굴권이나 휴대전화 이동통신의 주파수 소유권에 대한 경매에서는 종종 승자의 저주가 발생한다. 즉 경쟁이 과열되어 지나치게 높은 경매가로 낙찰받은 개인 또는 기업이 경제적으로는 패배자가 되고 마는 것이다. 승자의 저주에 대해서는 다른 장에서 좀 더 깊게 다루도록 하겠다.

만약 당신이 어떤 직업을 구하려고 응시했다가 떨어지면 스스로를 위로할 온갖 이유를 찾을 것이다. 최종 면접 단계까지 올라갔다가 떨어진다면 그 실망은 더욱 크다. 합격한 사람에게 마치 자신의 자리를 뺏긴 것 같은 질투를 느끼기도 할 것이다. 하지만 그렇다고 해서 채용이 번복되는 것은 아니다. 사물들에 얽매이지 말라. 당신이 소유하고 있는 모든 것을 대자연에게 잠시 빌렸다고 생각하라. 언제든 다시 빼앗아갈 수 있다는 것을 의식하면서.

귀납법의 오류

수억 원을 가로챈 금융 사기꾼의 비밀

어느 농부가 거위 한 마리에게 사료를 준다. 이 수줍은 동물은 머뭇거리면서 이렇게 생각한다. '왜 이 인간은 나에게 먹이를 줄까? 뭔가 꿍꿍이가 있는 게 틀림없어.' 몇 주일이 지난다. 매일같이 그 농부는 거위의 발치에 낟알들을 던진다. 거위의 의심은 점차 누그러진다. 그리고 몇 달이 지난 후, 거위의 생각은 분명해진다. '인간들은 나에게 아주 좋은 감정을 갖고 있어!' 이것은 의심이 매번 거짓으로 판명되면서 굳어진 확신이다. 농부가 자신에게 호의를 갖고 있다고 확신하던 거위는 성탄절 식탁에 오르기 직전에야 비로소 낟알의 목적을 깨닫는다. 성탄절에 희생된 그 거위는 '귀납법(induction)의 오류'에 빠진 것이다. 영국의 철학자 데이비드 흄은 이미 18세기에 이 이야기를 하면서 귀납법에 대해 경고

했다. 그러나 귀납법에 취약한 것이 단지 거위들만은 아니다. 우리 모두는 개별적으로 관찰한 사실이나 원리를 보편적인 타당성을 지닌 확실한 사실이나 원리로 결론짓는 경향이 있다. 그러나 그것은 위험하다.

어느 투자가가 X라는 주식을 샀다. 그런데 다음날부터 주가가 마치 로켓처럼 계속 치솟는다. 처음에 그는 회의적이다. "이건 분명히 거품이야." 그런데 그 주식이 몇 달이 지난 후에도 여전히 상승하면 그의 생각은 변한다. 그리고 추측은 확실한 것이 된다. "이 주식은 절대 추락할 리가 없어." 더구나 매일같이 이런 깨달음이 새롭게 입증되니까 말이다. 반년이 지난 후에 그는 자신이 저축한 돈을 몽땅 X종목에 투자한다. 그때부터 그는 납덩이처럼 무거운 위험에 처하게 된다. 귀납법의 희생양이 된 것은 물론 언젠가는 그것 때문에 큰코다치게 될 것이다.

반대로 귀납적인 생각을 이용해 돈을 버는 사람도 있다. 지금부터 당신이 속일 수도 속을 수도 있는 나쁜 사례에 대해 이야기해보겠다. 당신은 먼저 주가 동향을 예측하는 이메일을 십만 개 발송한다. 그중 절반에서는 다음 달에 주가가 오를 거라고 예상하고, 나머지 절반의 이메일에서는 주가가 떨어질 거라고 경고한다. 한 달 후에 주가지수가 떨어졌다고 가정하자. 이제 당신은 다시 이메일을 보내는데, 이번에는 주가 하락을 제대로 예상해준 5만 명의 사람들에게만 보낸다. 당신은 이 5만 명을 두 그룹으로 나눈

뒤, 다시 처음 절반의 사람들에게 다음 달에는 주가가 오를 거라고 쓰고 나머지 절반에게는 하락할 것이라고 쓴다. 10개월이 지나면 당신이 틀리지 않고 제대로 조언을 해준 약 100명이 남는다. 이 100명이 볼 때 당신은 영웅이다. 당신은 그들에게 예언가와 같은 능력을 소유하고 있음을 증명한 것이다. 이런 팬들 가운데 몇 사람은 당신에게 자신의 재산을 관리해달라고 맡길 것이다. 이제 당신은 그 돈을 갖고 브라질로 도주해버린다.

다른 사람들의 속임수에 당하기만 하는 것은 아니다. 우리는 우리 자신도 속인다. 건강한 사람들은 자신이 오래 살 거라고 여긴다. 몇 분기 연속으로 수익 증대를 공표할 수 있는 CEO라면 자신이 앞으로도 실수하지 않을 거라고 여긴다. 그리고 그의 직원과 주주들도 그렇게 생각한다.

나에게는 번지점프를 즐기는 친구가 한 명 있다. 그는 절벽이나 다리 또는 건물 꼭대기에 올라가서 뛰어내리곤 했는데, 늘 마지막 순간에 가서야 낙하산 줄을 잡아당겼다. 내가 언젠가 그에게 너무 위험한 도전은 하지 않는 게 좋겠다고 이야기했더니 그는 이렇게 말했다. 나는 이미 천 번도 넘게 뛰어내렸어. 하지만 무슨 일이 일어난 적은 이제껏 한 번도 없었다고." 우리가 대화를 나누고 나서 두 달 후에 그는 목숨을 잃었다. 남아프리카의 위험천만한 바위 위에 올라가 뛰어내리다가 사고를 당한 것이다. 단 한 번의 반대되는 경험은 앞서 수천 번 입증된 이론을 뒤집기에 충분하다.

예측 불가능한 하루하루를 즐기며
살아가기 위해서 귀납법은 필요하다.
그러나 모든 확신은 언제나 일시적이라는
사실을 잊어서는 안 된다.

이처럼 귀납적인 생각은 파괴적인 결과를 불러올 수 있다. 그런데도 우리는 귀납적인 생각을 늘 적용한다. 비행기에 올라탈 때마다 기체역학의 법칙들이 변함없이 기능을 발휘하리라고 믿고, 길 위를 걸어가다가 이유 없이 얻어맞지는 않을 거라고 믿으며, 우리의 심장이 내일도 역시 뛸 거라고 여긴다. 사실 그런 확신들이 없다면 살아갈 수 없을 것이다. 예측 불가능한 하루하루를 즐기며 살아가기 위해서 귀납법은 필요하다. 그러나 모든 확신은 언제나 일시적인 것일 뿐이라는 사실을 잊어서는 안 된다. 귀납법은 확실히 유혹적이다. '인류는 언제나 해내왔다. 그러니 우리도 미래를 향한 험난한 도전들을 이겨낼 수 있을 것이다'라는 말은 인류를 발전시켜 왔다. 그러나 지금 우리가 여기에 있다는 사실을 마치 미래에도 인류가 영원무궁하게 생존해가리라는 암시로 받아들이는 것은 심각한 생각의 오류다. 어쩌면 벤저민 프랭클린의 말처럼 죽음과 세금 이외에 확실한 것은 아무것도 없을지 모른다.

더 좋아지기 전에
더 나빠지는 함정

컨설턴트의 말이 언제나 옳은 이유

몇 년 전에 코르시카 섬으로 휴가를 떠났다가 병에 걸린 적이 있다. 그 병의 증상은 생전 처음 겪는 것이었다. 고통은 하루하루 지날수록 더 심해졌다. 마침내 나는 의사의 진단을 받기로 결심했다. 내가 찾아간 젊은 의사는 내가 하는 말에 귀를 기울이면서 몸을 만져보기 시작했다. 배를 이리저리 눌러보고 그다음에는 어깨를, 그리고 무릎을 눌러보았다. 그리고 등의 척추를 하나씩 하나씩 천천히 눌러보았다. 문득 나는 그 의사가 아는 게 없는 것은 아닐까 하는 의심이 들었다. 하지만 확실하지 않아서 내 몸을 고통스럽게 만지는데도 그냥 내버려두었다. 잠시 후 그 의사는 진찰이 다 끝났다는 표시로 진료 기록 카드를 쑥 꺼내 들더니 말했다.

"항생제입니다. 하루에 한 알씩 세 번 드십시오. 증세가 호전되기 전에는 좀 더 나빠집니다."

드디어 의사의 진단서를 받게 된 나는 기쁜 마음으로 아픈 몸을 이끌고 호텔 방으로 돌아왔다. 그러나 다음 날에도 증세는 나아지지 않았다. 아니 더 심해졌다. '증세가 호전되기 전에는 좀 더 나빠진다'고 한 의사의 예언 그대로였다. 사흘이 지나도 통증이 가라앉지 않자 나는 그 의사에게 전화를 걸었다. 그는 "약을 하루에 다섯 번씩 드십시오. 여전히 한동안 통증이 있을 겁니다"라고 말했다. 나는 처방대로 했다.

그리고 이틀 후 비행 구급대에 전화를 걸었다. 결국 나는 스위스까지 실려 가서 진찰을 받았는데, 병명은 맹장염이었다. "맙소사, 왜 그렇게 오랫동안 기다렸습니까?" 스위스 의사는 수술 후에 이렇게 물었다. "병의 진행이 의사가 예상한 그대로였습니다. 그래서 그 젊은 의사의 말을 믿었어요." 그러자 의사가 말했다. "당신은 '더 좋아지기 전에 더 나빠지는 함정'의 희생자가 되었군요. 그 코르시카의 의사는 아무것도 모르는 사람이었어요. 아마도 휴가철에 어느 관광지에서나 만날 수 있는 보조 간호사였을 겁니다."

난처한 상황에 빠진 한 CEO가 있다. 기업의 매출은 밑바닥까지 떨어졌고, 판매원들은 일할 의욕을 잃었으며, 마케팅 활동은 헛수고일 뿐이었다. 절망에 빠진 그는 지푸라기라도 잡는 심정으로 컨설턴트를 한 명 고용했다. 그 컨설턴트는 일당 5백만 원이라는 높은 보수를 받으면서 그 회사를 분석하고, 다음과 같은 보고

서를 제출했다.

"당신 회사의 판매 부서는 비전이 없습니다. 그리고 당신 회사의 상표는 시장에서 확실하게 자리를 잡지 못했습니다. 상황은 복잡하게 얽혀 있습니다. 나는 그것들을 제자리로 돌려놓을 수 있습니다. 그러나 짧은 시간에 할 수 있는 일은 아닙니다. 문제가 복잡해서 조치들을 취하려면 매우 예민한 감각이 요구됩니다. 매출은 향상되기 전에 한 번 더 하락할 겁니다."

CEO는 그 컨설턴트를 고용했다. 1년 후에 매출은 실제로 하락했다. 2년째도 마찬가지였다. 매번 그 컨설턴트는 회사의 모든 상황이 자신의 예언과 정확히 일치하고 있다고 강조하곤 했다. 3년이 지나도 매출은 오르지 않았다. 마침내 CEO는 그 컨설턴트를 해고했다.

'더 좋아지기 전에 더 나빠지는 함정'은 해결해야 하는 일에 대한 지식과 정보가 너무 얕거나 거의 없을 때 빠지게 된다. 만약 계속해서 상황이 나빠지면 어설픈 전문가의 예언은 입증되는 것이다. 예상치 못하게 상황이 좋아지더라도 고객은 행복해지고, 그 전문가는 상황이 호전된 것을 자신의 능력 덕택으로 돌릴 수 있으니 이렇든 저렇든 그는 항상 옳은 것이 된다.

당신이 어느 나라의 대통령인데 국민을 어떻게 이끌어가야 할지 전혀 아는 것이 없다고 가정해보자. 당신은 무슨 말을 하겠는가? 일단 앞으로 몇 년은 힘든 상황이 지속될 것이라고 예측하고,

예언가들은 힘든 고비를 넘기면 좋아질 거라고 말한다.
지금보다 나빠지면 아직 고비를 넘기지 못한 것이고
더 좋아지면 그의 능력이 입증되는 것이니
이렇든 저렇든 그는 항상 옳다.

국민들에게 허리띠를 더 꽉 조이라고 요구한다. 그리고 힘든 침체기가 지나가면 상황은 나아질 거라고 약속한다. 거기서 당신은 이 깊은 눈물의 골짜기가 앞으로 얼마나 깊고 오래도록 이어질지는 확정하지 않은 채 두루뭉술하게 미뤄놓아야 한다.

이러한 전략을 가장 성공적으로 활용하고 있는 사례가 기독교다. 기독교에서는 지상에 천국이 오기 전에 세상은 멸망해야 한다고 말한다. 대지진, 홍수, 세계의 화재, 죽음 등은 신이 설계한 거대한 계획의 일부이며 반드시 일어나야 한다는 것이다. 그래서 기독교 신자는 상황이 매번 나빠질 때마다 그 예언이 입증된 것으로 인식하고, 반대로 좋아질 때마다 신의 선물로 인식한다.

그러므로 누군가가 "더 좋아지기 전에 더 나빠진다"라고 말하면, 당신에게는 그 말이 경종이 되어야 할 것이다. 실제로 어떤 상황들은 처음에는 내리막길을 달리다가 어느 시점에 이르러서야 비로소 다시 상승하기도 한다. 그러니까 경력을 바꾸기 위해 이직을 할 때는 상황에 따라 시간이 오래 걸릴 수도 있고 그 기간에는 월급이 없을 수도 있다. 기업에서 사업 분야를 재편성하는 데도 얼마간의 시간이 필요하다. 그러니 이런 자연의 섭리를 섣불리 예언으로 결론 짓지 마라.

침체기에 들어섰을 때 우리가 할 일은 전문가의 예측을 믿고 지켜보는 것이 아니라 직접 실험하는 것이다. 어떤 조치를 취하고 그에 따른 효과 유무를 판단하는 것은 침체기에 더욱 자유롭게 시도할 수 있다. 그러니까 내리막길에 들어섰더라도 하늘만 올려다보지 말고 자신이 할 수 있는 일을 시도하며 반등할 수 있는 지점에 이정표를 세워라.

확증 편향 1

보고 싶은 것만 보고 믿고 싶은 것만 믿는 우리

게러는 몸무게를 줄이기로 결심하고 다이어트를 시작했다. 매일 아침마다 그는 체중계 위에 올라서서 몸무게를 측정했다. 그리고 전날과 비교해서 몸무게가 줄었으면 미소를 띠며 그 결과를 기록하고, 몸무게가 늘었으면 변화 없음으로 간단히 치부하고 잊어버렸다. 그래서 그는 몇 달 동안 자신의 다이어트가 그런대로 성공적이라는 환상에 빠졌다. 몸무게는 예전 그대로 머물러 있는데도 긍정적인 결과만 기억하기 때문에 다이어트에 성공할 거라는 확증 편향에 빠진 것이다.

'확증 편향(Confirmation bias)'이란 새로운 정보들이 우리가 갖고 있는 기존의 이론이나 세계관, 그리고 확신하고 있는 정보들과 모순되지 않는다고 보는 경향이다. 이것은 모든 생각의 오류들의 아버지다. 다시 말해 확증 편향에 빠지면 우리가 알고 있는 기존의 지식과 모순되는 새로운 정보들(일명 '확인되지 않은 증거'라고 부른다)은 받아들이지 않고 걸러내게 된다.

작가 올더스 헉슬리는 "기존의 사실들을 무시한다고 해서 그것들의 존재가 사라지는 것은 아니다"라고 말했다. 워런 버핏도 "사람들이 가장 잘하는 것은 기존의 견해들이 온전하게 유지되도록 새로운 정보를 걸러내는 일이다"라고 강조했다. 워런 버핏이 그처럼 성공적으로 투자할 수 있었던 것은 확증 편향의 위험을 의식하고, 끊임없이 자신의 생각을 혁신하려고 노력했기 때문이다.

그러나 수많은 경고의 말에도 불구하고 우리는 자연스럽게 새로운 정보들을 배제한다. 특히 경제계에서는 확증 편향이 맹렬하게 위세를 떨치고 있다. 예를 들어 어느 회사의 이사회에서 새로운 성장 전략을 추진하기로 결정했다고 하자. 그러면 이후로는 그 전략이 성공할 것이라는 근거만 차고 넘칠 정도로 많이 보인다. 그리고 모든 징후는 전략의 성공을 뒷받침하는 낙관적인 것으로 차사를 받는다. 그와 반대되는 상황 증거들은 전혀 눈에 띄지 않으며, 혹시 발견되더라도 특수한 경우 또는 결코 통제할 수 없는 천재지변이라는 말로 무시되고 만다. 다시 말해 그 이사회는 '확인되지 않은 증거'에 대해서는 몽매한 것이다.

그렇다면 확증 편향을 견제하기 위해서 우리는 무엇을 어떻게 해야 할까? 일단 '특수한 경우'라는 말이 나올 때 좀 더 귀를 기울일 필요가 있다. 일어날 확률이 적다고 여겨지는 특수한 경우에는 종종 확인되지 않은 증거가 숨어 있기 때문이다. 이때는 찰스 다윈이 사용한 방식을 벤치마킹한다면 도움이 될 것이다. 그는 젊은 시절부터 확증 편향에 체계적으로 맞서 싸우는 것을 습관화했다. 그는 관찰 결과들이 자신의 이론과 어긋날 때면 언제나 그 점을 가장 진지하게 고민했다. 그리고 항상 수첩을 들고 다니면서 자신의 이론과 반대되는 결과들을 30분 이내에 기록했다. 사람의 뇌가 30분이 지나면 새로 입력된 정보를 잊어버린다는 것을 알고 있었기 때문이다. 그는 자신의 이론이 옳다고 확신할수록 그와 모순되는 것들을 더욱더 활발하게 찾아 나섰다. 그러나 다윈처럼 자신이 세운 이론에 의문을 갖는다는 것은 쉬운 일이 아니다.

한 교수가 제자들에게 숫자 2, 4, 6이 쓰인 카드를 차례로 나열해 보여주었다. 그리고 다른 한 장의 종이 뒷면에는 그 숫자들이 나열된 규칙을 써놓은 다음 제자들에게 알아내도록 했다. 실험에 참가한 학생들은 오직 그 규칙에 맞는 다음 숫자를 제시해 답을 맞혀야 하는데, 그때마다 교수는 "규칙에 유의하라"라든가 "규칙에 유의하지 말라"는 대답으로 힌트를 주었다. 학생들은 자신들이 원하는 만큼 숫자를 부를 수 있지만, 규칙은 단 한 번에 맞혀야 했다. 대다수의 학생들은 8이라는 숫자를 댔는데, 교수는 "규칙에 유의하지 말라"고 대답했다. 다시 학생들은 10, 12, 14의 숫자를 댔지만 그때마다 교수는 매번 "규칙에 유의하지 말라"고 대

성공의 경험이 많을수록
알고 있는 지식이 많을수록
자신의 생각을 거스르기는 어려워진다.

답했다. 그 말에 학생들은 한 가지 단순한 결론을 끌어냈다. 그들은 "그렇다면 규칙은 마지막 숫자에다 2를 더하는 것"이라고 말했다. 교수는 머리를 흔들며 대답했다. "그것은 이 종이의 뒷면에 쓰여 있는 규칙이 아니다."

영리한 한 학생만이 그 과제에 다른 식으로 접근했다. 그는 4라는 숫자를 대면서 교수를 시험했다. 교수는 "규칙에 유의하라"고 말했다. "7입니까?" 그러자 다시 "규칙에 유의하지 말라"는 대답이 왔다. 그 학생은 한동안 여러 가지 다른 숫자들을 불렀다. 24, 9, 43……. 언뜻 보면 아무 숫자나 던지는 듯 보였지만 분명히 그는 일부러 틀린 답을 부르는 시도를 하고 있었다. 그 학생은 더 이상 반대의 예들을 찾아낼 수 없게 되었을 때 이렇게 말했다. "규칙은 다음 숫자가 앞선 숫자보다 더 커야 된다는 것입니다." 교수는 자기가 쓴 종이를 뒤집었다. 거기에 쓰인 것은 정확히 그 내용이었다. 창의성이 풍부한 그 학생과 다른 학생들의 차이점은 무엇이었을까?

다른 학생들은 그들이 이미 머릿속에 갖고 있는 이론을 단순히 입증하려고 한 반면, 정답을 맞힌 학생은 자신의 이론을 일부러 틀리게 해보려고 시도하면서 매우 의도적으로 '확인되지 않은 증거'를 찾아냈다. 확증 편향에 빠지는 것은 지적인 사람들이 저지르는 경범죄다. 알고 있는 지식이 많을수록, 성공의 경험이 풍부할수록 자신의 생각을 거스르기는 더 어려워진다. 그렇다면 다음

장에서는 확증 편향이 우리의 삶에 어떤 영향을 미치는지에 대해서 살펴보기로 하겠다.

확증 편향 2

믿기 위한 증거와 믿을 수 있는 증거를 구분하라

앞 장에서 우리는 모든 생각의 오류들의 아버지인 확증 편향에 대해서 알아보았다. 여기에 그에 대한 몇 가지 사례가 있다. 우리 모두는 이 세계와 삶, 경제, 투자, 경력 등에 대해서 이론을 세워야 한다는 압박을 받고 있다. 뭔가 가정을 세우지 않고는 일이 안 되는 것이다. 그러나 애매모호한 이론일수록 확증 편향의 위력은 더욱 강해진다. 평생 동안 '인간은 선하다'라는 이념을 갖고 살아가는 사람은 이 이론이 옳다는 증거를 충분히 발견할 것이다. 반대로 '인간은 악하다'라는 생각을 갖고 평생을 살아가는 사람은 그 이론이 옳다는 증거를 충분히 발견할 것이다. 박애주의자이든 인간 혐오자이든 '확인되지 않은 증거'는 걸러내고, 대신 자신들의 세계관을 입증해주는 수많은 증거들만 간직할 것이다.

점성가나 경제 전문가들도 그와 같은 원리에 따라서 행동한다. 그들이 내뱉는 말들은 너무나 감미로워서 그 말을 입증할 만한 증거들을 마치 자석처럼 강하게 끌어당긴다. 예를 들면 "다음 주에 당신은 서글픈 순간들을 겪게 될 겁니다"라든가, "중장기적으로 달러에 대한 평가절하 압박이 증가할 것입니다"라는 말을 들었다고 하자. 그러면 당신은 평상시라면 별생각 없이 넘겼을 사소한 일들도 점성가가 예언한 '서글픈 순간'으로 인식하게 되고, 달러화에 대한 투자를 그만둘지 심각하게 고민하게 될 것이다. 하지만 조금만 더 냉철하게 생각해보면 그것 역시 확인되지 않은 증거들일 뿐이다. 도대체 '중장기적으로'라는 말은 얼마 동안을 말하는 것인가? '평가절하 압박'이란 무슨 뜻이고, 무엇에 비교해서 평가절하를 한다는 뜻일까? 금? 엔화? 유로화? 아니면 밀이나 베를린의 아파트 가격, 카레 소시지 가격에 비교해서? 그들이 한 말만으로는 아무것도 알 수 없다. 그런데도 우리는 그런 말을 들으면 불안에 떤다.

종교적 확신과 철학적 확신들은 그것들이 지닌 애매모호함 때문에 확증 편향이 자라기에 아주 적절한 토양이 된다. 그 땅에서 확증 편향은 마구 거칠게 자라난다. 신을 믿는 사람들은 가는 곳마다 신의 존재가 입증된다고 믿는다. 그들은 신이 직접 모습을 드러내지 않는 것도 신의 어떤 특징이라고 생각한다. 사막이나 첩첩산중에 사는 문맹인들 앞에 나타날 뿐 프랑크푸르트나 뉴욕 같

성공의 경험이 많을수록
알고 있는 지식이 많을수록
자신의 생각을 거스르기는 어려워진다.

은 대도시에는 결코 나타나지 않는다는 것 역시 신에 대한 그들의 믿음을 의심하게 하지 않는다. 신에 대해 그들이 갖고 있는 확증 편향의 위력은 엄청나다. 가장 확실하게 납득할 만한 과학적 반증조차도 걸러내버린다.

확증 편향 때문에 가장 심하게 고통 받는 사람들은 경제 저널리스트들이다. 그들은 종종 어떤 값싼 이론을 하나 세우고 거기에다 서너 개의 증거를 찾아 덧붙인다. 그러고 나면 그들의 기사가 완성된다. 예를 들어 "구글은 창조적인 기업 문화를 정립해 영유함으로써 성공했다"는 내용의 기사를 쓴다면, 그와 비슷한 기업 문화를 갖고 성공한 두세 개의 다른 회사들(일명 '확인된 증거')을 찾아낸다. 그러나 그들은 그 반대의 노력은 하지 않는다. 창의적인 문화를 장려하지만 성공을 거두지 못한 회사들이나 승승장구하지만 창의적인 문화를 장려하지 않는 회사들(일명 '확인되지 않은 증거')을 찾아보려는 노력은 하지 않는다. 이런 조건에 들어맞는 회사는 많다. 그러나 그들은 일부러 그런 회사들을 지나쳐버린다. 만약 그들이 그런 회사들 가운데 하나를 기사에 언급한다면, 그 신문 기사는 쓰레기통으로 들어갈 것이기 때문이다. 물론 나 같으면 오히려 그런 기사를 오려서 액자에 끼워둘 것이다. 그것은 반쯤 탐색하다 만 무용지물들로 가득 찬 바닷속에 숨겨진 진주 같은 것이니까.

성공에 관한 책들과 인생에 도움이 되는 책들도 이러한 원리에 따라 쓰인다. 그러면서 '명상은 행복의 문을 여는 열쇠다' 따위의 케케묵은 이론들을 나열한다. 물론 그런 책을 쓴 영리한 저자는 그 이론을 입증할 사례들을 산더미처럼 풀어놓고 있다. 그러나 그 반대의 증거, 다시 말해 명상을 하지 않아도 행복하고 명상을 해도 행복하지 않은 사람들이 있다는 것은 한 줄도 싣지 않는다. 얼마나 많은 독자들이 그런 책들의 함정에 빠지는지 비참한 일이다.

저주스러운 것은 확증 편향은 무의식중에 존재한다는 사실이다. 사람들은 자신이 지금껏 믿고 있던 어떤 신념이 허점을 드러내는 것을 좋아하지 않는다. 마치 자신이 확신하는 신념 앞에 소음 장치를 한 보호막을 세워놓고 있는 것과 같다. 의심의 총성이 울려도 웬만큼 크지 않으면 그 소리를 듣지 못하는 것이다.

인터넷은 그런 보호막을 더욱 견고하게 만든다. 같은 생각을 가진 사람들을 쉽게 찾을 수 있게 해주고, 유대감을 갖고 어울릴 수 있는 공간을 제공하기 때문이다. 사람들은 자신의 이론을 확고하게 입증해주는 블로그에 방문하고, 자신의 생각 또한 그곳을 이용하는 사람들의 특성에 맞춰 전달한다. 그리고 자신들의 의견과 반대되는 이야기는 게시판에 글을 올릴 수도 없게 차단한다. 그러면서 점점 더 같은 생각을 가진 단체 안에서만 활동하게 되고, 이런 성향이 확증 편향을 더욱 강력하게 만들어준다.

그렇다면 우리는 어떻게 우리 자신을 보호할 수 있을까? 아서 퀼러쿠치의 조언이 도움이 될 것이다. 작가이자 비평가였던 그는 멋지기는 하지만 쓸모없는 문장을 써놓고 그것을 지우는 데 힘겨워하는 작가들을 향해서 이렇게 말했다. "당신이 사랑하는 이들을 죽여라"라고. 그의 이 말은 단지 결단을 못 내리고 주저하는 작가뿐만 아니라 우리 모두에게도 해당된다.

자, 이제 확증 편향에 맞서 싸워보자. 먼저 당신이 믿는 문장을 써라. 그것이 세계관에 관한 것이든, 투자나 결혼, 건강보험, 다이어트, 또는 입신출세의 전략에 관한 것이든 상관없다. 그런 다음 확인되지 않은 증거를 찾아 나서라. 그 과정에서 당신은 '믿는 문장'에 너무나 잘 어울리는 수없이 많은 증거들을 만날 것이다. 그러나 과감히 지나치길 바란다. 그렇지 않으면 늘 반쪽짜리 진실만 보고 그것이 전부라고 스스로를 속이며 살게 된다. 자신이 좋아하는 이론들을 죽이기란 힘든 일이다. 그러나 당신의 정신이 깨어 있다면 진정 믿을 수 있는 진실을 찾을 수 있을 것이다.

상호 관계 유지의 오류

장미 한 송이의 대가

수십 년 전 히피 문화가 전성기를 누릴 때, 기차역이나 공항에 가면 붉은색 옷을 질질 끌면서 돌아다니는 크리슈나(힌두교 신화에 나오는 신-옮긴이) 신봉자들을 종종 만날 수 있었다. 그들은 지나가는 사람들에게 작은 꽃을 한 송이씩 나눠주었는데, 별말 없이 그저 인사말 한마디나 미소를 건넬 뿐이었다. 작은 꽃 한 송이에 어떤 의미가 담긴 것은 아니었기에 대부분의 사람들은 그들이 나누어주는 꽃을 받아 갔다. 거절함으로써 무례하게 보이고 싶지 않았던 것이다. 어쩌다 거부하는 사람은 다시 한 번 "받으세요, 이건 우리가 당신에게 드리는 선물입니다"라는 부드러운 강요를 받아야 했다.

꽃을 받은 사람들 중 몇몇은 기차역을 빠져나오자마자 쓰레기통으로 향했다. 그러나 이미 쓰레기통 안에는 같은 꽃이 몇 송이 들어 있었고, 그것을 확인한 사람은 잠시 양심의 가책을 느꼈다. 그 순간 크리슈나 신봉자들은 어김없이 나타나 말을 걸었다. "우리에게 기부하세요"라고. 많은 크리슈나 신봉자들이 그런 방법으로 모금에 성공했다. 그러자 공항 관계자들은 한때 크리슈나 신봉자들이 공항에 들어오는 것을 금지하기도 했다.

사회심리학의 세계적 권위자인 로버트 치알디니는 사람들을 설득하는 전략을 연구한 끝에 '상호성의 법칙(Law of reciprocality)'이 있다는 것을 알아냈다. 사람들은 누군가 자신에게 호의를 베풀면 빚을 졌다고 생각하고 반드시 갚아야 한다는 강박관념에 시달린다는 것이다. 그리고 그는 사람들이 죄를 짓고 지내는 것을 견디지 못한다는 사실을 확인했다.

몇 년 전에 나와 아내는 오래 알고 지낸 한 부부에게서 저녁 식사 초대를 받았다. 그들은 친절하기는 했지만 다른 사람에게 영감을 주는 타입은 전혀 아니었다. 그러나 거절할 만한 변명거리가 생각나지 않아서 일단 초대를 받아들였다. 예상대로 그 부부의 집에서 보낸 저녁은 지루하기 짝이 없었다. 하지만 몇 달이 지난 후에 우리는 그들을 집에 초대해야 한다는 의무감을 느꼈다. '상호관계'를 유지해야 한다는 압박감이 지루한 저녁을 이틀이나 선사한 것이다. 그런데 우리와는 달리 그 부부에게는 즐거운 시간이었던 모양이다. 몇 주가 지나자 그들이 또다시 우리를 초대했다. 그

사람들은 죄를 짓고 지내는 것을 견디지 못하고
선물을 받으면 갚아야 할 의무를 느낀다.

렇게 수년 동안 우리는 정기적으로 그들을 만날 수밖에 없었다. 이미 오래전부터 이런 악순환에서 벗어나길 바라면서도 순전히 상호 관계를 유지해야 한다는 생각 때문에 말이다. 그리고 나는 많은 사람들이 이런 이유로 누군가를 만나고 있다고 생각한다.

지금도 수많은 비정부기구들이 크리슈나 신봉자들의 선례에 따라 모금을 한다. 그들은 처음에는 자발적인 성금을 받지만 다음에는 그들 쪽에서 돈을 요구한다.

지난주에 나는 어느 자연보호단체가 보낸 선물(?) 봉투를 받았다. 그 안에는 갖가지 전원 풍경 사진이 실린 고상한 엽서들이 가득 들어 있었다. 그리고 동봉한 편지에는, 그 엽서들은 나에게 보내는 '선물'이므로 내가 돈을 얼마 희사하든 안 하든 가져도 된다는 내용이 쓰여 있었다. 만약 그 봉투를 쓰레기통에 버린다면 나는 상당한 스트레스를 받을 테고, 냉혹한 짓을 했다고 느낄 것이다. 종종 부패의 증거로 보이기도 하지만, 이와 같은 부드러운 압박은 경제계에도 널리 퍼져 있다. 한 나사 납품업자는 잠재 고객의 스포츠 취향을 파악하여 챔피언 리그 경기에 초대한다. 그러면 그 고객은 나사를 주문할 시점이 되었을 때 죄책감을 느끼지 않으려고 그 업체에 주문을 한다.

이른바 '상호 관계'란 아주 오래된 프로그램이다. 근본적으로 그것은 '내가 당신을 도우면, 당신도 나를 도와야 한다'는 말이다. 우리는 먹잇감의 숫자가 매우 유동적인 생태계에서 살아가는 동물들에게서도 이런 상호 관계를 발견한다. 가령 당신이 사냥꾼이자 채집가라고 하자. 어느 날 당신은 운 좋게도 노루를 한 마리 잡는다.

그것은 당신이 하루에 다 먹기에는 너무 많은 양이다. 그러나 저장할 냉장고는 없다. 그래서 당신은 그 노루를 집단에 속한 동료들과 나눈다. 그것은 당신이 사냥에 실패했을 때 다른 사람들이 잡은 먹이의 일부를 얻을 수 있는 기회를 제공한다. 즉 다른 사람들의 뱃속이 당신의 냉장고가 되는 셈이다. 탁월한 생존 전략이지 않은가. 이렇듯 상호 관계란 리스크를 관리하는 일이기도 하다. 상호 관계가 없었다면 인간과 무수한 종류의 동물들은 이미 오래 전에 멸종했을 것이다.

반대로 상호 관계의 추악한 면도 있다. 앙갚음이 그것이다. 내가 누군가에게 피해를 입어 보복을 하면 언젠가 그에 상응하는 상대방의 보복이 따라온다. 그렇게 되면 얼마 안 가 전쟁이 시작된다. 한쪽 뺨을 때린 사람에게 다른 쪽 뺨을 내주어 보복의 악순환을 끊어버리라는 예수의 말은 현실적으로 실천하기가 어렵다. 좋은 것이든 나쁜 것이든 받은 만큼 돌려주는 상호 관계의 습성이 이미 1억여 년 전부터 우리의 굳건한 생존 프로그램에 포함되어 있기 때문이다.

최근에 만난 한 여성은 술집에서 누가 자기한테 한 잔 내는 것을 못하게 한다면서 그 이유를 설명해주었다. "왜냐하면 술자리가 끝난 후에 그 사람과 함께 잠자리에 들어야 한다는 암묵적인 의무감을 갖고 싶지 않기 때문이에요." 그것은 매우 현명한 처사이다. 똑같은 경우는 아니지만, 슈퍼마켓에 갔을 때 시식 코너에서 와인이나 치즈, 햄 등을 맛보라는 제안을 받으면 왜 거절하는 것이 더 나은지 그 이유를 알 것이다.

운전사의 지식

말 잘하는 아나운서에게 속지 마라

물리학자 막스 플랑크는 1918년 노벨 물리학상을 받은 후 독일 전 지역에서 강연 요청을 받았다. 그는 어디에 초대되든 자신이 세운 양자물리학 개념에 대해 똑같은 강연을 했다. 3개월간 20회 이상 강연이 반복되자 그의 운전사도 내용을 다 외우게 되었다. 어느 날 플랑크가 피곤해하는 모습을 본 운전사가 말했다. "플랑크 교수님, 뮌헨에서는 교수님 대신 제가 강연을 해보면 어떨까요? 강연 내용은 전부 외우고 있습니다. 사람들의 질문도 대부분 똑같으니 들킬 염려는 없을 것입니다. 교수님은 청중석 맨 앞자리에 제 운전사 모자를 쓰고 쉬고 계십시오." 플랑크는 이 말을 듣고 흥미로워하면서 승낙했다. 그리하여 운전사는 박사급 이상의 수준 높은 청중 앞에서 양자물리학에 대해 긴 강연을 했다.

그런데 강연 말미에 한 물리학 교수가 뜻밖에 질문을 던졌다. 그러자 그 운전사는 이렇게 대답했다. "뮌헨처럼 발전된 도시에서 그처럼 단순한 질문을 하리라고는 전혀 생각하지도 못했습니다. 그 정도는 제 운전사도 대답할 수 있으니 그에게 부탁하겠습니다."

나에게 이 이야기를 들려준 사람은 세계에서 가장 뛰어난 투자가 가운데 한 사람인 찰리 멍거다. 그의 말에 의하면 지식에는 두 종류가 있다고 한다. 하나는 진짜 지식이다. 그것은 오랜 시간을 들여 생각하는 노동을 해온 사람들에게서 나온다. 또 하나는 일명 '운전사의 지식(Chauffeur's knowledge)'이다. 여기에서 운전사들이란 모르는 것을 아는 것처럼 행동하는 사람들이다. 그들은 스스로를 대단한 사람으로 보이게 과시할 줄 안다. 탁월한 목소리나 신뢰감을 주는 외모를 갖고 있기도 하지만, 그들이 퍼뜨리는 지식은 공허하다. 그저 능숙한 말솜씨로 알맹이 없는 말들을 마구 쏟아내는 것이다. 그러나 유감스럽게도 진짜 지식을 운전사의 지식과 구분하기는 점점 더 어려워지고 있다. 그나마 뉴스를 보도하는 아나운서들의 경우는 구분하기가 쉽다. 그들은 연기자들이기 때문이다. 누구나 그 사실을 알고 있음에도 불구하고, 내용 없는 진부한 말들을 능숙하게 전달하는 그들에게 존경을 기울이는 사람들을 볼 때마다 매번 놀라울 뿐이다. 그들은 주제를 이해하든 못하든, 일정한 대가를 받고 진행을 위해 섭외된다.

운전사의 지식이란

모르는 것을 아는 것처럼 행동하는 것이다.

그들은 스스로를 대단한 사람으로 보이게 과시할 줄 안다.

저널리스트들의 경우에는 구분하기가 좀 더 어렵다. 이들 중에는 탄탄하게 지식을 쌓은 사람도 몇몇 있다. 수년 동안 특정 분야를 파고들어 전문화된 지식을 갖게 된 저널리스트들이다. 그들은 어떤 사안의 복잡성을 이해하고 이를 묘사하기 위해 진지하게 노력한다. 그리고 수많은 경우와 예외를 밝히기 위해서 기사를 길게 쓰는 경향이 있다.

그러나 대다수의 저널리스트들은 유감스럽게도 앞에서 고찰한 운전사의 범주에 속한다. 그들은 모자 속에서 비둘기를 꺼내는 마술을 보여주듯, 아주 짧은 시간에 어떤 주제에 대해서든 기사를 꺼내 보인다. 아니 인터넷에서 꺼내는 마술이라고 하는 편이 더 낫겠다. 그들이 쓰는 기사 내용은 반론이 없이 일방적이고 짧으며 어설픈 지식을 감추려는 듯 종종 아이러니컬하다.

큰 기업일수록 사람들은 그 기업의 CEO에게 능숙하게 커뮤니케이션을 주도하는 일종의 쇼맨십을 기대한다. 조용하고 완고하지만 진지한 창조자는 적어도 CEO 자리에는 어울리지 않는다. 주주들과 경제 저널리스트들은 조용한 창조자보다 쇼맨십 있는 리더가 더 좋은 성과를 낸다고 믿는다. 사실은 그렇지 않은데도 말이다.

워런 버핏은 '능력의 범위(Circle of competence, 자신이 완전히 이해하는 곳에만 투자하라는 뜻 – 옮긴이)'라는 놀라운 개념을 사용했다. 대부분의 사람들은 어떤 범위 안에 있는 것은 전문가만큼의 지식을 갖고 있지만, 그 범위 바깥에 있는 것은 전혀 이해하지 못하거나 부분적으로만 이해한다. 이런 이유로 워런 버핏이 강조하는 인생의 좌우명은 다음과 같다. "능력의 범위를 파악하라. 그리고 그 안에 머물라. 그 범위가 얼마나 큰지는 별로 중요하지 않다. 그러나 그 범위의 경계가 정확히 어디까지 뻗어 있는지를 아는 것은 매우 중요하다." 찰리 멍거는 거기에 한마디를 덧붙였다. "당신의 재능이 어디에 있는지 찾아내야 한다. 만약 당신의 능력 범위 밖에서 행복을 찾으려고 시도한다면 초라한 미래를 갖게 될 것이다. 거의 확실하게 보장할 수 있다."

이 두 사람이 공통적으로 경계하는 것이 바로 운전사의 지식을 신뢰하지 말라는 것이다. 그리고 회사의 대변인, MC, 뉴스 아나운서, 수다쟁이, 내용 없이 번지르르한 말을 쏟아내는 사람, 판에 박힌 말을 마구 퍼뜨리는 사람과 실제로 진짜 지식을 갖고 있는 사람을 혼동하지 말아야 한다. 어떻게 그런 사람을 알아볼 수 있느냐고? 분명한 표식이 있다. 진짜 지식을 갖고 있는 사람들은 자신이 무엇을 알고 무엇을 모르는지 정확히 알고 있다. 그들은 자신의 능력 범위 밖에 있는 것에 대해서는 아무 말도 하지 않거나 "나는 그에 대해 잘 모릅니다"라고 당당하게 말한다. 그러나 운전사들에게는 온갖 말을 다 들어도 그 말만은 듣지 못할 것이다.

대비 효과

4백만 원짜리 가죽 시트가 싸게 느껴지는 이유

심리마케팅 교수 로버트 치알디니는 자신의 저서에서 1930년대에 미국에서 의류 상점을 경영하던 해리와 시드 형제의 일화를 소개했다. 당시 해리는 옷을 재단하는 아틀리에를 운영했고, 시드는 거기에서 판매를 담당했다. 시드는 고객이 새 옷을 정말 마음에 들어 한다는 것을 알아차리면 귀가 잘 들리지 않는 척을 했다. 그리고 살까 말까 망설이던 고객이 옷 가격을 물으면 그의 형을 향해 외쳤다.

"해리, 이 옷은 얼마지?" 멀찌감치 서서 옷을 재단하던 해리는 큰 소리로 대답했다. "그 멋진 면 양복은 42달러야." 그것은 당시로서는 매우 높은 가격이었다. 시드는 마치 전혀 못 알아들은 것처럼 다시 물었다. "얼마라고?" 그러면 해리는 더 큰 목소리로 또

박또박 가격을 말했다. "42달러!" 그제야 알아들었다는 듯 시드는 고객에게 고개를 돌려 말했다. "22달러라고 하는데요." 바로 그 순간 고객은 재빨리 22달러를 탁자 위에 놓고, 시드가 자신의 실수를 미처 깨닫지 못한 척하는 사이에 그 비싼 옷을 들고 서둘러 나갔다.

이와 비슷한 좀 더 일반적인 이야기를 해보겠다. 아마도 당신은 학창 시절에 다음과 같은 실험을 해보았을 것이다. 두 개의 물동이를 준비해 하나는 미지근한 물로 채우고, 다른 하나는 얼음물로 채운다. 그리고 오른손을 1분 동안 얼음물 속에 넣는다. 그런 다음에 두 손을 동시에 미지근한 물속에 집어넣는다. 어떤가? 양손의 느낌이 똑같은가? 아마 왼손은 물이 미지근하다고 느끼고, 오른손은 아주 뜨겁다고 느낄 것이다.

해리와 시드 형제의 이야기와 물 실험의 결과는 모두 '대비 효과(Contrast effect)'에 기인하고 있다. 사람들은 한 개의 사물을 보여주고 그 가치에 대해 말하라고 하면 명확하게 판단을 내리지 못한다. 그러나 뭔가 추하고 값싸고 부족한 것을 뒤이어 보여주면 앞에 본 것이 더 아름답다거나 더 값지다거나 더 크다는 식으로 판단한다. 절대적인 기준을 갖고 판단을 내리기가 어려운 것이다.

이러한 대비 효과는 일상에서 자주 일어나는 생각의 오류다. 만약 당신이 8천만 원짜리 고급 차를 산 후 카시트를 주문하기 위해 상점에 갔다고 가정해보자. 판매원은 고급 차에 어울리는 4백만 원짜리 가죽시트를 주문하라고 권할 것이다. 그리고 당신은 십 중팔구 수락할 것이다. 8천만 원에 비해 4백만 원은 소소해 보이기 때문이다. 장식 옵션 상품으로 먹고사는 모든 업종은 이런 식의 대비 효과를 이용해 장사를 한다.

한 실험에 의하면, 사람들은 식료품을 살 때 20분을 더 걷더라도 1만 원을 절약할 수 있는 상점을 선택했다. 그러나 145만 원짜리 양복을 144만 원에 살 수 있다고 해서 20분을 더 걸어가겠다고 하는 사람은 아무도 없었다. 이것은 객관적으로 봤을 때 굉장히 비합리적인 선택이다. 20분은 어디까지나 같은 20분이고, 1만 원은 어디까지나 같은 1만 원이기 때문이다.

특히 할인 상점에서 대비 효과는 빛을 발한다. 10만 원에서 7만 원으로 할인한 제품은 원래 정가가 7만 원인 제품보다 더 값이 싸 보인다. 그리고 원래 정가가 10만 원이었던 제품을 11만 원으로 올리고 그것을 다시 할인해서 8만 원에 판다면 그것 역시 애초에 가격을 올리지 않은 정가 8만 원짜리 상품보다 더 싸게 느껴진다. 두 상품 중 하나를 선택하는 데 원래 정가가 얼마였는지, 얼마를 인상했는지는 아무런 영향도 미치지 않는다. 지불한 금액은 똑같아도 원래 정가가 7만 원인 제품을 샀을 때보다 10만 원에서 7만 원으로 할인된 제품을 샀을 때 더 이득을 봤다고 생각한다.

최근에 한 투자가에게 이런 제안을 받았다. "그 주식은 쌉니다. 왜냐하면 가장 높았던 시세의 50퍼센트도 안 되니까요." 나는 머리를 흔들었다. 증권 시세라는 것은 낮거나 높았던 적이 전혀 없다. 시세는 그냥 시세일 뿐이며, 단지 중요한 것은 오직 그것이 과연 지금 시점부터 오를 것이냐 내릴 것이냐 하는 것뿐이다.

뭔가 대비되는 것이 있으면 우리는 마치 총소리에 놀라 반응하는 새들처럼 마음이 들떠서 활발하게 움직인다. 그 이면에서 서서히 점차적으로 변화하는 작은 것을 우리는 알아차리지 못한다. 한 마술사가 당신의 시계를 훔친다. 당신은 그의 눈을 빤히 쳐다보면서도 시계가 없어지는 것을 알아차리지 못한다. 어떻게 그럴 수 있을까? 그 마술사가 당신의 오른쪽 팔을 꽉 누르고 있었기 때문이다. 그 통증이 너무 심해서 왼쪽 손목에서 시계가 없어지는 것을 전혀 느끼지 못한 것이다.

마찬가지로 돈이 어떻게 사라지는지는 눈에 거의 띄지 않는다. 할인 행사가 계속될수록 돈은 끊임없이 그 가치를 잃어가고 물가 상승은 서서히 진행되기 때문에, 사람들은 자신의 지갑에서 돈이 점점 더 많이 빠져나가고 있다는 것을 눈치채지 못한다. 높이 치솟은 물가가 가혹한 세금의 형태로 한꺼번에 부과된다면(근본적으로는 그렇게 되지만)그제야 우리는 분노할 것이다.

가장 무서운 것은 대비 효과가 인생 전체에 영향을 끼칠 수 있다는 점이다. 내가 아는 대단히 매력적인 한 여성은 지극히 평범한 남자와 결혼했다. 그녀의 선택 기준은 단순했다. 아이가 태어나면 좋은 아버지가 되어줄 것 같아서였다. 그녀의 아버지가 너무

얼음물에 손을 담갔다가 미지근한 물로 옮기면
온도가 높지 않은데도 뜨겁다고 느낀다.
50만 원짜리 옷은 비싸다고 생각하지만
100만 원짜리를 50만 원에 팔면 싸다고 생각한다.

무능력하고 폭력적이었기 때문에 단지 그와 대비되는 평범한 남자가 좋게 보였던 것이다. 반대로 슈퍼모델급 외모가 마음속 기준이 되면 아무리 아름다운 여성을 만나도 그저 평범한 사람으로 느껴진다. 그러니 소개팅에 나간다면 자신보다 멋진 친구들과 함께 가는 일은 피하길 바란다. 상대방이 당신의 아름다움을 보지 못할 가능성이 높기 때문이다. 차라리 혼자서 가라. 가장 좋은 것은 자신보다 못한 두 사람과 함께 파티에 가는 것이다. 만약 당신이 친구보다 못한 쪽이라면 소개팅에 함께 나가자는 친구의 꼬임에 절대 넘어가지 않길 바란다.

사회적 검증과 동조 심리

수백만의 사람들이 옳다고 주장해도
어리석은 것이 진실이 되지는 않는다

당신은 음악 콘서트에 가는 중이다. 걸어가던 길에 한 교차로에서 하늘을 뚫어지게 쳐다보고 있는 사람들과 마주친다. 무슨 생각을 할 겨를도 없이 당신은 그들처럼 하늘을 올려다본다. 왜 그럴까? 사회적으로 검증되었기 때문이다. 이런 경우는 어떠한가? 콘서트 도중에 아주 위대한 연주가 진행되는 대목에서 관객 중 누군가가 박수를 친다. 그러자 갑자기 홀 안에 있는 대다수의 사람들이 박수를 치기 시작한다. 당신도 마찬가지다. 왜 그럴까? 사회적으로 검증되었으니까 그러는 것이다. 콘서트가 끝난 후에 당신은 외투를 돌려받기 위해 휴대품 보관대 앞에 줄을 선다. 당신은 앞에 선 사람들이 보관대 위에 놓인 접시에 동전을 하나씩 팁으로 놓는 것을 발견한다. 휴대품 보관대를 이용하는 비용은 공식

사람들은 열 명 중 아홉 명이 개를 고양이라고 주장하면
틀린 줄 알면서도 '고양이'라고 인정한다.

적으로 티켓 요금에 포함되어 있는데도 말이다. 당신은 잠시 고민하다 호주머니에서 동전을 꺼내 올려놓는다. 사회적으로 검증되었다고 생각하기 때문이다.

때로 '집단 충동'이라고도 불리는 '사회적 검증(Social proof)'은 다른 사람들이 행동하는 것처럼 나도 행동하면 옳다고 생각하는 것이다. 달리 표현하면, 어떤 생각에 대해 옳다는 사람이 많으면 많을수록 그 생각은 더 정확하다는 것인데, 이런 믿음은 물론 부조리하다.

사회적 검증 현상은 주식의 매도와 매수 시기, 투자 종목을 정하는 것, 유행하는 패션이나 음식을 주문하는 것, 여가 시간을 보내는 태도, 종교, 그리고 다이어트에서도 나타난다. 또 그만큼 영향력이 크기 때문에 부정적으로 악용되면 모든 문화를 마비시킬 수도 있다. 사이비 종교 단체에서 집단 자살이 일어나곤 하는 것을 생각해보라.

1950년 사회심리학자 솔로몬 애쉬가 진행한 간단한 실험은 집단적인 강요가 건전한 인간의 사고 능력을 얼마나 왜곡시키는지를 보여준다. 애쉬는 길이가 서로 다른 여러 가지 끈들을 준비하고 실험에 참가한 사람들에게 보여주었다. 그때 실험 참가자는 애쉬가 보여주는 끈이 기준으로 삼은 끈보다 더 길면 '길다', 동일하면 '같다', 더 짧으면 '짧다'라고 진술하면 됐다. 먼저 피험자들은 한 명씩 방 안에 들어가 실험에 참여했는데, 그들은 모두 아주 쉽게 올바른 끈의 길이를 진술했다. 두 번째 실험에서는 피험자가 다른 일곱 사람과 함께 방 안으로 들어갔다. 일곱 명은 모두 피험자를 속이기 위해 투입된 연기자들이었고, 계획한 대로 분명히 기준 선보다 더 긴 선에 대해 '짧다'며 틀린 답을 말했다. 다른 사람들의 대답을 들으며 당황스러워하던 피험자는 자신이 대답할 차례가 됐을 때 집단의 결정을 받아들이고 틀린 답을 선택했다. 애쉬의 실험 결과 이렇게 틀린 답으로 진술하는 비율은 30퍼센트에 달했다고 한다.

어떻게 이런 실험 결과가 나오게 된 것일까? 이런 식의 태도가 우리가 진화해온 역사 속에서 유용한 생존 전략으로 증명되었기 때문이다. 가령 당신이 지금으로부터 5천 년 전에 세렝게티 평원에서 사냥을 하는데, 갑자기 당신의 동료들이 허겁지겁 도망을 친다고 가정해보자. 당신은 어떻게 하겠는가? 그 자리에 멈춰 선 채 이마를 긁으면서 눈앞에 보이는 것이 사자인지, 아니면 사자처럼 보이지만 그냥 무해한 동물인지 생각해보고 있겠는가? 아니다. 당신은 될 수 있는 한 재빨리 동료들의 뒤를 쫓아 달려갈 것이다. 돌이켜 생각해보는 일은 나중에, 안전을 확보한 후에도 할 수 있다. 만약 이와 다르게 행동하는 사람이 있다면 유전자풀(Gene pool)에서 사라지고 만다. 생존과 관련된 이런 유형의 행동은 우리의 내면 깊숙이 뿌리박혀 있어서 오늘날에는 생존과 상관없는 상황에서도 그러한 행동을 보인다.

텔레비전 코미디 프로그램이나 토크쇼에서는 특정한 부분에 가짜 웃음을 삽입해 시청자로 하여금 따라 웃게 만듦으로써 사회적 검증을 이용한다. 사회적 검증의 가장 인상적인 사례 가운데 하나는 1943년 파울 괴벨스(독일 나치 시대의 선동가–옮긴이)가 청중을 향해 "여러분은 총력전을 원합니까?"라는 질문을 던진 것이다. 만약 사람들에게 개별적으로 그리고 익명으로 질문을 던졌더라면, 분명 아무도 그 허무맹랑한 제안에 동의하지 않았을 것이다. 물론 사회적 검증이 쓸모 있는 경우도 있다. 예를 들어 당신이 어느 낯선 도시에서 열리는 축구 경기를 관람하러 갔는데 경기장 위치를 모른다면 축구 팬으로 보이는 사람들의 뒤를 따라 달려가는 것이 의미가 있다.

어떤 회사가 자기네 상품이 '가장 잘 팔리는 것'이라고 광고하며 구매를 부추긴다면 의심해보라. 단지 가장 많이 팔리는 상품이라고 해서 가장 좋은 상품이라는 근거는 없다. 작가 서머싯 몸의 말처럼, "비록 5천만 명의 사람들이 어리석은 것을 주장한다고 해서 그것이 진실이 되지는 않는다"는 것을 명심하라.

승자의 저주

당신은 10만 원을 얻기 위해 얼마를 걸겠는가?

1950년대 미국 텍사스에서 토지 경매가 있었다. 입찰에 참가한 열 개의 석유 회사들은 그 땅에 얼마나 많은 기름이 매장되어 있을지 평가하고 입찰 가격을 제시했다. 가장 낮은 평가액은 백억 원이었고, 가장 높은 평가액은 천억 원에 달했다. 경매 가격이 올라갈수록 입찰을 포기하는 회사들도 많아졌다. 그리고 마침내 가장 높은 입찰 가격을 제시한 회사에 낙찰됐다. 그 회사는 살아남았고 승리했다.

그러나 '승자의 저주(Winner's curse)'는 그와 반대로 평가한다. 경매에서 승리한 자는 사실상 패배자라고. 산업 분석에 따르면 유전 경매에서 최후의 승리를 거머쥐는 회사들은 시스템적으로 너무 많은 돈을 지불하게 되며, 결국 수년 후에는 그 때문에 망한다는 것이다. 그것은 쉽게 이해할 수 있다. 만약 그 유전에 대한 평가액이 백억에서 천억 원 사이를 오간다면, 그것의 실제 가치는 그 사이 어딘가일 가능성이 크다. 경매에서 가장 높게 책정된 입찰 가격은 종종 지나치게 높다. 석유 회사 관계자들은 실제로는 피로스의 승리(Pyrrhic victory, 많은 비용의 대가를 치른 승리로 결국은 패배와 다름이 없는 승리를 가리킨다 – 옮긴이)를 축하하고 있는 것이다.

그렇다면 오늘날의 유전은 어디에 있을까? 사실 어디에나 있다. 이베이(eBay)을 비롯해 그루폰(Groupon)과 구글 애드워즈(Google AdWords)에 이르기까지 평가액은 전적으로 경매를 통해서 정해진다. 이동통신 주파수를 경매에 부치면 각 통신사들을 파산 지경으로까지 몰고 가는 입찰 경쟁이 벌어진다. 공항들은 화물 적재용 땅을 경매 절차를 거쳐 임대해준다. 또 알디(Aldi, 독일 전역에서 가장 매출이 높은 저가 마트 체인 – 옮긴이)가 새로운 세탁 세제를 영업장에 입고시킬 때도 경매에 부쳐 결정할 수밖에 없다. 납품업자들은 승자의 저주 위험을 안게 되는 것이다.

인터넷 덕택에 수공업자들 사이에도 경매가 유행하게 되었다. 작년에 아내와 나는 집의 벽지 색상을 바꾸기로 결정하고 그 일을 해줄 사람을 구한다는 공고를 인터넷에 올렸다. 그랬더니 30명이 넘는 입찰자들이 신청서를 내고 경쟁했다. 동정심이 들 정도로 단가를 최하로 낮춘 사람도 있었다. 그러나 나는 최하 단가를 선택하지 않았다. 낙찰된 사람에게 승자의 저주를 안겨주지 않기 위해서였다.

증권거래소에서도 매우 높은 입찰 가격을 지불하는 경매와 같은 상황이 벌어진다. 그리고 기업들이 다른 회사를 인수합병할 때는 승자의 저주가 몇 배나 강하게 작용한다. 인수에 성공한 회사들의 절반 이상은 새로 매입한 회사 때문에 가치가 떨어진다. 그토록 탐내던 회사를 인수한 것이 아무 소용도 없는 일이 되는 것이다.

그럼에도 왜 우리는 기꺼이 승자의 저주에 희생되는 것일까? 왜냐하면 어떤 재화의 실제 가치라는 것은 불확실하기 때문이다. 그래서 관여하는 사람들의 수가 많으면 많을수록 그 가치 또한 좋게 평가되고 지나치게 낙관적으로 입찰할 개연성은 더 높아진다. 또 다른 이유는 인간이 본능적으로 경쟁자들을 무찌르고 싶어 한다는 데 있다. 한 친구가 마이크로 안테나 공장을 소유하고 있다. 그는 애플사가 아이폰 도입을 위해 실시한 치명적인 입찰 경쟁에 대해 이야기한 적이 있다. 누구나 애플사의 공식적인 납품업자가 되고 싶어 하는데, 누가 입찰을 따내든 그는 분명히 돈을 잃을 것이라고 한다.

여러분이 경매에 직접 참여하게 되었다고 가정해보자. 경쟁자는 한 사람이고 게임의 규칙은 다음과 같다. 가장 높은 입찰가를 제시한 사람이 10만 원짜리 지폐를 받는다. 기억해야 할 것은 두 명의 입찰자 모두 마지막 순간 자신들이 제시한 입찰가를 지불해

입찰 경쟁이 뜨거울수록
낙찰 가격은 높아지고
누가 입찰을 따내든 분명히 돈을 잃고 만다.

야 한다는 것이다. 그렇다면 당신과 경쟁자는 얼마나 높은 가격까지 입찰가를 올릴 수 있을까? 2만 원에서 4만 원 사이를 지불하는 것이 합리적이다. 그런데 당신의 경쟁자도 그 사실을 알고 있다. 그래서 입찰가는 그 이상으로 올라간다. 수학적으로 보자면 9만 9천 원까지는 경매에 참여한 의미를 찾을 수 있다. 그러나 당신이 9만 9천 원을 부르면 경쟁자는 10만 원을 부른다. 만약 이것이 낙찰된다면 경쟁자는 10만 원을 받고 10만 원을 내야 하니까 아무런 수익이 없게 되고, 당신은 오히려 9만 9천 원을 지불해야 한다. 억울한 당신은 입찰가를 높여 부른다. "11만 원." 여기에서 경매가 멈춘다면 당신은 1만 원을 손해 보지만 경쟁자는 10만 원을 잃게 된다. 결국 경쟁자도 계속 입찰가를 높여 부를 것이다. 당신은 어느 선에서 경매를 멈추겠는가? 그리고 당신의 경쟁자는 어느 선에서 멈출 것 같은가? 이때는 워런 버핏의 말을 기억하기 바란다.

"결코 경매에 참여하지 마시오."

혹시 경매를 피할 수 없는 업종에서 일하고 있다면 최고가를 정해놓고 거기에서 20퍼센트를 빼라. 승자의 저주에 대비하기 위함이다. 그리고 그 숫자를 종이 위에 적어두고 엄격히 지키기 바란다.

사회적 태만

팀이 더 게으르다

막시밀리앙 링겔만이라는 프랑스의 엔지니어는 1913년에 말들의 능력에 대해서 연구했다. 그 결과 함께 수레를 끄는 말 두 마리의 능력은 한 마리 말이 끌 때 보여주는 능력의 두 배가 되지 못한다는 사실이 밝혀졌다. 이 결과에 놀란 링겔만은 사람에게 같은 실험을 해보았다. 그는 여러 명의 남자들에게 하나의 밧줄을 잡아당기게 하고서, 각각의 남자가 사용한 힘을 측정했다. 그 결과 두 사람이 같이 밧줄을 끈 경우에 그들은 평균적으로 혼자 밧줄을 끌 때 사용한 힘의 93퍼센트밖에 쓰지 않았다. 셋이서 밧줄을 끌 때 각자가 사용한 힘은 83퍼센트였고, 여덟 명이 끌 경우 각자 사용한 힘은 49퍼센트에 불과했다.

이런 현상을 학문적으로는 '사회적 태만(Social loafing)'이라고 부른다. 이것은 개개인의 능력이 직접적으로 보이지 않고 집단 속으로 용해되는 경우에 나타난다. 예를 들어 노를 함께 젓는 사람들에게는 사회적 태만이 나타나지만 파발꾼에게는 나타나지 않는다. 왜냐하면 파발꾼의 경우는 개별적으로 기여하는 바가 분명하게 드러나기 때문이다. 사회적 태만은 합리적인 태도이다. 즉 눈에 띄지 않고 절반의 힘만으로도 일이 성사되는데 무엇 때문에 온 힘을 투자하겠는가? 간단히 말해서 사회적 태만은 우리 모두가 죄를 짓도록 만드는 일종의 속임수다. 대개는 의도조차 하지 않은 채 수레를 끄는 말들처럼 무의식적으로 일어난다.

사실 하나의 밧줄을 더 많은 사람들이 끌수록 개개인의 능력은 후퇴한다는 것은 그리 놀라운 일이 아니다. 오히려 그 능력이 '제로' 상태로 떨어지지 않는다는 것이 더 놀랍다. 전면적인 태만이 일어나지 않는 이유는 무엇일까? 그 이유는 개인의 능력이 제로로 떨어지면 눈에 띄는 것은 물론이고 집단에서 제외되거나 명예가 훼손될 수 있기 때문이다. 그래서 우리는 눈에 띄지 않을 만큼의 태만함을 유지하는 데 섬세한 감각을 발달시켜왔다.

사회적 태만이 신체적 능력을 발휘할 때만 나타나는 것은 아니다. 정신적으로도 우리는 태만하다. 예를 들면 소속된 팀의 규모가 크면 클수록, 또 팀 내에서 성과가 일정한 수준에 도달했고 불안 요소가 보이지 않을 때 팀원 개개인의 회의 참여도는 약해진다. 팀의 규모가 스무 명이든 백 명이든 인원수는 더 이상 아무런 역할을 하지 않는다. 태만의 정도가 최고조에 이른 것이다.

그런데도 팀워크가 개별적으로 노력하는 개인보다 더 낫다고 하는, 오래전부터 되풀이되어온 주장은 어디서 온 것일까? 어쩌면 일본에서 왔는지도 모른다. 30년 전만 해도 일본이 만든 제품은 세계 곳곳의 시장에서 넘쳐났다. 구미의 경제학자들은 그들이 이룬 산업의 기적을 면밀히 관찰하면서 한 가지 사실을 발견했는데, 일본의 공장들은 팀 위주로 조직되어 있다는 거였다. 사람들은 이 모델을 모방했으며, 성공을 거두기도 했고 그러지 못하기도 했다. 일본에서 기능을 발휘한 팀워크(사회적 태만은 일본에서는 거의 발생하지 않는다)는 사고방식이 다른 미국인이나 유럽인들 사이에서 똑같은 방식으로 되풀이될 수는 없었다. 그나마 독일에서는 가능한 한 서로 다르게 전문화된 사람들로 팀워크가 이루어지면 더 낫다는 것이 증명되었다. 왜냐하면 전공 분야가 각기 다른 집단은 능력에 대한 평가를 개별적으로 줄 수 있기 때문이다.

사회적 태만은 흥미로운 영향을 미친다. 즉 집단 속에 있으면 우리는 자신의 능력을 후퇴시킬뿐더러 그에 따르는 책임도 후퇴시킨다. 좋지 않은 결과들에 책임을 지고 싶어 하는 사람은 아무도 없다. 이에 대한 사례는 어느 이사회나 팀 회의에서도 볼 수 있다. 개인은 집단이 내린 결정 뒤로 몸을 숨긴다. 이를 학문적으로는 '책임감의 분산(Diffusion of responsibility)'이라고 부른다.

같은 이유로 집단은 개인보다 더 큰 위험부담을 지는 경향이

팀의 규모가 크면 클수록
개개인의 회의 참여도는 약해진다.
절반의 힘만으로도 일이 성사되는데
무엇을 위해 온 힘을 투자하겠는가.

있다. 이런 경향을 '모험 이행(Risky shift)'이라고 하는데, 증명된 바에 의하면 집단적인 논의는 개인이 혼자 의사결정을 내릴 때보다 더 모험적인 결정을 내린다고 한다. 말하자면 '실패하더라도 내가 모든 책임을 지지는 않는다'는 것이다. 진정으로 위험한 것은 거대 자본을 다루는 기업 및 연금 기금 운영사들, 핵무기의 도입 여부를 결정하는 팀 등에 모험 이행이 나타나는 경우이다.

결론적으로, 사람들은 집단 내에 있으면 혼자일 때와는 다른 태도를 보인다. 모험을 주도하며 리더십을 보이기도 하고 집단의 규모를 힘의 크기라 믿고 용감해지기도 하며(그렇지 않으면 집단이라는 것은 없을 것이다), 반대로 집단의 지혜에 몸을 맡긴 채 태만해지기도 한다. 그러나 다행히도 우리는 집단이 지닌 불리한 점을 약화시킬 수 있다. 개인의 능력을 가능하면 눈에 띄게 만드는 것이다. 오늘날 인센티브 제도가 또 다른 폐해를 낳음에도 불구하고 많은 기업들이 없애지 못하는 이유가 바로 그것 때문이다. 숨기 어려운 조직을 만들기 위해서. 공로주의 만세, 능력사회 만세!

지수의 확장

5백억 대신 3천만 원을 선택하는 이유

 종이를 한 장 집어서 가운데를 접어보라. 그리고 또 그 가운데를 접고, 다음에 또다시 그 가운데를 접어 나가라. 이런 식으로 50번을 접으면 두께는 얼마나 될까? 이 글을 계속 읽기 전에 당신이 측정한 두께를 적어두어라.
 두 번째 질문, 다음 중 하나를 선택하라. 단, 고민하지 말고 즉각적으로 답해야 한다.
 A) 30일 동안 매일 100만 원씩 선물받는다.
 B) 30일 동안 첫 번째 날은 100원, 두 번째 날은 200원, 세 번째 날은 400원, 네 번째 날은 800원 …… 이런 식으로 선물받는다.
 결정했는가? 그럼 좋다. 위의 첫 번째 질문에서 만약 종이 한 장의 두께가 0.1밀리미터라고 가정할 때, 그 종이를 50번 접으면 두께는 1억 킬로미터가 넘는다. 이는 대략 지구에서 태양까지의 거리인데, 나중에 계산기로 쉽게 계산해볼 수 있다. 두 번째 질문에서는 A가 훨씬 유혹적이지만 B에 거는 편이 더 유익하다. A를 선택하면 30일 후에 당신이 버는 돈은 3천만 원이 전부지만, B를 선택하면 5백억 원 이상을 벌게 되기 때문이다.

당신은 두 번째 질문에서 어떤 대답을 선택했는가? 내가 만난 대부분의 사람은 A를 선택했다. 사람들은 직선적인 성장에 대해서 직관적으로 이해한다. 그러나 '지수의 확장(Exponential growth)' 또는 백분율의 상승에 대해서는 느낌이 없다. 왜 그럴까? 우리가 진화해온 역사가 그런 이해력을 갖도록 준비시키지 않았기 때문이다. 우리의 선조들이 겪은 경험은 대부분 직선적인 특성을 띤 것이었다. 열매를 채집하는 데 두 배의 시간을 투자한 사람은 두 배에 달하는 수확량을 얻었다. 또 동시에 두 마리의 매머드를 구렁으로 몰아 떨어뜨린 사람은 한 마리를 구렁으로 떨어뜨린 사람보다 두 배의 고기를 먹었다. 석기시대에는 인간이 지수의 확장을 경험한 사례가 거의 없었다. 그러나 오늘날에는 다르다.

어느 정치가가 이렇게 말한다. "교통사고 횟수는 매년 7퍼센트씩 증가한다." 솔직해지자. 우리는 직관적으로는 그것을 이해하지 못한다. 그러므로 정치가는 시간 중복의 트릭, '70의 법칙'을 써서 사람들의 마음을 움직여야 한다. (70의 법칙이란 복리의 방식으로 계산했을 때 처음 저축한 원금의 2배가 되는 데 걸리는 시간을 알아보는 공식으로 70을 이자율로 나눈 값이다. 다시 말해 어느 값이 X퍼센트 증가할 경우, 약 (70÷X)년 후에 그 값은 처음 값의 2배가 되는 것을 말한다 - 편집자 주) 일단 숫자 70을 성장률 퍼센트로 나눠보라. 즉 '70 ÷ 7'을 계산하여 10이라는 답을 얻을 수 있다. 이때 10은 햇수가 된다. 이런 방법으로 정치가의 말을 수정하면 "교통사고 횟수는 10년마다 두 배로 늘어난다"가 된다. 상당히 경보를 발하는 말이다.

또 다른 사례가 있다. "물가 상승이 5퍼센트에 달한다." 그 말을 듣는 사람은 이렇게 생각한다. "그리 나쁘지 않군, 겨우 5퍼센트라니." 그렇다면 중복되는 시간을 계산해보자. 70 ÷ 5 = 14. 즉 14년 후에 화폐의 가치는 절반으로 떨어질 것이다. 예금통장을 갖고 있는 사람이라면 누구나 분개할 만한 일이다.

한 신문기자가 통계 결과 하나를 건네받았다. 그 자료에 따르면 우리가 살고 있는 도시에 등록된 개들의 숫자가 매년 10퍼센트씩 증가한다고 한다. 그 기자는 어떤 표제어를 쓸까? 단언하건대 "개들의 숫자, 10퍼센트씩 증가"라고 쓰지는 않을 것이다. 누구의 관심도 끌지 못할 테니까. 연륜 있는 기자라면 "7년 후, 우리는 두 배의 개똥을 치워야 한다!"라고 쓸 것이다.

물론 백분율로 증가하는 것 가운데 영원히 증가하는 것은 아무것도 없다. 보장하건대 모든 지수 확장은 어느 시점에 이르러 한계에 도달한다. 장 박테리아균은 20분마다 둘로 갈라진다. 그러면 며칠 만에 온 지구를 뒤덮을 수 있다. 하지만 그렇게 되면 더 많은

30일 동안 매일 100만 원을 선물한다고 하면
사람들은 즉시 환호성을 지를 것이다.
그러나 100원, 200원, 400원 식으로 선물하겠다고 하면
횡재한 건지 아닌지 애매모호한 표정을 지을 것이다.

산소와 당(糖)이 공급될 테고, 그것은 곧 박테리아 증가에 제동을 걸게 될 것이다.

우리의 뇌가 백분율로 증가하는 것을 계산하기 힘들어한다는 것은 고대 페르시아 시대부터 알려진 사실이다. 다음과 같은 전설이 있다. 옛날에 한 지혜로운 궁정 신하가 있었는데 그는 왕에게 장기판을 하나 선물했다. 왕이 그에게 물었다. "답례로 무엇을 받고 싶은지 말해보라." 그러자 신하가 말했다. "저는 고귀하신 폐하께서 그 장기판을 쌀로 채워주시기를 바랄 뿐입니다. 대신 장기판 위의 맨 앞에 쌀알을 한 개 놓으시고, 그다음 영역마다 두 배씩의 쌀알을 놓으십시오. 즉 두 번째 영역에는 두 개의 쌀알을, 세 번째 영역에는 네 개의 쌀알을 놓는 식으로 계속 놓아주십시오." 왕은 놀라서 말했다. "친애하는 신하여, 그대가 이처럼 겸손한 소망을 말하다니, 존경스럽도다." 과연 겸손한 요청이었을까? 그 왕은 기껏 한 자루 정도로 생각했겠지만, 실제로는 온 세상에서 자라는 모든 쌀보다 더 많은 쌀을 쌓아놓아야 했을 것이다.

결론적으로, 증가율에 관해서라면 당신의 느낌을 믿지 말라고 당부하고 싶다. 당신은 직관적으로 이해하지 못하는 것을 인정하라. 당신에게 진정 도움이 되는 것은 탁상용 계산기다. 또는 크기가 작은 증가율의 경우에는 시간 중복의 트릭이 도움이 될 것이다.

틀 짓기

'위기는 기회다'라고 우기는 이유

쓰레기통이 가득 찬 것을 본 당신은 전혀 다른 두 가지 뉘앙스의 말을 할 수 있다. "쓰레기통이 꽉 찼어!"라고 할 수도 있고, "여보, 당신이 쓰레기통을 비워준다면 정말 좋을 것 같아"라고도 할 수 있다.

프랑스어로 "음악을 만드는 것은 음이다(C'est le ton qui fait la musique)"라는 말이 있다. 똑같은 사안이라도 어떻게 표현하는가에 따라 전혀 다른 느낌을 준다. 이것을 심리학 용어로 '틀 짓기(Framing)'라고 한다.

'Framing'은 '틀에 넣는다'는 뜻으로 '틀 효과'라고도 쓰이는데, 아주 똑같은 사안에 대해서도 사람들은 그것이 어떻게 묘사되느냐에 따라 다르게 반응한다는 뜻이다. 대니얼 카너먼과 아모스

트버스키는 1980년대에 역병 퇴치 전략에 대한 설문 조사를 실시했다. 그들은 설문 응답자들에게 "600명의 목숨이 위험에 처해 있다. A와 B, 두 가지 퇴치 전략 중 하나를 선택하시오"라는 질문을 던졌다. "선택 A는 200명의 목숨을 구한다"였고, "선택 B는 600명 모두의 목숨을 구할 확률은 3분의 1이며, 아무도 구하지 못할 확률은 3분의 2이다"라는 것이었다. 결과적으로 선택 A와 선택 B는 똑같은 가치를 지니고 있지만 (양쪽 다 기대치는 200명의 목숨을 구할 수 있다는 데 있다), 설문에 참여한 대다수의 사람들은 A를 선택했다. 그들의 생각을 한마디로 표현하면 "지붕 위에 있는 비둘기보다는 손안에 있는 참새가 낫다"는 것이다.

그런데 보기 문항을 "선택 A는 400명을 죽게 한다"와 "선택 B는 아무도 죽게 하지 않을 확률이 3분의 1이고, 600명 모두를 죽게 할 확률은 3분의 2이다"라는 식으로 표현하자, 결과는 정말 흥미로워졌다. 이번에는 설문 조사를 받은 사람들 가운데 소수만이 A를 택하고, 대다수가 B를 택했다. 처음 설문 조사를 했을 때와는 정반대의 결과였다. '구한다'거나 '죽게 한다'라는 언어상의 표현에 따라 똑같은 질문에 전혀 다른 결정을 내리는 것이었다.

두 연구자는 또 다른 실험을 진행했다. 이번에는 실험 참가자들에게 두 종류의 메모가 적힌 고기를 보여주었다. 첫 번째 고기에는 "99퍼센트 무지방"이라고 적혀 있었고, 두 번째에는 "1퍼센트 지방 포함"이라고 적혀 있었다. 두 개의 메모는 모두 동일한

지방분을 표시하고 있다. 그런데도 질문을 받은 사람들은 첫 번째 고기가 건강에 더 좋을 것이라고 판단했다. 심지어 "98퍼센트 무지방"이라는 메모가 적힌 고기와 "1퍼센트 지방 포함"이라는 메모가 적힌 고기 중에서 선택하라고 했을 때도 사람들은 첫 번째 고기를 선택했다. 사실은 첫 번째가 두 번째보다 지방을 두 배나 더 포함하고 있는데도 말이다.

이런 식의 틀 짓기는 일상생활에서 자주 활용된다. 주식 시세 '하락'은 '수정'이라고 표현되고, 지나치게 부풀려진 기업 인수 가격은 '호의'였다고 표현된다. 모든 경영 강좌에서 우리는 '문제'가 곧 '기회'라는 식으로 배우며, '해고당한 매니저'는 '삶의 방향을 새로이 정하는 사람'이 된다. '전사한 군인'은 얼마나 많은 불운과 어리석음이 그를 죽음으로 이끌었는가에 상관없이 '전쟁 영웅'으로 표현된다. 예를 들어 뉴욕 허드슨 강에 비행기가 불시착한 것은 '비행술의 승리'라고 찬사받는다.

금융 상품 팸플릿에도 틀 짓기의 마법은 녹아 있다. ETF(Exchange Traded Fund, 상장지수펀드)에 대한 팸플릿이나 증권거래소에서 거래되는 펀드에 관한 쌤플릿을 사세히 본 적이 있는가? 거기에는 종종 지난 수년 동안의 실적이 묘사되어 있다. 과연 몇 년 전으로 거슬러 올라가는 실적일까? 아마도 실적이 이미 상승 곡선을 그리기 시작한 때부터일 것이다. 이렇게 임의로 기간을 정하는 것 역시 틀 짓기에 속한다.

'98퍼센트 무지방' 고기는 '1퍼센트 지방 포함' 고기보다 더 잘 팔린다.
우리는 순전히 말의 뉘앙스 때문에 진실을 보지 못할 때가 있다.

틀 짓기는 말의 뉘앙스부터 사물을 보는 관점에 이르기까지 광범위하게 사용된다. 상대가 만들어놓은 틀에 영향을 받기도 하고 자기 자신이 틀을 정해놓고 복종할 때도 많다. 가령 대부분의 사람들은 중고차를 살 때 엔진이나 브레이크 또는 차의 내부 상태보다는 주행거리에 집중한다. 다시 말해 차를 구입할 때 주행거리에 영향을 받는 것이다. 어떻게 보면 그렇게 하는 것도 당연하다. 전문가가 아닌 이상 결코 모든 관점을 빠짐없이 관찰할 수는 없으니까. 그러나 다른 기준으로 틀 짓기를 적용한다면 우리의 결정은 달라질 것이다.

작가들은 매우 의식적으로 틀 짓기를 투입한다. 추리소설이 살인이 일어난 순서대로 한 단계씩 전개된다면 지루할 것이다. 그럴 경우에는 추리소설이 아니라 사실을 기록한 실용서가 된다. 결국에 가서는 전체적인 이야기가 설명되더라도 첫 부분만큼은 틀 짓기를 통해 독자에게 긴장감을 주어야 한다.

사실 우리는 틀 짓기를 하지 않고는 아무것도 표현할 수 없다. 개성을 표현할 수도 없으며 매력을 표현할 방법도 사라진다. 모든 일은 틀 짓기에 따를 수밖에 없다는 것을 의식하라. 이 책에 서술된 이 장도 마찬가지다.

행동 편향

우리는 아무것도 하지 않고 기다리는 고통을 참지 못한다

이스라엘의 학자 바 엘리는 축구 경기에서 패널티킥을 차는 선수들을 관찰했다. 그 결과 축구 선수들의 3분의 1은 공을 골대의 중앙으로 차고, 3분의 1은 왼쪽으로, 나머지 3분의 1은 오른쪽으로 찬다는 것을 발견했다. 그렇다면 골키퍼들은 어떨까? 안타깝게도 그들 중 2분의 1은 왼쪽으로 몸을 날리고, 나머지 2분의 1은 오른쪽으로 몸을 날린다. 모든 공의 3분의 1이 중앙으로 날아온다는 분석 결과가 있는데도 골키퍼들이 중앙에 멈춰 서 있는 경우는 드물다. 왜 그럴까? 그 이유는 멍청이처럼 그 자리에 멈춰 선 채 공이 왼쪽이나 오른쪽으로 스쳐 지나가는 것을 보고 있기보다는, 틀린 방향으로라도 몸을 날리는 편이 훨씬 더 나아 보이고 또 심적으로 덜 괴롭기 때문이다. 비록 아무런 소용이 없더라도 행동을 보이는 것, 이것이 바로 '행동 편향(Action bias)'이다. 그러나 골키퍼들만 행동 편향에 빠지는 것은 아니다.

어느 나이트클럽 밖에서 한 무리의 젊은이들이 소리를 지르고 거친 행동을 한다. 상황은 거의 주먹다짐으로 번지기 일보 직전이다. 신고를 받고 출동한 젊은 경찰들은 연륜 있는 선배 경찰들과 함께 뒤로 물러나 그 상황을 지켜보다가, 부상자가 나온 후에야 비로소 개입한다. 만약 경험 많은 경찰들이 그 자리에 없었다면 사태는 달라졌을 것이다. 젊고 지나치게 열정적인 경찰들은 십중팔구 행동 편향의 희생자가 된다. 지켜보는 괴로움을 견디지 못해 즉각 사태에 개입하는 것이다. 영국에서 발표한 연구 결과에 의하면, 경찰들이 오랫동안 기다려주는 곳에서는 조급하게 사태에 개입할 때보다 부상자가 덜 나온다고 한다.

행동 편향은 특히 어떤 상황이 새롭거나 불분명할 때 자주 나타난다. 많은 투자자들이 나이트클럽 앞에 서 있는 경험 없는 젊은 경찰들과 같은 처지가 될 때가 있다. 그때 그들은 증권거래소에서 일어나는 상황의 추세를 제대로 평가할 수 없으므로 일종의 과민 행동에 빠진다. 물론 소용은 없다. 워런 버핏은 그런 경향에 대해 이렇게 충고한다. "투자에서는 행동이 실적과는 무관하다."

행동 편향은 교육 수준이 가장 높은 분야에서 나타난다. 어떤 의사가 병명이 불분명한 한 환자를 진찰하고 있다. 그는 환자에게 손을 써야 할지 말지, 약을 처방해줘야 할지 그냥 기다려봐야 할지 선택의 기로에 서 있다. 그때 그 의사는 젊은 경찰관이나 위기에 처한 투자자들처럼 어떤 행동을 대안으로 선택하는 경향을 보일 것이다. 행동 편향이 움직이도록 지시하는 것이다.

그러면 우리의 의지는 왜 행동 편향에 권리를 빼앗기는 것일까? 이것은 오랜 진화의 역사와 관련이 있다. 사냥꾼과 채집가들이 살던 환경에서는 생각하는 것보다 행동하는 것이 훨씬 많은 보상을 받았다. 그 시절에는 번개처럼 빠른 반응이 생존하는 데 중요했다. 오히려 생각하는 것은 치명적이 될 수 있었다. 우리의 선조들은 숲 가장자리에서 무서운 이를 드러낸 호랑이 실루엣이 나타나면, 로댕의 조각 '생각하는 사람'처럼 돌 위에 가만히 앉아서 전략을 심사숙고하지 않았다. 그들은 그 적을 때려눕혔다. 그것도 아주 신속하게. 우리는 모두가 한때는 오히려 너무 자주 도망치고 빠르게 반응하면서 살던 인간의 후손들이다. 그래서 행동 편향은 생각보다 위력이 세다. 아무리 오늘날의 세계가 섣불리 행동하기보다 예리하게 숙고하는 쪽에 더 크고 장기적인 보상을 해준다 해도 인간의 습성은 완전하게 바뀌지 않는다.

당신이 기다림이라는 현명한 선택을 하여 회사와 국가, 그리고 인류의 안녕을 위해 옳은 결정을 내린다 해도 아무런 명예도 메달도 얻지 못하며, 당신의 이름을 새긴 동상이 세워지지도 않는다. 반면에 결단성을 드러내고 신속하게 행동해 (어쩌면 순전히 우연일지라도) 상황이 나아지면, 당신은 주변 사람들에게 존경을 받

패널티킥을 찰 때 골키퍼들이 중앙에 서 있는 경우는 드물다.
멍청이처럼 공이 스쳐 지나가는 것을 보고 있기보다는
틀린 방향이라도 몸을 날리는 게 덜 괴롭기 때문이다.

거나 종이 한 장에 불과하더라도 표창장 정도는 받을 것이다. 사회는 의미 있게 기다리기보다는 생각 없더라도 행동하는 쪽을 더 선호하기 때문이다.

불분명한 상황에서 우리는 뭔가를 하고 싶은 충동을 느낀다. 그러고 나면 더 낫게 변한 것이 아무것도 없더라도 기분은 나아진다. 그러나 자기 기분만 빼면 실제 상황은 종종 더 나빠지는 경우가 많다. 우리는 너무 빨리, 그리고 너무 자주 행동하는 경향이 있다. 아무리 인간이 행동하는 것을 선호하고 행동하는 것이 더 빨리 보상을 얻는 방법이라 해도, 상황이 분명하지 않으면 제발 아무것도 감행하지 말라. 당신이 상황을 더 낫게 평가할 수 있기 전까지는 아무것도 하지 말고 뒤로 물러나 있으라. 그리고 철학자 파스칼의 말을 명심하길 바란다. "인간의 모든 불행은 그들이 방 안에 조용히 머물러 있지 못하는 데 있다."

부작위 편향

80명의 목숨을 살리는 약을 못 팔게 하는 이유

한 산악인이 빙하를 오르다가 크레바스에 빠졌다. 서둘러 구조대를 조직해 나서면 그를 구할 수 있겠지만 당신은 그렇게 하지 않는다. 결국 그는 죽는다. 또 다른 상황은 당신이 산악인을 밀어서 크레바스에 빠뜨리는 것이다. 마찬가지로 그는 얼마 후 죽는다. 둘 중 어느 행동이 더 나쁘다고 생각되는가? 합리적으로 고찰하면 둘 다 똑같이 달갑지 않은 행동이다. 구조를 거부한 것과 적극적인 살인 모두 산악인을 죽음으로 내몰고 있기 때문이다. 그런데 둘 중 하나를 고르라고 하면 왠지 구조를 중단한 쪽이 덜 나쁜 행위처럼 느껴진다.

인간은 어떤 일을 함으로써 발생하는 개인적 피해보다는 어떤 일을 하지 않음으로써 발생하는 사회적 피해를 비이성적으로 선호하는 특성이 있다. 이것을 '부작위 편향(Omission bias)'이라고 부른다. '부작위'는 마땅히 해야 할 일을 일부러 하지 않는 것을 뜻한다. 그리고 부작위 편향은 행동을 중지하든 실행하든 폐해를 불러올 수 있는 경우에 나타난다. 그럴 때 우리는 대개 중지하는 쪽을 선택하는데, 그 이유는 그렇게 해서 발생한 폐해는 왠지 덜 해로운 것처럼 보이기 때문이다.

당신이 의약품 허가청의 청장이라고 가정하자. 당신은 죽을병에 걸린 환자를 위해 어떤 약을 쓰도록 허용할지 결정해야 한다. 그 약은 강한 부작용을 갖고 있다. 약을 복용한 환자들 중 20퍼센트는 즉사할 것이고, 80퍼센트는 단기간 생명이 연장될 것이다. 당신은 어떤 결정을 내리겠는가?

만약 당신이 대다수의 사람들처럼 생각하고 행동한다면, 그 약의 사용을 금지할 것이다. 다섯 명의 환자 가운데 한 명의 목숨을 그 즉시 앗아갈 수 있다는 것에 대해서, 네 명의 환자들을 구할 수 있다는 것보다 더 나쁜 감정을 갖는다. 어처구니없는 결정이지만 그것은 부작위 편향과 잘 맞는다. 만약 당신이 합리적이고 이성적으로만 판단하여 그 약의 사용을 허가한다고 가정해보자. 그리고 그 약을 쓴 첫 번째 환자가 부작용으로 죽는다면 무슨 일이 일어날까? 매스컴은 경악해서 소리를 질러대고, 당신은 직업을 잃게 될 것이다. 이미 대중의 머릿속에 깊이 박혀 있는 부작위 편향이 비난의 화살을 쏘아대는 것이다. 이러한 오류가 사람들의 머릿속에 얼마나 굳게 자리 잡고 있는지는 법의 판결이 보여준다. 적극적인 사망 보조는 비록 그것이 죽어가는 사람의 소원이라고 해도 (적어도 독일과 스위스에서는) 처벌 대상이 된다. 반면 사전에 모의해서 생명 유지 조치를 거부하는 일은 처벌 대상이 되지 않는다.

부작위 편향은 예방접종이 병에 걸릴 위험을 분명히 줄여주는데도 불구하고 왜 부모들이 자녀에게 예방주사 맞히는 것을 주저하는지를 설명해준다. 객관적으로 봤을 때 예방주사를 거부한 후에 아이들이 병에 걸리면 부모는 죄책감을 느낄 것이다. 그러나 예방주사를 맞혀서 병에 걸린 경우보다는 덜 나쁜 것으로 느낀다.

부작위 편향은 왜 우리가 누구에겐가 직접 해를 끼치기보다는 차라리 그 사람이 스스로 파멸하도록 내버려두는지를 설명해준다. 투자가들과 경제 애널리스트들은 새로운 상품을 개발하지 않는 것을 잘못된 상품을 개발하는 것보다 덜 나쁘다고 느낀다. 비록 양쪽 모두 해당 회사를 파산으로 이끌어가더라도 말이다. 그리고 우리는 수년 전에 상속받은 보잘것없는 주식을 멍청하게 쌓아만 두고 있는 것을 쓸데없는 주식을 사는 것보다 덜 나쁘게 여긴다. 또한 비용이 든다는 이유로 석탄 화력발전소 내부에 폐수 시설을 건립하지 않는 것은 기존 폐수 시설을 철거하는 것보다 덜 나쁘게 여겨지며, 세무서에 수입을 신고하지 않는 것은 세금 서류를 위조하는 것보다 덜 나쁘게 느껴진다. 사실 둘 다 결과는 같은데 말이다. 어쩌면 이것은 우리가 자주 빠지는 행동 편향에 반하

사람들은 새로운 상품을 개발하지 않는 것을
잘못된 상품을 개발하는 것보다 덜 나쁘다고 느끼고
세무서에 수입을 신고하지 않는 것을
세금 서류를 위조하는 것보다 덜 나쁘다고 느낀다.

는 성향처럼 보인다. 그러나 행동 편향은 어떤 상황이 불분명하고 모순적이고 불투명할 때 작용하는 반면, 부작위 편향은 대개 통찰 가능한 상황에서 나타난다. 다시 말해 예측할 수 없는 미래의 폐해는 행동을 통해서 얼마든지 예방할 수 있는 것이지만, 예측할 수 있는 폐해를 예방하는 것은 우리에게 강한 동기를 부여하지는 못한다.

부작위 편향은 행동 편향에 비해 인식하기가 어려운 편이다. 행동을 거부하는 것은 행동하는 것보다 눈에 덜 띄기 때문이다. 그래서 1968년 독일 베를린에서 시작된 대규모 학생운동은 마땅히 해야 할 일을 하지 않는 사람들을 자극하려는 의도로 다음과 같은 의미심장한 슬로건을 내세우며 싸웠다.

"만약 당신이 해결의 일부가 아니면, 당신은 문제의 일부이다."

이기적 편향

나는 잘했어, 네가 좀 부족했지

당신은 사업 보고서들, 특히 CEO들이 쓴 주석을 읽는가? 만약 읽지 않는다면 유감이다. 왜냐하면 거기에는 우리 모두가 이런저런 형태로 빠지기 쉬운 오류들이 가득하기 때문이다.

만약 어떤 회사의 한 해 성과가 탁월했다면, CEO는 자신의 훌륭한 결정력과 지칠 줄 모르는 열정, 자신이 주축이 된 역동적인 기업 문화를 성공 요인으로 꼽는다. 반대로 만약 그 회사의 한 해 실적이 좋지 않았다면 CEO는 유로화 강세와 연방정부, 중국인들의 교활한 무역 거래, 미국인들이 부과하는 은밀한 관세, 그리고 침체된 소비 분위기에 책임을 떠넘긴다. 다시 말해 사람들은 성공의 원인은 자기 자신에게 돌리고 실패의 원인은 외부의 요인으로 돌리는 경향이 있다. 그것이 바로 '이기적 편향(Self-serving bias)'

이다. 자기중심적 편향, 자기 고양적 편향, 자기 확증 편향 등으로 불리는데 자신이 초래한 긍정적 결과에 대해서는 과대평가하는 반면, 부정적 결과에 대해서는 과소평가하는 경향을 말한다.

사실 우리는 이미 학창 시절부터 이기적 편향에 대해서 알고 있었다(비록 그 당시에는 그런 표현을 몰랐겠지만). 최고 점수를 받으면 우리는 그 이유를 자신에게 돌렸다. 즉 탁월한 성적은 자신의 진정한 지식과 능력이 반영된 결과인 것이다. 그러나 만약 성적이 떨어진다면? 그럴 때는 난이도가 너무 높았다거나 해답이 불분명한 문제 탓이라고 생각한다. 주식 투자를 할 때도 비슷한 현상이 나타난다. 수익을 얻으면 우리는 자신을 칭찬한다. 반대로 손해를 봤을 때는 시장의 분위기(그것이 어떻든 간에)나 투자 상담가에게 책임을 돌린다.

이 글을 쓰고 있는 나 자신도 이기적 편향에 자주 걸린다. 내가 쓴 새 책이 베스트셀러 반열에 오르면 나는 스스로 어깨를 툭툭 친다. "이건 분명히 지금까지 나온 내 책들 가운데 최고일 거야!"라면서. 그러나 그 책이 새로 쏟아져 나온 책들의 홍수 속으로 가라앉아버리면? 그때도 당연히 최고의 책이라는 것에는 변함이 없다. 대신 한 가지 안타까운 이유만 덧붙여질 뿐이다. 비평가들은 시기심 때문에 내 책의 진가를 깎아내리는 글들을 쓰고 있고, 독자들은 좋은 글이 무엇인지를 모른다는 식으로.

어느 회사에서는 정기적으로 성격 테스트를 실시한다. 이 테스트를 받은 사람들은 순전히 우연의 원칙에 따라 좋은 점수를 받거나 나쁜 점수를 받았다. 좋은 점수를 받은 사람들은 그 테스트를 신뢰하면서 효과적인 것이라고 생각한 반면, 나쁜 점수를 받은 사람은 그런 테스트를 효력이 있는 것으로 보지 않았다. 이런 판단의 왜곡이 생기는 이유는 무엇일까? 왜 성공은 자신의 능력으로 해석하고, 실패는 다른 사람의 책임으로 돌릴까? 그 이유를 설명하는 수많은 이론을 가장 간단하게 정리하면 이렇다. 그렇게 하면 기분이 좋기 때문이다. 그리고 그렇게 함으로써 우리가 스스로에게 가하는 폐해는 최소한으로 유지된다. 만약 그렇지 않았다면 우리는 지난 10만 년을 진화해오는 동안 이러한 생각의 오류를 제거해버렸을 것이다. 그러나 조심하라. 상상하기 어려운 위험성들이 즐비한 오늘날의 세계에서 이기적 편향은 우리를 빠르게 파국으로 이끌어 갈 수 있다. 대표적인 사례로 자기 자신을 '세계의 마스터'라고 표현하기 좋아했던 리처드 풀드를 들 수 있다. 풀드는 리먼 브라더스(Lehman Brothers)의 CEO였는데, 리먼 브라더스는 2008년 9월 15일 파산함으로써 미국을 비롯한 전 세계적인 경제 위기를 불러왔다.

미국에는 모든 학생이 거쳐 가야 하는 표준화된 테스트, SAT(Scholastic Aptitude Test, 미국 대학수학능력 시험)가 있다. 그 테스트에 대한 학생들의 점수는 매번 200점에서 800점 사이였다. 그런데 시험을 치르고 1년이 지난 후 학생들에게 SAT 성적에 대

사람들은 성공의 원인은 자신에게로,
실패의 원인은 주변 상황 때문으로 돌린다.
그리고 언제나 상대보다 더 많이 희생하고 있다고 생각한다.

해 물으면, 대부분 자신들의 시험 결과를 평균 50점은 올려서 대답한다.

그래서 그들이 직접 대답한 점수의 평균은 실제 SAT 평균보다 늘 50점에서 100점가량 높다. 뻔뻔스럽게 거짓말을 하고 무절제하게 과장하려는 의도가 있는 것은 아니다. 그저 결과를 약간 '꾸며내서' 말하는 것일 뿐이다.

내가 살고 있는 아파트의 8층에는 다섯 명의 대학생이 함께 살고 있다. 나는 가끔 엘리베이터 안에서 그들과 마주치는데, 그들이 각각 혼자 있을 때 이렇게 물어보았다. "화장실 쓰레기를 얼마나 자주 내다 버립니까?" 그러면 "두 번에 한 번씩"이라고 대답하는 학생이 있는가 하면, "세 번에 한 번씩"이라고 말하는 학생도 있다. 또 한 학생은 터진 쓰레기봉투를 들고 나가다가 화를 내며 말했다. "굳이 말하자면 언제나 저예요. 90퍼센트요." 그들의 대답을 모두 합치면 100퍼센트가 되어야 하겠지만 실제로는 그렇지 않다. 모두 합쳐 무려 320퍼센트에 이른다! 그런 식으로 공동 아파트에 사는 사람들은 시스템적으로 자신들의 역할을 과대평가한다. 결혼에 있어서도 그와 똑같은 메커니즘이 작용한다. 학문적으로 증명된 바에 의하면, 남자나 여자나 모두 원만한 가정생활을 유지하는 데 각자 자신들의 기여도가 50퍼센트를 넘는다고 평가한다.

그렇다면 이기적 편향에 어떻게 대응해야 할까? 내면의 목소리가 아닌 외부의 목소리에 귀를 기울여야 한다. 당신에게 꾸밈없이 진실을 말해주는 친구들이 있다면 그들의 객관적인 조언을 늘 귀담아 들어라. 만약 그렇지 않다면 차라리 자신을 못마땅하게 생각하는 사람에게 당신의 인품에 대해 숨김없이 자세히 말해보라고 부탁하라. 당신은 그에게 영원히 고마워하게 될 것이다.

쾌락의 쳇바퀴

백억 원짜리 로또에 당첨된다면 얼마 동안 기쁠까?

어느 날 운명처럼 전화벨이 울리고, 당신이 백억 원짜리 로또에 당첨되었다는 소식을 듣는다고 가정해보자. 어떤 느낌이 들겠는가? 또 얼마나 오랫동안 그 느낌이 유지될 것 같은가? 또 다른 가정이 있다. 다시 전화벨이 울리고, 당신의 가장 친한 친구가 죽었다는 소식이 전해진다. 당신은 어떤 느낌이 들고, 또 얼마나 오랫동안 그 느낌을 유지하게 될까? 아마도 당신의 예측보다 짧을 것이다.

우리는 자신의 감정을 얼마나 정확하게 예측할 수 있을까? 백억 원짜리 로또에 당첨된다면 과연 그 돈이 오랫동안 당신을 행복하게 만들어줄 수 있을까? 하버드대학교의 심리학 교수 댄 길버트는 로또에 당첨된 사람들을 연구했는데, 로또가 주는 행복의 효과가 평균 3개월이 지나면 사그라진다는 것을 확인했다. 엄청난 액수의 돈을 은행에서 이체받은 지 불과 3개월이 지나면 당신은 예전과 마찬가지로 행복하거나 불행할 것이다.

은행의 매니저인 내 친구는 바로 이와 같이 자신의 처지에 어울리지 않게 많은 수입을 올리는 축복을 받자, 도시를 떠나 취리히 근교에 집을 한 채 지을 결심을 했다. 그의 꿈은 열 개의 방과 수영장, 그리고 모두가 부러워할 만한 아름다운 전망을 갖춘 빌라로 실현되었다. 처음 몇 주 동안 그는 행복감으로 환히 빛났다. 그러나 얼마 안 가서 넘치는 행복감은 사라졌고, 빌라는 더 이상 대수로운 것이 못 되었다. 6개월이 지나자 그는 오히려 예전보다 더 불행해졌다. "일을 끝내고 집으로 돌아와 현관문을 활짝 열고 나면, 나는 더 이상 이 집이 낙원으로 느껴지지 않는다네. 대학생 시절 살던 한 칸 짜리 방에 발을 들여놓았을 때와 다를 바 없어." 그런데도 이제 그 가련한 친구는 평균 50분이나 걸리는 출퇴근 시간과 싸워야 했다. 한 연구 조사에 의하면 자동차를 타고 한 시간 이상 떨어진 집과 직장 사이를 오가는 것이 삶의 불만족을 야기하는 가장 큰 원인으로 입증되었다. 내 친구 역시 매일같이 반복되는 장거리 왕복 출퇴근 때문에 괴로움을 겪고 있었다. 그리고 그 아름다운 빌라가 친구의 행복감에 미친 부차적인 효과는 매우 짧았으며 너무도 쉽게 부정적인 것으로 바뀌었다.

우리는 목표를 이루기 위해
더 많은 일, 더 멋진 일들을 해내지만
그렇다고 더 행복해지는 것은 아니다.

다른 사람들이라고 해서 상황이 더 나은 것은 아니다. 출세의 꿈을 이룬 사람도 평균 3개월이 지나면 예전과 똑같은 크기만큼 행복하거나 불행하다. 언제나 가장 최신형의 고급 자동차를 소유해야만 직성이 풀리는 사람도 마찬가지다. 이런 효과를 학문적 용어로 '쾌락의 쳇바퀴(Hedonic treadmill)'라고 부른다. 즉 우리는 일을 하고 출세하며 스스로 더 많은 일, 더 멋진 일들을 해내지만, 그렇다고 해서 더 행복해지는 것은 아니다.

불행한 운명의 경우는 어떨까? 예를 들어서 하반신이 마비되거나 친구를 잃었을 때는? 여기서도 우리는 앞으로 그 감정이 얼마나 오래, 그리고 강렬하게 유지될지에 대해서 시스템적으로 과대평가한다. 사랑이 깨지면서 세상이 무너지는 것 같은 고통을 겪은 사람들은 결코 다시는 단 한 줌의 행복도 느끼지 못할 거라고 확신한다. 그러나 평균 3개월이 지나면 그들은 다시 웃는다.

새로운 자동차, 새로운 경력, 새로운 관계가 우리를 얼마만큼 행복하게 만들어줄지 정확히 알 수 있다면 멋진 일이 아닐까? 그렇게 된다면 우리는 더 분명하게 결정을 내리고, 더 이상 끊임없이 어둠 속을 헤매지 않아도 될 것이다. 그렇다, 멋진 일일 것이다. 그리고 그 시작은 가능할 것이다. 여기 학문적으로 증명된 몇 가지 확실한 사항들이 있다. 첫째, 당신이 오랜 시간이 지나도 익숙해지지 않는 부정적 요소들, 장거리 출퇴근, 소음, 만성 스트레스 같은 것들을 피하라. 둘째, 물질적인 것들, 즉 자동차, 집, 보너스, 로또 당첨, 금메달 따위가 주는 효과는 단기적임을 기억하라. 셋째, 오래 지속되는 긍정적 효과들은 주로 당신이 시간을 어떻게 보내는가와 관련이 있다. 그러므로 가능하면 많은 자유 시간과 자율성을 갖도록 하라. 넷째, 당신의 열정에 가장 잘 맞는 일을 하라, 비록 소득이 줄어들더라도. 다섯째, 우정에 투자하라. 여섯째, 여성의 경우에는 가슴 성형수술이 지속적인 행복 효과를 주지만, 남성의 경우에는 현재 자신의 직업적 지위가 더 중요하다. 물론 그 남성이 자신과의 비교 대상 그룹을 바꾸지 않는 한에서 유효하지만 말이다. 그러니까 만약에 당신이 CEO로 승진하고 나서 다른 CEO들하고만 대화를 한다면 행복의 효과는 꺼지고 만다.

자기 선택적 편향

나만 불행하다는 착각

바젤에서 프랑크푸르트로 향하는 고속도로를 달리다가 교통 정체에 빠졌다. "빌어먹을, 왜 언제나 나야!" 나는 욕설을 퍼부으면서 부러울 만큼 빠른 속도로 달려가는 반대편 차선의 자동차들을 바라보았다. 달팽이가 기어가는 속도로 나아가는 차 속에서 한 시간을 보내며 수십 번씩 중립 기어와 드라이브 기어를 바꿔가면서 나는 내가 정말 이토록 특별히 가련한 녀석일까 하고 자문해보았다. 은행이나 우체국, 심지어 마트에서도 내가 서 있는 줄은 언제나 굉장히 느리게 줄어들었다. 내가 착각하고 있는 것일까? 믿고 싶지 않지만 진실은 '그렇다'이다.

바젤과 프랑크푸르트를 연결하는 고속도로에서는 어느 시간대나 10퍼센트는 정체가 발생한다. 그러므로 한 사람이 어느 특정한 날 자동차를 몰고 가다가 정체를 만날 확률은 늘 나타나는 확률, 즉 10퍼센트를 넘지 않는다. 그러나 그 사람이 차를 타고 가는 어느 특정한 시간에 실제로 정체를 만날 확률은 10퍼센트보다 크긴 하다. 정체 상태에서는 기어가듯 계속 조금씩 움직일 수밖에 없기 때문에, 결국 너무 많은 시간을 정체 상태에서 보내게 된다. 게다가 만약 교통의 흐름이 원활하면 정체니 시간이니 하는 것들에 생각을 낭비하지 않는다. 그래서 자신이 교통 정체에 갇히면 그 상태가 유달리 눈에 띄는 것이다. 은행 창구나 신호등 앞에 길게 줄이 늘어서 있는 것도 똑같다. 만약 A와 B라는 도로 사이에 열 개의 신호등이 서 있는데, 그중 하나가 적색(즉 10퍼센트)이고 나머지 아홉 개가 녹색이라면, 차를 타고 가는 시간 전체를 놓고 계산했을 때 당신은 10퍼센트 이상을 적색 신호등 앞에 멈춰 있게 된다. 불확실한가? 그렇다면 당신이 빛의 속도로 달려간다고 상상해보라. 이런 경우에 당신은 차를 타고 가는 시간 전체의 99.99퍼센트를 적색 신호등 앞에서 욕을 하며 기다릴 것이다.

만약에 우리가 언제나 임의로 추출된 실험 대상들 가운데 일부라면, 우리는 '자기 선택적 편향(Self-selection bias)'이라고 불리는 생각의 오류에 빠지지 않도록 조심해야 한다. 내가 아는 몇몇 남자들은 회사에 여자 직원의 수가 너무 적다며 종종 불평을 늘어놓는다. 또 나의 지인들 가운데 여자들은 남자 직원의 수가 너무 적다고 불평하곤 한다. 그러나 그것은 운이 없는 것과는 상관이

고속도로에서는 어느 시간대나 10퍼센트씩 정체가 발생한다.
은행, 우체국, 마트도 특별히 붐비는 시간대가 있다.
당신이 그 시간대에 들어갔을 뿐,
불운이 당신만 기다리고 있던 것은 아니다.

없다. 불평하는 사람들은 추출된 실험 대상들 가운데 일부이다. 임의의 한 남자가 남자 직원이 더 많은 어느 업종에서 일할 확률은 높다. 여자들의 경우도 마찬가지다. 또한 만약에 당신이 남자의 수가 더 많거나 여자의 수가 더 많은 나라에서(예를 들면 중국이나 러시아에서) 산다면 당신은 숫자가 더 많은 성별 쪽에 속할 확률이 더 크며, 그에 따라 불평을 할 확률도 더 크다. 선거의 경우에는 당신이 다수당을 뽑았을 확률이 가장 크다. 다시 말해 투표를 할 때 당신이 던진 표가 승리하는 다수 쪽으로 갈 확률이 가장 크다고 할 수 있다.

그런데 사람들은 확률을 따져보지도 않고 긍정적인 것이든 부정적인 것이든 자신이 특별히 선택받았다고 여긴다. 자기 선택적 편향은 어디에나 있다. 마케팅 책임자들은 종종 이 함정에 빠지곤 한다. 예를 들어보자. 신문을 발행하는 어느 언론사가 자사의 신문을 구독하는 독자들에게 설문지를 보낸다. 그들이 자사의 신문을 얼마나 가치 있는 것으로 평가하는지를 파악하기 위해서다. 유감스럽게도 이 설문지는 그 신문을 구독하는 사람들, 즉 주로 만족하는 고객들에게만 도착한다. 구독을 취소했거나 구독하지 않는 사람들은 설문 대상에서 제외되는 것이다. 결과적으로 그러한 설문은 가치가 없다.

또 다른 예를 보자. 아주 열정적인 한 친구는 얼마 전에 자신이 이 세상에 존재하고 있다는 사실이 거의 경이로움에 가까운 일이라고 깨달았다. 자기 선택적 편향의 전형적인 희생자다. 그런 언급은 실제로 존재하고 있는 사람만이 할 수 있기 때문이다. 존재하지 않는 사람은 그런 사실에 대해 놀랄 일도 없다. 그런가 하면 해마다 자신들이 쓴 책에서 마치 새로운 언어가 탄생한 것처럼 놀라워하며 똑같이 그릇된 추론을 하는 철학자들이 적어도 수십 명은 된다. 그들이 기뻐하는 데 전적으로 공감은 하지만, 그런 놀라움은 근거가 없는 것이다. 언어가 존재한다는 놀라움은 언어가 있는 환경에서만 가능한 것이니까. 만약 언어가 없다면 철학자들은 자신들이 조합해서 만들어낸 그 언어에 대해 전혀 놀랄 일도 없을 것이다. 사실 철학자도 없을 것이다.

최근에 재미있는 전화 설문 조사가 발표됐다. 어느 회사에서 가구당 평균 몇 대의 전화(유선전화와 휴대전화)가 있는지 알아보려고 했다. 그런데 그 설문 결과 놀랍게도 전화가 없는 가구는 전혀 없었다. 당연한 일 아닌가!

기본적 귀인 오류

CEO 때문에 실적이 떨어진 게 아니다

당신은 오늘 아침 신문에서 어느 CEO가 저조한 사업 실적에 대한 책임을 지고 물러났다는 기사를 읽는다. 이어 응원하는 축구팀이 J라는 선수 덕택에 우승했다는 기사도 본다. 그러면 당신은 다른 요인들을 살펴보지 않은 채 실패의 책임은 CEO에게, 우승의 공로는 J에게 돌릴 것이다. 이런 기사들이 크게 보도되는 것은 '내세울 인물 없이는 이야기도 없다'는 신문사 편집부의 규칙 때문이다. 그래서 기자들은 (그리고 그 신문을 읽는 독자들은) '기본적 귀인 오류(Fundamental attribution error)'를 저지른다.

기본적 귀인 오류란 타인의 행동 또는 문제 상황에 대한 이유를 환경적 요인이나 특수한 외부 요인에서 찾지 않고, 성향이나 성격 등 내적 요인에서 찾으려고 하는 경향을 말한다. 그리하여 사람들이 미치는 영향을 시스템적으로 과대평가하고, 상대적으로 외부 요인과 상황적인 요인들은 과소평가한다.

듀크대학교의 연구가들은 1967년에 다음과 같은 실험을 했다. 한 연설자가 열렬하게 피델 카스트로를 옹호하는 연설을 한다. 청중이 될 실험 참가자들은 그 연설자가 자신의 정치적 견해와는 무관하게 그저 제공된 대본을 읽을 뿐이라는 설명을 듣는다. 그럼에도 불구하고 대다수의 실험 참가자들은 그 연설의 내용이 연설자의 생각을 반영하고 있다고 느꼈다. 그들은 연설자의 인품이 연설의 내용에 영향을 끼쳤다고 보았으며, 연설자의 입을 통해 대본을 읊게 한 외부 요인들, 즉 교수들에게 책임이 있다고 보지는 않았다.

기본적 귀인 오류는 특히 부정적인 사건들에 자주 적용된다. 전쟁에 대한 책임을 우리는 사람에게 돌리곤 한다. 히틀러는 제2차 세계대전에 책임이 있으며, 사라예보의 피격 사건은 제1차 세계대전에 책임이 있다는 식으로 말이다. 사실 전쟁이란 미리 예측할 수 없는 대표적인 사건이며, 전쟁을 금융시장이나 기후 문제들과 연관시키는 역학 관계에 대해서도 분명하게 밝혀진 사실이 없는데도 말이다.

어떤 사업이 잘되거나 또는 잘 안 되면, 우리는 그 책임을 가장 먼저 기업의 사장에게서 찾는다. 사실상 경제적인 성공은 기업 수뇌부의 탁월한 경영 능력보다는 일반적인 경제 상황과 업종이 지

잘못된 연설문을 쓰고 다른 사람에게 대신 읽게 하면
청중은 연설자의 인품이 그 연설에 담겨 있다고 생각한다.
다른 사람이 써준 대본을 읽었을 뿐이라고 해도 청중의 생각은 바뀌지 않는다.

닌 매력에 달린 경우가 훨씬 더 많다는 것을 알고 있음에도 불구하고 그렇게 한다. 위험에 처한 업종의 CEO들이 얼마나 자주 바뀌며, 반대로 잘나가는 업종에서는 그런 일이 얼마나 드물게 일어나는지를 살펴보면 깜짝 놀랄 정도다. 그런 식으로 CEO를 교체하는 것은 축구팀 성적에 따라 감독들을 교체하는 것보다 조금도 더 합리적이지 않다.

나는 종종 음악 콘서트에 간다. 스위스 루체른 주민으로서 이 도시에서 제공하는 독특한 클래식 음악에 심취해 있다. 콘서트 휴식 시간에 사람들 사이에서 오가는 대화는 언제나 지휘자나 솔리스트들에 집중된다. 초연되는 음악인 경우를 제외하고는 누구도 작곡가에 대해 이야기하지 않는다. 대체 왜 이야기하지 않는 것일까? 모름지기 음악이 보여주는 경이로움이란 바로 작곡에 있다. 작곡가는 한낱 하얀 종이 위에 살아 움직이는 선율을 창조해내는 것이다. 악보 하나하나에는 연주만 듣고서는 비교할 수 없는 인상적인 차이들이 녹아 있다. 하지만 우리는 그렇게 생각하고 행동하지 않는다. 그 악보는 지휘자나 솔리스트 같은 얼굴이 없기 때문이다.

작가로서 나는 기본적 귀인 오류를 다음과 같이 경험했다. 내가 쓴 소설의 작품 낭독이 끝나고 나서 (그것 자체가 의심스러운 모험이지만) 사람들이 던지는 첫 번째 질문은 늘 같았다. "소설 속에 자전적 이야기가 들어간 부분이 있습니까?" 그럴 때면 나는 차라리 좌중을 둘러보고 이렇게 외치고 싶다. "정말이지 중요한 것은 제가 아니라 책입니다. 원고, 언어, 이야기의 신빙성이란 말입니다!" 그러나 유감스럽게도 내가 받은 교육은 그런 감정을 폭발시키는 것을 허용하지 않아서 나는 늘 친절하게 개인적인 이야기는 없다고 판에 박힌 대답을 들려준다.

그러나 기본적 귀인 오류가 발생하는 것에 대해서도 이해를 해줘야 한다. 왜냐하면 우리는 석기시대부터 다른 사람들의 일에 관여해야 살아남을 수 있었기 때문이다. 우리의 조상은 생존을 위해 집단에 속해야 했고, 그러기 위해 의견을 조율하고 마음을 맞춰야 했다. 독자적인 길을 가는 사람도 물론 있었겠지만, 그들이 살아남는 확률은 공동체의 구성원으로 머물며 살아남는 확률보다 적기 때문에 유전자풀에서 거의 사라졌다. 그래서 우리는 살아가는 동안 90퍼센트의 시간을 사람들에 대해 생각하는 데 쏟아붓고, 단 10퍼센트만 외부 상황의 관계들에 대해서 생각한다.

인생이라는 연극은 창조적이지만 무대 위의 배우는 스스로의 규정에 따라 움직이는 완전한 인물이 아니라 상황에 따라 비틀거리는 인물이다. 그러므로 만약 당신이 지금 막 막이 오른 연극을 진정으로 이해하고 싶다면 그 연기자들에게 주의를 기울일 것이 아니라, 오히려 그 배우들이 종속되어 있는 영향력이 추는 춤에 주의를 기울여야 할 것이다.

호감 편향

당신은 사랑받고 싶어서 비이성적으로 행동한다

케빈은 고급 와인 샤토 마고를 두 상자 구입했다. 그는 와인을 잘 마시지 않는 편이다. 좋아하지도 않는다. 그러나 와인 판매점의 여자 판매원에게 호감을 느꼈다. 그래서 그는 와인을 구입했다.

조 지라드는 세계에서 가장 성공한 자동차 판매원으로 알려져 있다. 그의 성공 비결은 '고객을 진심으로 좋아한다고 믿게 만드는 것'이다. 그는 현재 거래하는 고객들은 물론 과거의 고객들에게까지 매달 작은 카드를 보냈다. 거기에는 단 한 문장이 쓰여 있다. "나는 당신을 좋아합니다."

'호감 편향(Liking bias)'은 누군가에게 호감이 생기면 그 사람에게 물건을 사거나 그 사람을 도우려는 경향을 보이는 것이다. 호감 편향은 분별하기가 가장 쉽다. 그러나 이상하게도 우리는 매번 그 함정에 빠진다. 그렇다면 호감이 생기는 이유는 무엇일까? 학문적으로 분석했을 때 세 가지 요인을 찾을 수 있었다. A) 외모가 매력적인 경우, B) 출신이나 인품, 관심사가 비슷한 경우, C) 상대가 먼저 호감을 보인 경우. 대부분 호감이 생기는 확률도 A, B, C의 순서대로 크다.

광고 기획자들은 호감 편향을 발생시키는 요인을 적극 활용한다. 못생긴 사람들은 호감을 주지 못한다(A 요인). 그러므로 그들은 광고 모델로 적합하지 않다. 외모가 준수한 인물들뿐만 아니라 동질감을 느끼게 하는 평범한 사람들도 모델이 될 수 있다(B 요인). 이를테면 비슷한 외모, 사투리, 성장 환경 등 많은 요소가 타깃 소비자와 비슷할수록 좋다. 한편 고객에게 "당신은 그럴 가치가 있으니까요"라는 찬사를 보내는 광고도 있는데, 고객에게 호감을 표현하는 신호다(C 요인). 사람들은 호감을 보이는 상대에게 호감을 주는 경향이 있기 때문이다. 그래서 찬사는 기적을 낳는 효과가 있다. 비록 그것이 뻔한 거짓말일지라도.

상대방의 모습을 거울처럼 그대로 비춰주는 '미러링(mirroring)' 방식도 대표적인 판매 기술이다. 판매원은 고객의 제스처와 말투 등을 모방하려고 애쓴다. 만약 고객이 아주 천천히, 그리고 나직이 말하면서 종종 이마를 긁으면 판매원도 천천히, 그리고 나직이 이야기하며 이따금 이마를 긁어주는 것이 효과가 있다. 고객은 공통점을 발견하고 호감을 느끼며, 이로써 거래가 성사될 개연성은

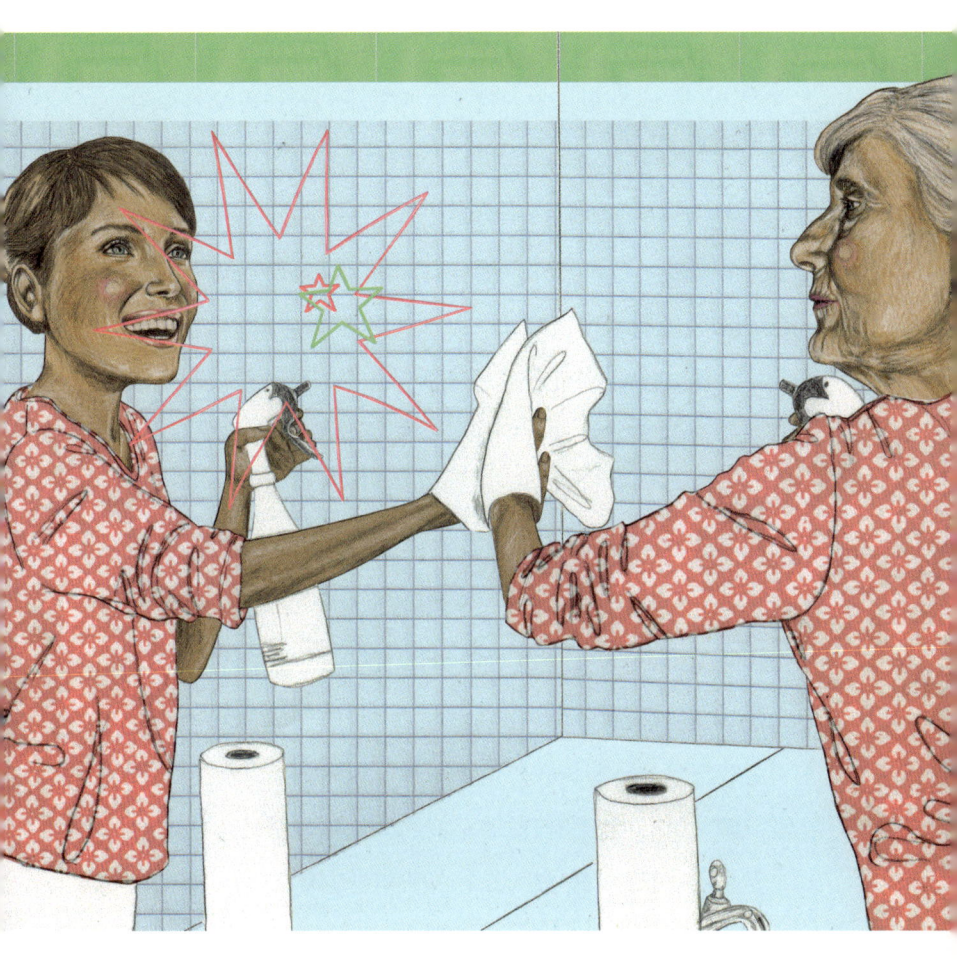

외모가 매력적일 때, 출신이나 관심사가 비슷할 때,
상대가 자신을 좋아한다고 느껴질 때,
사람들은 상대에게 호감을 느끼며 돕고 싶어 한다.

더 커진다.

특히 지인들에게 상품을 판매하는 다단계 마케팅은 오직 호감 편향 덕분에 가능한 시스템이다. 타파웨어(미국인 과학자 얼 타파가 세운 세계적 명성의 주방용기 회사 - 옮긴이)는 연간 20억 원의 매상을 올린다. 가까운 슈퍼마켓에 가면 멋진 플라스틱 통을 절반도 안 되는 저렴한 가격에 살 수 있는데도 타파웨어를 선호하는 사람들이 많다. 왜 그럴까? 타파웨어 행사 파티를 주최하는 사람들이 호감을 느낄 만한 조건들을 거의 완벽하게 갖추고 있기 때문이다.

구호단체들 역시 호감 편향을 이용한다. 그들은 캠페인 카탈로그나 광고 포스터에 거의 예외 없이 호감이 가는 아이들을 주인공으로 내세운다. 끔찍한 상처를 입고 우울하게 정면을 응시하는 게릴라 전사의 얼굴은 본 적이 없을 것이다. 비록 그런 사람에게 도움이 더 절실하다 하더라도, 구호단체들은 사진 모델만큼은 적나라한 실상을 그대로 보여주는 인물이 아니라 호감을 주는 인물을 선택한다. 심지어 자연보호단체들도 호감 편향에 기대를 건다. 당신은 거미나 벌레, 해초 또는 박테리아를 WWF(World Wide Fund for Nature, 세계자연보호기금) 홍보 책자에 실어서 광고하는 것을 본 적 있는가? 어쩌면 그들도 판다, 고릴라, 코알라, 물개와 똑같이 멸종 위험에 처해 있을지 모르고, 생태계를 유지해주는 중요한 존재들이다. 그러나 우리는 거미나 벌레, 해초, 박테리아를 보면서는 아무런 느낌도 받지 못한다. 어떤 동물이 인간과 비슷한 모습으로 세상을 바라보고 있을 때, 우리는 그 동물에게 더 호감을 느낀다. 중부 유럽에 사는 렌즈파리(160여 년 전에 멸종된 것으로 알려졌다가 2009년에 다시 발견되었다 - 옮긴이)가 멸종되었다고 하던가? 그렇다면 조금 유감일 뿐이다.

정치가들은 마치 피아노 건반을 능수능란하게 두드리듯 호감 편향을 활용한다. 상대가 누구냐에 따라 그때그때 대화의 주제를 바꾸고 공통점을 찾아내 강조한다. 때로 거주 지역이 이야기를 주도하고, 또 어떤 때는 출신 학교나 경제적 관심사가 대화의 물꼬를 트기도 한다. 그러면서 상대가 누구든 거부할 수 없는 한마디 찬사를 던진다. "당신의 표는 가치가 있습니다!" 물론 모든 사람의 표는 가치가 있다. 그 가치라는 것이 빌어먹게도 하찮다는 것이 문제지만.

오일펌프 회사의 대표로 있는 친구는 러시아에 수백만 개의 파이프라인을 팔았다. 나는 그에게 어떻게 그런 굉장한 계약을 체결할 수 있었는지 물었다. "뇌물을 썼나?" 그는 머리를 가로저었다. "고객과 나는 재잘거리며 얘기를 나누었네. 그러다 대화의 주제가 요트 항해에 이르렀지. 그런데 알고 보니 우리 두 사람 모두 '470형 소형 요트' 항해의 마니아인 거야. 그 순간부터 우리는 호감을 느꼈고 친구가 되었네. 물론 거래는 성사되었지. 호감이 뇌물보다 더 효과가 있단 말일세."

호감 편향이 워낙 강력하다 보니 거래를 마친 뒤 과연 옳은 판단이었는지 아닌지 혼란스러울 때도 있을 것이다. 만약 당신이 어떤 거래에 대해 객관적인 평가를 내리고 싶다면 실제 거래 상대를 머릿속에서 지우고 전혀 호감을 느끼지 않는 가상의 인물과 거래를 한다고 상상해보라. 그렇게 하면 호감 편향에 빠졌었는지 아닌지 더 정확하게 알 수 있을 것이다.

집단 사고

케네디와 가장 지적인 남성들의 어처구니없는 작전

회의 시간에 당신의 의견을 철회한 적이 있는가? 또는 아무런 의견을 내지 않고 다른 사람들의 제안에 무조건 고개를 끄덕였던 적은? 분명 한 번쯤은 있을 것이다. 우리는 방해자가 되고 싶어 하지 않기 때문이다. 물론 다른 이유도 있을 수 있다. 자신의 의견에 확신이 들지 않는다거나 진심으로 다른 사람의 의견이 마음에 들어서 그럴 수도 있다. 어쨌든 여러 가지 이유로 우리는 많은 사람들이 이구동성으로 동의하는 의견은 거스르려 하지 않는다. 생각이 달라도 침묵을 지키는 경우가 많다.

모두가 그런 식으로 행동하면 결국 집단의 생각이 결정을 좌우한다. 지적인 사람들이 모인 집단조차도 어리석은 의사결정을 내리는 경우가 있는데, 그 이유는 각각의 사람들이 잘못된 의견 일

지적인 사람들이 모인 우수한 집단조차도
어리석은 결정을 내릴 때가 있다.
각각의 사람들이 잘못된 의견 일치에 자신의 생각을 맞추기 때문이다.

치에 자신의 생각을 맞추기 때문이다. 그래서 개별적인 상황이라면 누구라도 반대했을 의사결정을 내리게 되는 것이다. 이런 집단 사고(Groupthink)는 앞서 살펴본 사회적 검증과 같은 맥락에서 출발한다.

  1960년 3월, 미국의 비밀 기관은 쿠바의 피델 카스트로 정권에 맞서기 위해서 반공산주의 성향의 망명 쿠바인들을 모아 조직을 만들기 시작했다. 1961년 1월, 케네디 대통령은 취임한 지 이틀 만에 첩보 기관으로부터 쿠바 기습에 대한 정보를 들었다. 그리고 1961년 4월 초, 백악관에서는 케네디와 비밀 기관장들의 결정적인 만남이 이루어졌다. 그 자리에 있던 모든 사람은 기습 계획에 동의했다. 1961년 4월 17일, 1400명의 망명 쿠바인들로 구성된 여단이 미국 해군과 공군 및 CIA의 도움을 받아 쿠바 남쪽 해안의 피그스만에 상륙했다. 피델 카스트로 정부를 무너뜨리는 것이 목적이었다. 그러나 계획대로 실행된 것은 아무것도 없었다. 기습 첫날에는 보급품을 싣고서 해안에 도달한 선박이 단 한 척도 없었다. 처음 두 척은 쿠바 공군의 폭격으로 침몰했고, 그다음 두 척은 회항하여 도주했다. 둘째 날, 여단은 카스트로의 군대에 의해 완전히 포위되었다. 그리고 셋째 날, 살아남은 1200명의 전사들은 쿠바 감옥에 수감되었다.

  케네디 대통령의 피그스 만 공격은 미국의 대외 정책이 저지른 가장 큰 실패 가운데 하나로 꼽힌다. 놀라운 것은 그 공격이 실패로 돌아간 사실이 아니라, 어떻게 그처럼 어처구니없는 계획이 관철되고 끝까지 실행되었는가 하는 점이다. 이 공격에 대해 찬성한 사람들이 제기한 모든 가정은 틀린 것이었다. 그들은 쿠바 공군의 위력을 완전히 과소평가했다. 그리고 1400명의 망명 쿠바인들로 이루어진 여단이 위급한 경우에는 쿠바 중부의 에스캄브라이 산악 지대로 가서 몸을 숨기고, 거기에서 카스트로에 맞서 지하 전투를 할 수 있으리라고 계산했다. 그러나 쿠바 지도를 한 번만 제대로 살펴보았더라면, 그 도주 장소는 피그스 만으로부터 무려 150킬로미터나 떨어져 있으며 그 사이에는 뚫고 넘어갈 수 없는 늪지대가 놓여 있다는 것이 훤히 보였을 것이다. 케네디와 그의 고문들은 미국 정부를 통합시킨 가장 지적인 남성들이었다. 그렇다면 그해 1월에서 4월 사이에 도대체 그들에게 무슨 일이 일어났던 것일까?

심리학 교수 어빙 재니스는 많은 실패들에 대해 연구했는데, 그가 찾아낸 실패의 공통점은 다음과 같았다. 어떤 음모를 꾸미는 집단의 구성원들은 환상을 키우면서 소속감을 발전시킨다. 그리고 그들이 갖는 환상 가운데 하나는 자신들이 결코 실패하지 않으리라는 믿음이다. "만약 우리의 지도자(위의 경우에는 케네디 대통령)와 그 집단이 어떤 계획의 성공을 확신하면 행운은 우리 편이 될 것이다"라는 밑도 끝도 없는 믿음 말이다. 그다음에는 만장일치에 대한 환상이 있다. "만약 다른 모든 사람이 같은 의견이고 나만 의견이 다르다면, 내 의견은 분명히 틀렸다"는 것이다. 이런 환상에 사로잡힌 상태에서는 누구도 훼방꾼이 되려 하지 않는다. 그리고 사람들은 그 집단에 자신이 속해 있는 것을 기뻐한다. 만약 거기에서 확신을 갖지 못한다면, 집단에서 제외되는 것을 의미할 테니까.

이러한 집단 사고는 경제에서도 나타난다. 그 전형적인 사례가 2001년에 일어난 스위스항공의 파산이다. 당시 스위스항공 CEO를 보좌하던 고문 집단은 과거의 성공 낙관주의에 빠져서 아주 강력한 의견 일치를 구축했기 때문에 팽창 전략이 위험하다는 지적은 전혀 언급조차 되지 않았다.

집단 사고를 피하는 방법은 침묵하지 않는 것이다. 만약 당신이 속해 있는 어느 집단에서 전략을 모의할 때 구성원들이 강력한 의견 일치를 보인다면, 비록 다른 사람들이 들어주지 않더라도 당신의 의견을 피력하라. 사람들이 언급하지 않은 여러 가정들에 대해서 따져 묻고, 필요하다면 그 온화한 집단에서 배제되는 위험도 감수하라. 그리고 만약 당신이 어느 집단을 이끌고 있는 리더라면, 훼방꾼 역할을 해줄 사람을 정하라. 그 사람은 비록 팀 안에서 가장 인기 있는 인물은 아니겠지만 아마도 가장 중요한 인물일 것이다.

기저율의 무시

가장 높은 확률에 따르기

 마르쿠스는 안경을 낀 호리호리한 남자로 모차르트 음악을 즐겨 듣는다. 마르쿠스의 직업을 맞혀보라. A)화물 트럭 운전사, B) 프랑크푸르트대학교 문학 교수. 정답을 가르쳐주지 않고 그저 가능성이 더 높은 쪽을 선택하라고 하면 대부분의 사람들은 B를 고른다. 그러나 그것은 확률상 틀렸다. 독일에는 프랑크푸르트대학교에서 문학 교수로 재직하는 사람보다 화물 트럭 운전사가 만 배나 더 많기 때문이다. 그러므로 비록 모차르트 음악을 즐겨 듣더라도 마르쿠스는 화물 트럭 운전사일 가능성이 훨씬 더 크다. 둘 중 확률이 더 높은 쪽을 알아보는 간단한 문제인데 왜 사람들은 그런 선택을 하는 걸까? 그 이유는 인물에 대한 상세한 묘사가 오히려 통계적 진실을 냉철하게 보지 못하게 막기 때문이다. 이러한 생각의 오류를 '기저율의 무시(Neglect of base rate)'라고 부른다. 기본 비율의 무시라고도 말할 수 있다. 우리는 종종 추가된 특정 정보를 바탕으로 판단하고 기저율을 무시하기 때문에 잘못된 판단을 내리게 된다는 것이다. 실제로 모든 저널리스트, 경제학자, 그리고 정치가들이 정기적으로 이런 오류에 빠지곤 한다.

두 번째 예를 보자. 독일의 한 지역에서 칼부림이 일어나 어떤 젊은이가 치명적인 부상을 입었다. 다음 중 어느 쪽이 더 개연성이 높을까? A)가해자는 불법적으로 무기용 칼을 수입하는 보스니아인이다. B)가해자는 중산층 독일 젊은이다. 이제 당신은 무엇을 선택해야 할지 알 것이다. 그렇다, B가 훨씬 더 개연성이 높다. 왜냐하면 무기용 칼을 수입하는 보스니아인보다 중산층 독일 젊은이들의 수가 훨씬 더 많다는 걸 알기 때문이다.

유일하게 의학계는 기저율을 무시하지 않는 훈련을 한다. 예를 들어 편두통 환자는 바이러스에 감염되었거나 뇌종양일 가능성이 있다. 그런데 뇌종양보다는 바이러스 감염이 훨씬 더 자주 일어난다(더 높은 '기본 비율'). 따라서 의사는 바이러스에 의한 편두통이라고 임시로 가정하기에 이른다. 그것은 매우 합리적이다. 의사들은 지속적으로 훈련을 받음으로써 기본 비율을 무시하는 사고에서 벗어난다. 미국에서는 모든 의사에게 다음과 같은 표준 문구를 주입시킨다. "와이오밍에서 말발굽 소리가 들리고 검고 흰 줄무늬를 본 것 같다면, 추측하건대 얼룩말일 것이다." 다시 말해

'낯선 병을 진단하기 이전에 먼저 기본적인 개연성들을 고려하라'는 뜻이다.

나는 이따금 젊은 사업가들이 구상하는 원대한 사업 계획들을 보면서 그들의 제품과 아이디어와 인품에 감동을 받는다. 그리고 그들도 구글처럼 성장해가는 상상에 빠지곤 한다. 그러나 기저율을 생각하며 다시금 제정신으로 돌아온다. 한 회사가 처음 5년 동안 살아남을 확률은 20퍼센트이다. 그 후에 세계적인 기업으로 성장할 확률은 얼마나 될까? 거의 제로에 가깝다. 워런 버핏은 생명공학 회사들에 투자하지 않는 이유를 다음과 같이 설명한 적이 있다. "생명공학 회사들 가운데 수십억의 매상을 올리는 회사가 몇 개나 될까? 그런 일은 일어나지 않는다. 가장 개연성 있는 시나리오는 이 회사들이 중간 어디쯤 끼어 있게 된다는 것이다." 그것은 분명하게 기저율을 고려한 생각이다.

자주 가는 레스토랑에서 당신에게 와인 감별을 요청해왔다고 가정하자. 당신은 와인을 맛보고 생산지를 맞혀야 한다. 물론 와인 라벨은 흰 천으로 가려져 있다. 와인 전문가가 아닌 이상 그때는 오직 기저율을 보면서 판단하는 것이 도움이 된다. 다시 말해 경험상 당신은 이 레스토랑의 와인리스트 중 4분의 3이 프랑스산이라는 것을 알고 있다. 그렇다면 당연히 프랑스산이라고 말하는 것이 합리적이다. 흰 천 사이로 비치는 라벨의 색상으로 보아 칠레산이나 캘리포니아산 같은 의심이 들어도 확신할 수 없다면 기

그 어떤 정보도 지식도 없는 문제의
정답을 맞춰야 할 때
당신이 선택해야 할 유일한 답은
확률이 가장 높은 것이다.

저율을 무시하지 않는 게 낫다.

경영학을 전공하는 학생들에게 목표로 하는 직업이 무엇이냐고 물으면 대다수가 글로벌 기업의 최고 임원이라고 대답한다. 사실 그런 장래 희망은 내가 공부하던 시절에도 많았다. 나와 나의 친구들도 비슷했다. 그러나 그 목표를 이룬 친구는 아무도 없다. 나는 학생들에게 기저율의 무시에 대한 이야기를 해줘야겠다는 의무감을 느꼈다. 그래서 특강을 맡았을 때 이런 말을 했다.

"이 학교에서 학사 학위를 따고서 어느 대기업의 간부 자리에 오를 확률은 1퍼센트도 안 됩니다. 여러분이 얼마나 지적이고 열심히 노력하든 상관없이, 가장 개연성 있는 시나리오는 중간 관리직에 머물러 있게 되리라는 것입니다."

학생들의 큰 야망을 꺾으려는 의도는 아니었다. 다만 일찌감치 현실을 일깨워 미래의 중간층이 겪을 상대적 박탈감과 인생의 위기를 완화시켜주고 싶었을 뿐이다.

가용성 편향

비행기 사고가 날지 모르니까 자동차 여행이 낫겠어

"그는 매일 담배를 세 갑씩 피웠는데도 나이가 백 살이 넘었다. 그러니까 담배를 피우는 것은 해가 될 수 없다", "함부르크는 안전한 도시다. 나는 블랑케네제(독일 함부르크 외곽 지역-옮긴이)에 사는 어떤 사람을 아는데, 그는 평상시에는 물론이고 휴가를 떠날 때조차 대문을 열어놓고 다닌다. 그런데도 지금까지 한 번도 도둑이 든 적이 없다"라고 말하며 담배가 수명과 상관이 없다거나 함부르크가 안전하다는 것을 증명하려고 하는 사람들이 있다. 그러나 그들이 증명할 수 있는 것은 아무것도 없다.

독일어 단어들 가운데 R로 시작하는 단어가 더 많을까, 아니면 R로 끝나는 단어가 더 많을까? 정답은 'R로 끝나는 단어가 두 배는 더 많다'이다. 그런데 대다수의 사람들은 R로 시작하는 단어가

특정 분야에서 몇 번의 작은 성공을 거둔 사람은
다른 모든 문제 역시 같은 방법으로 해결하려는 오류에 빠진다.
이것은 파리에 가서 런던 지도를 펼치는 것만큼 바보 같은 일이다.

더 많다고 대답한다. 그 이유는 R로 시작하는 단어가 더 빨리 떠오르기 때문이다. 달리 표현하면 머릿속에서 더 쉽게 처리되기 때문이다.

'가용성 편향(Availability bias)'은 자신의 경험 혹은 자주 들어서 익숙하고 쉽게 떠올릴 수 있는 것들을 가지고 세계에 대한 이미지를 만드는 것이다. 그러나 이것은 어리석은 일이다. 왜냐하면 자신의 머릿속에 더 잘 떠오른다고 해서 현실에서도 보편적인 일이 되는 것은 아니기 때문이다. 가용성 편향 때문에 우리는 그릇된 카드를 머릿속에 삽입한 채 세상을 돌아다닌다. 비행기 추락, 자동차 사고, 살인과 같은 죽음의 위험을 시스템적으로 과대평가하고, 당뇨병이나 위암같이 덜 주목받는 죽음의 위험은 과소평가한다. 그러나 비행기 추락이나 폭탄 테러에 의한 죽음은 우리가 생각하는 것보다 훨씬 드물게 일어난다. 반대로 암으로 인한 죽음은 훨씬 많이 발생한다. 하지만 사람들은 구경거리가 되고 현란하거나 떠들썩한 모든 것에 대해서 훨씬 높은 개연성을 부여하고, 조용하고 눈에 보이지 않는 것들에 대해서는 너무 낮은 개연성을 부여한다. 구경거리가 되고 현란하거나 떠들썩한 것이 뇌리에서 더 효과적으로 작용하기 때문이다. 다시 말해 우리의 뇌는 양적으로 생각하지 않고 극적으로 생각한다.

최고의 전문가 집단인 의사들이 특히 가용성 편향에 종종 희생되곤 한다. 그들은 가능한 모든 경우에 대해서 특별히 이용하기 좋아하는 치료법을 갖고 있다. 폭넓게 찾아보면 좀 더 효율적인 치료법들도 있겠지만 대부분 자신들이 아는 방식으로 시술한다. 기업의 고문이라고 해서 더 낫지는 않다. 듣도 보도 못한 전혀 새로운 상황에 부딪혀도 그들은 두 손을 머리 위에 얹은 채 고민하며 "당신에게 뭐라고 조언을 해야 할지 나는 정말로 모르겠습니다"라고 말하지 않는다. 그들은 이미 손에 익은 컨설팅 과정을, 그것이 적합하든 그렇지 않든 사용하기 시작할 것이다.

자주 되풀이되는 일이 있다면 뇌는 그것을 '중요한 것'으로 기억하고 언제든 쉽게 다시 불러낸다. 그것이 진실이냐 거짓이냐는 별개의 문제다. 나치의 수뇌부들은 '유대인 문제'라는 말을 엄청나게 반복해서 강조함으로써 대중이 그 말에는 심각한 문제가 있다고 확신하게 만들었다. 마찬가지로 UFO, 생체 에너지, 카르마(업보) 같은 단어들도 자주 반복해서 듣다 보면 돌연 그것을 믿게 된다.

특히 기업체의 이사회 사무실 안락의자에는 가용성 편향이라는 벌레가 깊숙이 파고 들어와 자리 잡고 있다. 그곳에 모인 이사들은 4분기 실적표나 프로젝트 성과 분석표 등 경영진이 제시한 숫자들을 보며 토론한다. 경영진에서 보여주지는 않지만 더 중요한 것들, 이를테면 경쟁자들의 강점이나 근로자들의 근무 동기 약화 또는 고객들의 태도 변화 등은 이야기하지 않는다. 그리고 지금까지 내가 관찰한 바에 따르면, 사람들은 간단하게 입수할 수 있는 데이터나 처방들을 의사결정의 가장 중요한 근거로 이용한다. 그래서 그들은 종종 치명적인 결과를 초래한다. 예를 들어 10년 전부터 사람들은 이른바 블랙숄즈 모형(Black-Scholes model, 옵션의 가격을 결정하는 공식. 일단 기본적으로 증명한 다음에 그 부분을 증명하는 방식 - 옮긴이)이 파생 금융 상품들의 가격 계산에서 기능을 발휘하지 못한다는 것을 알고 있었다. 그러나 그들에게는 다른 계산법이 없었다. 그래서 전혀 아무것도 이용하지 않기보다는 틀렸더라도 어떤 공식을 사용하는 쪽을 선택했다. 변동성지수의 경우도 마찬가지다. 변동성지수는 금융 상품 위험의 척도로 삼을 수 없다. 하지만 대신 그것은 산정하기가 쉽다. 그래서 우리는 거의 모든 금융 모델에 변동성지수를 이용한다. 이런 가용성 편향은 은행들에게 수십억의 손실을 입혔다. 그것은 낯선 도시에서 관광 지도 없이 돌아다니다가 호주머니 안에 들어 있는 다른 도시의 지도를 발견하고 그것을 이용하는 것과 같다. 마치 관광 지도를 전혀 사용하지 않기보다는 틀린 지도라도 사용하는 편이 더 낫다는 식으로. 일찍이 가수 프랭크 시나트라는 누구보다 완벽하게 가용성 편향을 설명했다.

오, 내 마음은 거칠게 뛰고 있네.
그리고 그것은 모두 당신이 여기 있기 때문이라네.
내가 사랑하는 소녀가 곁에 없을 때면,
나는 내 안의 소녀를 사랑한다네.

다른 방법을 찾지 못해서 틀린 방법을 그대로 이용하는 것은 결과가 잘못될 줄 알면서도 전력 질주를 하는 것과 같다. 그러니 가용성 편향에 빠지지 않기 위해서는 자신과 다르게 생각하는 사람들, 전혀 다른 경험을 가진 사람들과 함께하라.

이야기 편향

중요하지 않은 기사가 신문 1면을 차지하는 이유

극작가 막스 프리쉬는 "상점에서 옷을 입어보듯 이야기들을 시험해본다"라고 말했다. 삶이란 혼란스럽게 마구 뒤얽힌 것이다. 엉킨 실타래보다 더 심하게 뒤얽혀 있다. 눈에 보이지 않는 화성인이 있다고 상상해보라. 그리고 그가 메모장을 손에 들고 당신 곁을 걸어가면서 당신이 행동하고 생각하고 꿈꾸는 것들을 기록하고 있다고 상상해보라. 그 메모장에는 다음과 같은 관찰 내용들이 적혀 있다. 각설탕 두 개를 넣고 커피를 마시는 모습, 실수로 압정을 밟고서 세상을 저주하는 모습, 이웃집 여자에게 입맞춤하는 꿈을 꾸는 모습, 몰디브 섬으로 떠나는 휴가 비용이 엄청나게 비싸다고 불평하는 모습 등등 아주 사소한 일들까지 세세하게 담겨 있다. 우리는 이런 혼란스러운 삶들을 엮어서 '역사'로 만든다.

그리고 우리의 삶이 따라갈 수 있는 하나의 가이드라인을 형성하기를 바란다. 많은 사람들은 이러한 가이드라인을 '의미'라고 부른다. 그리고 우리의 역사가 몇 년 동안 어긋남 없이 나아가면 그것을 '정체성'이라고 부른다.

우리는 세계사의 세세한 부분에 대해서도 그와 같이 설정한다. 모순이 없는 역사가 되도록 억지로 엮어 붙인다. 그 결과 베르사유 조약이 어떻게 제2차 세계대전을 유발했으며(베르사유 조약은 1919년 6월에 프랑스 파리에서 제1차 세계대전의 패전국인 독일과 연합국 사이에 맺어진 평화 협정이다. 이 협정은 파리 근교의 베르사유 궁전 거울의 방에서 서명되었는데, 패전국인 독일에게 절대적으로 불리한 조항들을 담고 있어서 이에 불만을 품은 독일이 결국 히틀러의 지휘하에 제2차 세계대전을 일으키게 되었다-옮긴이), 앨런 그린스펀 전 미국 연방준비제도 이사회 의장의 느슨한 통화 정책이 어떻게 리먼 브라더스의 금융 붕괴로 이어졌는지를 이해하게 된다. 또한 철의 장막이 왜 무너져야 했으며, 『해리 포터』는 왜 베스트셀러가 됐는지도 이해하게 된다. 이렇게 우리가 나중에 와서 '이해한다'고 부르는 것은 사실 그 당시에는 아무도 이해하지 못한 것이었다. 물론 아무도 이해할 수 없는 일이기도 하다. 나중에 가서 그런 사건들에다 '의미'를 짜맞춰 넣었기 때문이기도 하다. 이렇게 이야기들이란 의심스러운 것이다. 그럼에도 불구하고 우리는 그런 이야기가 없어서는 안 되는 것 같다. 왜 안 되는지는 분명하지 않다. 분명한 것은, 인간은 이 세계에 대해 학문적으로 생각하기 이전에 먼저 이야기의 형식으로 설명을 들어왔다는 것이다. 신화는 철학보다 더 오래되었다.

'이야기 편향(Story bias)'은 이야기들을 왜곡해서 현실을 단순화하는 것이다. 원래는 제대로 들어맞지 않는 모든 현상을 억지로 쑤셔 넣어 인과관계를 짜 맞춘다. 특히 매스컴에서는 이야기 편향이 역병처럼 창궐하고 있다. 예를 들어 자동차 한 대가 다리 위로 달려가고 있는데 갑자기 다리가 무너진다. 다음 날 신문에서 사람들은 무엇을 읽게 될까? 아마도 그 자동차 안에 앉아 있던 운 나쁜 사람에 대해서 듣게 될 것이다. 그가 어디서 와서 어디로 가려고 했는지, 그리고 그의 이력에 대해서도 알게 될 것이다. 어디에서 태어나 어디에서 자랐으며, 직업은 무엇이었다고. 만약 그 사람이 살아남아서 인터뷰를 하게 된다면, 다리가 무너졌을 때의 심정에 대해 아주 구체적으로 들을 수 있을 것이다. 그런데 허무맹랑하게도 이렇게 잡다하게 늘어놓는 이야기들 가운데 중요한 것은 단 하나도 없다. 진짜 중요한 것은 그 운 없는 사람이 아니라 그 다리의 상태인 것이다. 정확히 어디에 문제가 있었는가? 그 다리의 재료가 노화되었던가? 만약 그렇다면 다리의 어느 부분이 문제였는가? 어쩌면 그 다리는 파손되어 있던 것이 아닐까? 그렇다면 무엇에 의해서 파손되었던 것일까? 혹시 애초에 부실 건설은 아니었을까? 등등 말이다. 그러나 이런 온갖 중요한 물음들은 그 대답을 하나의 이야기로 정리해서 설명할 수 없다는 맹점이 있다. 사람들은 추상적인 사실들에 대해서는 거부감을 느끼지만, 이야기에는 본능적으로 끌리게 된다. 그것이야말로 저주다. 그리하여 중요하지 않은 관점들에 밀려서 중요한 관점들이 저평가되는 왜곡이 생긴다.

당신은 다음 두 가지 이야기 가운데 어느 것을 더 잘 기억하겠는가? A)왕이 죽었다, 그리고 여왕이 죽었다. B)왕이 죽었다, 그러자 여왕이 슬픔을 이기지 못해 괴로워하다 죽었다. 만약에 당신이 대다수의 사람들처럼 생각하고 행동하는 사람이라면 두 번째 이야기를 더 잘 기억할 것이다. 두 번째 이야기는 두 사람의 죽음이 단순하게 연이어 일어난 사건이 아니라 원인과 결과로 연결되어 일어난 일임을 설명하기 때문이다. 이야기 A는 그저 일어난 사실에 대한 보고이고, 이야기 B에는 '의미'가 내재되어 있는 것이다. 정보이론에 따르면 원래 이야기 A가 뇌에 저장하기가 더 쉬워야 한다. 더 짧기 때문이다. 그러나 우리의 뇌는 그렇게 작동하지 않는다. 조금 길더라도 인과관계가 있는 이야기를 더욱 잘 기억한다. 그래서 이야기를 풀어놓는 식의 광고가 합리적으로 제품의 이점들을 열거하는 광고보다 더 효과적이다. 냉정하게 관찰하면 어떤 제품에 대한 이야기는 부차적인 것이다. 그러나 우리의 뇌는 중요한 정보와 중요하지 않은 정보를 구분하는 데 큰 힘을 발휘하지 않는다. 뇌는 이야기를 원한다.

구글은 2010년 미국의 슈퍼볼 시즌 광고인 슈퍼볼 스팟(Super-

뇌는 이야기를 원한다.
짧고 단순하지만 연관성 없는 정보보다는
조금 길더라도 인과관계로 묶인 이야기를 더욱 잘 기억한다.

Bowl-Spot)에서 이야기에 끌리는 인간의 본능을 멋지게 증명하고 있다. 이에 대한 동영상은 유튜브의 'Google Parisian Love' 항목에서 찾을 수 있다.

사람들은 일기나 자서전으로부터 세계사에 이르는 모든 기록을 기교를 부려 의미심장한 이야기들로 지어낸다. 그럼으로써 현실을 왜곡하고, 우리가 내리는 의사결정의 가치를 손상시킨다. 이제부터 우리가 할 일은 하나다. 옳은 판단을 내리고 잘 정리된 이야기들을 따로따로 떼어내라. 그런 다음 그 이야기는 무엇을 감추고 있는지 스스로에게 물어보고 해답을 찾으라. 연습 삼아 지금까지의 인생을 아무런 연관성 없이 기록해보는 것도 좋다. 그러면 좀 더 진실에 가까운 자신의 모습을 보게 될 것이다.

사후 확신 편향

나는 이미 다 알고 있었다

나는 증조부가 썼던 일기장들을 갖고 있다. 그는 1932년에 독일 렌츠부르크에서 프랑스 파리로 이주했는데, 영화 산업에 인생을 걸기 위해서였다. 1940년 8월, 나치 독일군이 파리를 점령한 지 한 달쯤 지난 무렵을 그는 이렇게 기록하고 있다. "파리에서는 독일군이 1년 후면 다시 철수할 거라고 생각하고 있다. 독일 장교들과 나의 생각도 같다. 프랑스가 함락된 것처럼 빠르게 영국도 함락될 것이다. 그리고 그때가 되면 우리는 마침내 다시 파리식 일상생활로 되돌아갈 것이다. 비록 독일의 일부가 되어 있더라도."

그러나 역사는 다르게 흘러갔다. 제2차 세계대전에 관한 영화나 역사책을 본 사람이라면 알 것이다. 독일은 무려 4년 동안이나 프랑스를 점령했다. 중요한 것은 오늘날의 시점에서 보면 그 기간은 마치 당연한 전쟁 논리에 따른 것처럼 보인다는 사실이다. 다시 말해 전쟁의 흐름은 모든 가능한 시나리오들 가운데서도 가장 개연성이 높은 쪽으로 흘러간 것이라고 생각된다. 왜 그럴까? 그 이유는 우리가 '사후 확신 편향(Hindsight bias)'의 희생자이기 때문이다.

2007년에 발표됐던 경제 관련 예언들을 지금 다시 읽어보면, 당시 전문가들이 2008년에서 2010년까지의 세계경제를 얼마나 긍정적으로 전망했는지 놀랍기만 하다. 그로부터 1년 후인 2008년에 금융 시장은 붕괴했다. 경제 전문가들은 금융 위기의 원인에 대해 논리 정연한 이야기를 늘어놓는다. 앨런 그린스펀의 통치하에서 통화량이 확대되고 담보 부채를 느슨하게 해준 것, 부패한 담보 평가 기관들, 자기자본 규정을 소홀히 한 것 등이 그 원인이라는 것이다. 그들의 말을 듣고 있으면 마치 경제 위기가 완전히 논리적이고 불가항력적으로 발생한 것처럼 보인다. 그렇다면 왜 그들은 우리에게 경제 위기를 미리 경고해주지 않았을까? 전 세계 경제학자의 수는 백만 명에 달하는데 그 누구도 금융 위기의 과정에 대해 정확하게 예언한 사람은 없었다. 배신감을 느끼기 전에 동정심을 갖길 바란다. 사실 경제 전문가 집단만큼 사후 확신 편향에 잘 빠지는 집단도 드물다.

사후 확신 편향은 가장 완고한 생각의 오류 중 하나다. 좀 더 쉽게 표현하면 '나는 이미 알고 있었다' 현상이라고 할 수 있다.

사건이 터진 후에 돌이켜보면 모두가 마치 분명한 개연성에 따라 일어난 일처럼 보인다는 것이다.

몇 번의 예상치 못한 행운 덕분에 성공한 CEO들은 그 성공의 개연성을 객관적 평가보다 훨씬 높게 평가해 회고한다. 1980년에 로널드 레이건이 지미 카터에 대승을 거두며 미국 대통령에 당선된 것에 대해서도 해설가들은 마치 그 과정이 그렇게 될 수밖에 없었던 것처럼 설명했다. 며칠 전까지만 해도 형세가 어떻게 변할지 예측할 수 없이 아슬아슬했는데도 말이다. 또한 오늘날의 경제 저널리스트들은 구글의 인터넷 시장 지배는 불가피한 일이었다는 식으로 기사를 쓴다. 인터넷이 생겨난 초창기인 1998년에 누군가 그런식으로 미래를 예언했다면 그들은 분명히 비웃었을 것이다. 특히 더 심한 사례는 1914년 사라예보에서 울린 단 한 발의 총성이 그 후 30년간 세계 역사를 완전히 뒤바꿔놓고 5천만 명을 희생시킨 제1차 세계대전의 도화선이 되었다는 것이다. 오늘날의 아이들은 그 사건이 전쟁으로 확대될 수밖에 없었던 필연성에 대해 배우지만 1914년에는 그 누구도 전쟁이 그렇게 커질 거라고 생각하지 않았다. 당시로서는 너무나 허무맹랑한 예측이었던 것이다.

그렇다면 사후 확신 편향은 왜 위험할까? 그 이유는 사람들로 하여금 자신이 훌륭한 예언가라고 믿게 만들기 때문이다. 그것은 우리를 오만하게 만들고 그릇된 판단을 내리도록 인도한다. 사람들은 제각각 자신만의 가설을 세우고 이미 일어난 결과에 그럴

듯하게 끼워 맞춘 후, 순전히 개인적인 의견을 근거로 잘못된 결론을 내린다. "들었니? 실비아와 클라우스가 헤어졌대. 하긴 두 사람은 성격이 너무 달랐어. 틀어질 수밖에 없었던 거지"라든가, "두 사람은 헤어질 수밖에 없었어. 서로 너무나 비슷했거든", 혹은 "그들은 틀어질 수밖에 없었어. 언제나 너무 가까이 붙어 있었잖아", 아니면 "그들은 틀어질 수밖에 없었어. 너무 멀리 떨어져 있었으니까"라는 식으로.

하지만 사후 확신 편향에 대항하는 것은 간단한 일이 아니다. 연구 결과에 따르면, 사후 확신 편향에 대해 알고 있어도 모르는 사람들과 마찬가지로 종종 그 함정에 빠진다고 한다. 그렇다고 아예 방법이 없는 것은 아니다.

비록 학문적으로 쌓은 경험은 아니지만 개인적인 경험에서 터득한 한 가지 조언이 있다. 바로 예언 일기를 쓰라는 것이다. 정치, 직업, 경력, 몸무게, 증권 등 아무것이라도 좋다. 순전히 개인적인 관점에서 각각의 전망을 예측하라. 그리고 자신이 예언한 시점이 되면 그 일기를 실제 상황과 비교해보라. 십중팔구 당신은 자신이 얼마나 서투른 예언가인지 확인하고 놀랄 것이다. 만약 예언 일기장에 자신의 전망을 뒷받침할 신문 스크랩이나 기록물들을 첨부해놓는다면 세계의 전문가들 역시 당신처럼 서툰 예언가라는 사실을 확실하게 깨닫게 될 것이다. 그리고 세계란 섣불리 예측할 수 없다는 것도.

오스트리아 황태자 부부가 암살됐을 때
누구도 전쟁이 일어나리라고 예측하지 못했다.
그렇지만 이제는 그 사건 때문에 제1차 세계대전이 발발했다고 믿는다.

통제의 환상

로또 번호를 직접 선택한다고 당첨 확률이 높아지는 것은 아니다

매일 아침 9시가 되면 붉은 모자를 쓴 남자가 광장에 나타난다. 그는 모자를 벗어 이리저리 난폭하게 흔들어대다가 정확하게 5분이 지나면 사라진다. 어느 날 한 경찰관이 그에게 다가가 물었다. "당신은 대체 뭘 하는 겁니까?" 그가 대답했다. "나는 기린들을 쫓아내고 있소." 경찰관은 황당해하며 다시 물었다. "이보세요, 여기엔 기린이 없습니다." 그러자 그 남자가 다시 대답했다. "거참, 나는 없는 것도 쫓을 수 있소."

다리가 부러져서 병원 신세를 지고 있는 한 친구가 나에게 매점에 가서 로또 복권을 한 장 사다달라고 부탁했다. 나는 숫자 여섯 개를 체크하고, 그 위에 친구의 이름을 적은 다음 돈을 지불했다. 내가 그에게 로또 복권을 내밀자 그는 못마땅해하며 말했다.

"대체 왜 숫자를 기입한 거야? 내가 직접 채우려고 했는데. 네가 선택한 숫자로는 당첨되지 않을 거야!" 나는 대꾸했다. "네가 직접 숫자를 체크해 넣으면 추첨 기계들이 그 숫자대로 공을 뽑아 줄 거라고 생각해?" 그러자 친구는 오히려 나를 이해할 수 없다는 듯이 쳐다보았다.

카지노에서 대다수의 사람들은 높은 숫자를 내야 할 때 주사위를 세게 던진다. 반대로 낮은 숫자를 원하면 최대한 부드럽게 던진다. 그것은 마치 축구 팬들이 경기를 관람하면서 자신들이 직접 공을 차기라도 하듯 손발을 마구 움직이는 것과 같다. 이러한 환상은 많은 사람들이 무의식적으로 공유하고 있다. 그리고 어떤 사람들은 자신이 좋은 생각을 발산시키면 세계가 긍정적으로 바뀔 수도 있다고 믿는다.

'통제의 환상(Illusion of control)'이란 현실적으로 권한이 없는 뭔가에 대해 통제하거나 영향을 미칠 수 있다고 믿는 경향을 말한다. 그러한 경향은 1965년에 젠킨스와 워드라는 두 명의 연구가에 의해서 발견되었다. 그들이 진행한 실험의 규칙은 간단했다. 두 개의 스위치를 이용해 전등의 불을 켜거나 끄는 것이었다. 그들의 연구 결과에 의하면, 실험 참가자들은 전등에 불이 들어오지 않으면 더 강하게 ON 스위치를 눌렀다. 반대로 불이 꺼지지 않을 때도 마찬가지였다. 그리고 순전히 우연하게 전등이 켜지거나 꺼질 때도 자신들이 스위치를 누름으로써 불빛의 강도에 어떻게든

사람들은 자신이 좋은 생각을 발산시키면
운명은 물론 세계를 긍정적으로 바꿀 수 있다고 믿는다.

영향을 주었을 거라고 확신했다.

　미국의 어느 학자도 비슷한 실험을 했다. 그는 소음을 견디는 실험이라며 참가자를 모집한 뒤 A와 B, 두 개의 방에 각각 한 사람씩 들여보냈다. 그곳에서 피험자들은 점점 강도가 높아지는 소음을 견뎌야 했는데, 도저히 참지 못할 지경에 이르면 문을 열고 뛰쳐나와 실험을 포기할 수 있었다. 두 개의 방은 모양과 면적이 똑같았지만, 단 한 가지가 달랐다. 방 B에는 패닉 상태에 빠졌을 때 소음을 줄일 수 있는 붉은 스위치가 있었고, 방 A에는 없었다. 결과는 어땠을까? B에 있던 피험자들이 소음을 더 오래 견뎠다. 더욱 흥미로운 점은 B에 있던 붉은 스위치가 전혀 작동하지 않는다는 것이었다. 참을 수 있는 고통의 한계를 높이는 데는 환상만으로도 충분했다.

　만약 당신이 알렉산드르 솔제니친(러시아 소설가. 제2차 세계대전에서 소련군 포병 장교로 근무했으며, 『이반 데니소비치의 하루』로 노벨 문학상을 받았다 - 옮긴이)이나 빅토르 프랑클(유대인 심리 치료 의사. 제2차 세계대전 때 아우슈비츠 수용소에 갇혔으나, 극한의 상황에서도 좌절하지 않고 삶의 목적을 머릿속에 담아 결국 아우슈비츠에서 해방되었다 - 옮긴이), 또는 프리모 레비(유대계 이탈리아 화학자로, 아우슈비츠 수용소에서 겪은 일을 책으로 출간해 유명해졌다 - 옮긴이)가 쓴 책들을 읽었다면, 그 결과를 충분히 이해할 수 있을 것이다. 그들은 자신의 생각이 운명을 바꿀 수도 있다고 믿었다. 바로 그 환상이 갇혀 있던 사람들을 매일같이 다시금 살아남을 수 있도록 해준 것이다.

맨해튼의 횡단보도 앞에는 신호등을 작동시키는 버튼이 있다. 길을 건너려는 사람들은 버튼을 누르고 기다리면 된다. 그러나 작동하지 않는 버튼이 더 많다. 그렇다면 도대체 왜 이런 버튼이 있는 것일까? 그것은 행인들이 신호등에 영향을 미치는 것처럼 믿게 해주기 위해서다. 실제로 버튼을 달아놓은 지역의 행인들이 신호등 앞에서 기다리는 일을 더 잘 참아낸다는 것이 입증되었다. 엘리베이터의 열림과 닫힘 버튼도 마찬가지다. 대부분은 잘 작동하지 않지만 승객들은 엘리베이터의 문을 뜻대로 움직일 수 있다고 생각한다. 학술적으로는 이런 것들을 '플라시보 버튼(Placebo button)' 또는 '대형 사무실의 온도조절기'라고 부른다. 대형 빌딩의 사무실에는 종종 가짜 온도조절기가 달려 있다. 온도가 같은 실내에서도 어떤 사람들은 덥다고 느끼고 어떤 사람들은 춥다고 느낀다. 모든 사람의 요구를 충족시키는 적당한 온도를 유지하기란 사실상 불가능하다. 그래서 영리한 기술자들은 층마다 가짜 온도조절기를 설치함으로써 통제의 환상을 효과적으로 이용했다. 실제로 불평하는 사람들의 숫자는 현저하게 줄어들었다.

화폐를 발행하는 중앙은행들과 재정경제부 장관들은 플라시보 버튼을 전적으로 믿는다. 다시 말해 자신들이 경제는 물론 국민들까지 통제할 수 있다고 생각한다. 그러나 그런 버튼들이 작동하지 않는다는 것은 이미 밝혀졌다. 하지만 그들은 여전히 플라시보 버틈을 누르고 있고 사람들은 그런 환상을 믿는 척한다. 만약 경제라는 것이 근본적으로 방향을 조정할 수 없는 시스템임을 시인한다면, 경제를 주도하는 사람들은 물론 대중까지 너무나 혼란스러워지기 때문이다.

당신은 자신의 삶을 뜻대로 통제하고 있다고 생각하는가? 아마도 현실은 당신이 생각하는 것보다 훨씬 우연이 많을 것이다. 어쩌면 우리 각자는 광장에서 붉은 모자를 흔들어대던 그 남자와 같을지도 모른다. 오직 자신만 그렇게 믿고 있을 뿐이다.

사실 자신의 삶이라고 해도 모든 것을 계획한 대로 이루고 통제할 수는 없다. 확실하게 영향을 미칠 수 있는 부분은 얼마 되지 않는다. 그러므로 그 몇 안 되는 부분에 집중하라. 나아가 그것들 중에서도 가장 중요한 부분들에만 시종일관 집중하라. 그리고 그 밖의 다른 모든 것은 그냥 일어나도록 놔두어라.

중간으로의 역행

병원에 갔든 안 갔든 감기는 나았을 것이다

앤톤은 가끔 등 근육이 경직되는 통증을 느꼈다. 평소에는 젊은 사슴처럼 펄펄 날다가도 통증이 심해지면 몸을 움직일 수조차 없었다. 그런 때는 안마 치료사를 찾아갔다. 그러면 신기하게도 매번 몸이 나았다. 그는 실력 좋은 안마 치료사를 동네방네 소개했다.

골프 핸디캡(본인의 평균 타수에서 골프장 기준 타수, 즉 파 72를 빼면 핸디캡이 나온다 - 편집자 주)이 12 정도인 한 남자는 어디를 가든 자신의 골프 선생 칭찬을 늘어놓았다. 그는 경기에서 초라한 성적을 낼 때마다 그 프로 선생에게 지도를 받았고, 그러고 나면 신기하게도 다음번에는 훨씬 공을 잘 치게 됐다.

또 다른 남자는 유명한 은행의 투자 상담가인데, 그는 실적이 떨어질 때마다 화장실에 가서 '막춤'을 추곤 했다. 그 춤은 정말 어처구니없어 보였지만 그에게 어떤 힘을 주는 것 같았다. 그 춤을 추고 나면 증권거래소에서의 실적이 좋아졌기 때문이다. 그들 세 남자는 이치에 맞지 않는 일을 억지로 끌어 붙여 자기의 주장에 맞게 만들고 있다. 다시 말해 '중간으로의 역행(Regression toward the mean) 오류'에 빠진 것이다.

당신이 살고 있는 지역이 기록적인 한파를 겪고 있다고 가정해 보자. 온도가 최저로 떨어진 날이 사나흘 계속되면 이후 며칠 동안은 기온이 오를 개연성이 커진다. 극단적인 혹서기나 우기 때도 마찬가지다. 날씨는 평균치 주위에서 오르락내리락 변하면서 움직인다. 만성적인 통증이나 골프 핸디캡, 증권 거래 실적, 연애운, 심리적 안정감, 직업적 성공, 시험 성적 등의 변화도 그와 똑같다. 앤톤의 근육통은 어쩌면 안마 치료사를 찾아가지 않았어도 시간이 가면 줄어들었을 개연성이 크다. 골프 핸디캡 역시 추가로 레슨을 받지 않았어도 평균치만큼의 수준은 됐을 것이다. 투자 상담가도 막춤에 실적이 올라간 것은 아닐 것이다.

내리막의 끝에는 반드시 오르막이 있듯 극단적인 상황들은 시간이 지나면 덜 극단적인 쪽으로 바뀌어간다. 지난 3년 동안 가장 실적이 좋았던 주식이 다음 3년 동안에도 가장 실적이 좋은 주식으로 머무는 일은 거의 없을 것이다. 그래서 많은 스포츠맨들은 자신들에 관한 기사가 신문 1면을 장식하면 불안해한다. 다음 경기에서는 더 이상 최고의 성과를 거두지 못하리라는 것을 무의식적으로 예감하기 때문이다. 물론 이것은 신문에 난 기사와 아무런 상관이 없다. 단지 그들이 거두는 성과가 시간이 가면서 자연적으로 변하는 것뿐이다.

한 팀장은 자신의 팀원 가운데 업무 몰입도가 하위 3퍼센트에 속하는 직원들을 동기 부여 코스에 참여시키기로 했다. 그 결과는 어떻게 됐을까? 팀장이 원하던 대로 그 코스를 마친 직원들은 모두 하위 3퍼센트에서 벗어났다. 그러나 그들 대신 다른 직원들이 3퍼센트 인에 들갔다. 과연 동기 부여 코스가 팀 전체에 긍정적인 효과를 준 것일까? 그것은 판단하기 어렵다. 왜냐하면 첫 테스트에서 하위 3퍼센트에 속했던 직원들의 업무 몰입도는 트레이닝을 받지 않았더라도 다시 그들 개개인의 평균 수준으로 옮겨갔을 것이기 때문이다.

또 다른 예를 들어보자. 미국 보스턴에서는 시험 성적 결과가 가장 낮은 학교들을 상대로 비용이 많이 드는 학습 능력 장려 프로그램을 시행했다. 그러자 그 이듬해에 이 학교들의 시험 성적은 더 이상 최하 수준으로 떨어지지 않았다. 국가 감독 기관은 그러한 성과에 대해 자연스럽게 중간 성적으로 되돌아간 것이라고 보지 않고 장려 프로그램 덕분으로 돌렸다.

그러나 중간으로의 역행을 무시하면 치명적인 결과를 가져올

내리막 끝에는 반드시 오르막이 있듯
극단적인 상황들은 시간이 지나면 덜 극단적인 쪽으로 바뀌어간다.

수 있다. 먼저 교사나 직장 상사는 학생이나 부하 직원에게 칭찬보다는 처벌을 가하는 것이 더 효과적이라는 결론에 이르기 쉽다. 가장 좋은 시험 성적을 올린 학생은 칭찬을 받고, 성적이 가장 나쁜 학생은 처벌을 받는다. 그다음 시험에서는 추측하건대 다른 학생들이 성적에서 가장 높은 등수를 차지하거나 가장 낮은 등수를 차지하게 될 것이다. 거기에서 교사들은 처벌은 약이 되고 칭찬은 해가 된다는 터무니없는 결론을 내릴 것이다.

만약에 당신이 누군가에게 "몸이 아팠는데 의사에게 진료를 받았더니 건강해졌다. 그러니까 그 의사가 나한테 도움이 된 거다"라는 말을 듣거나, "올해 회사의 실적이 좋지 않아서 고문을 초빙했는데, 실적이 다시 정상으로 회복되었다"라는 말을 듣게 되면 거기에는 중간으로의 역행 오류가 작용했음을 기억하라.

도박꾼의 오류

주사위는 순서대로 나오지 않는다

1913년 여름, 몬테카를로의 한 카지노가 술렁이기 시작했다. 룰렛 게임이 벌어지는 테이블에서 눈으로 보고도 도저히 믿기지 않는 일이 벌어졌기 때문이다. 바로 구슬이 20번이나 연거푸 검은색으로 떨어진 것이다. 많은 게이머들은 모처럼 찾아온 좋은 기회를 잡기 위해 몰려들었고, 승리를 확신하며 붉은색에 돈을 걸었다. 그런데 구슬은 또다시 검은색 위로 떨어졌다. 그러자 더 많은 사람들이 몰려들어 붉은색에 돈을 걸었나. 모두 이세는 변화가 일어날 거라고 생각했다. 그러나 이번에도 구슬은 검정색으로 떨어졌다. 그렇게 게임은 이어지고 또 이어졌다. 결국 27번째에 가서야 비로소 구슬은 붉은색에 멈췄다. 그러나 그때는 이미 대다수 게이머들이 수십억 원을 잘못 걸고 난 뒤였다. 그들은 파산하고

똑같은 로또 번호가 연속으로 무려 열 번이나 나왔다 해도
다음번에 나오지 않을 확률이 없어지는 것은 아니다.
그 로또 공은 너무 자주 나왔다는 사실을 전혀 모르기 때문이다.

말았다.

어느 대도시 학생들의 평균 지능지수가 100에 달한다고 하자. 어떤 연구를 위해 당신은 임의로 추출한 50명의 학생들에 대해 실험을 실시한다. 당신이 테스트한 첫 번째 학생의 IQ는 150이었다. 그렇다면 그 학생을 포함해서 당신이 선택한 50명의 평균 IQ는 얼마일까? 나한테서 이 질문을 받은 대다수의 사람들은 100이라고 말했다. 무슨 이유에서인지 그들은 맨 먼저 테스트한 가장 머리 좋은 학생의 IQ가 150이긴 하지만 전체 학생 50명의 평균 지능지수는 IQ가 50인 가장 머리 나쁜 학생 때문에(아니면 IQ가 75인 두 명의 학생 때문에) 100에 가깝게 떨어지게 될 거라고 생각했다. 그러나 그처럼 소규모의 추출 실험에서는 그럴 개연성이 매우 작다. 좀 더 신빙성 있는 설명은 나머지 49명의 학생들이 인구의 평균 IQ에 일치하기 때문이라는 것이다. 즉 그들의 IQ가 100이라고 보아야 한다. IQ가 100인 학생 49명과 IQ가 150인 학생 한 명으로 구성된 표본 집단의 평균 지능지수는 101이다.

몬테카를로에서의 도박과 학생들을 상대로 한 추출 실험의 사례에서 볼 수 있듯 사람들은 균형을 맞춰주는 운명의 힘을 믿는다. 이것이 바로 '도박꾼의 오류(Gambler's fallacy)'이다. 그러나 독립적으로 일어나는 사건들의 균형을 잡아주는 초월적인 힘은 없다. 룰렛 게임의 구슬 자체는 자신이 검정색에 얼마나 자주 멈췄는지 기억하지 못한다. 자신이 뽑았던 모든 로또 숫자들을 번거롭게 목록으로 작성하는 친구가 있다. 그는 언제나 가장 드물게 선택했던 숫자들을 로또 용지에 체크해 넣곤 한다. 그러나 그런 모든 수고는 아무런 소용이 없다. 추첨 기계 안에 있는 로또 공은 자신이 몇 번 나가야 다른 공과의 균형이 맞춰지는지 알지 못하기 때문이다.

한 개의 동전을 세 번 던지는데, 세 번 다 앞면이 땅에 닿는다. 다음번에 그 동전을 던질 때 누군가 당신에게 백만 원을 내기에 걸도록 강요한다면 당신은 앞면에 걸겠는가, 아니면 뒷면에 걸겠는가? 아마도 뒷면에 걸 것이다. 이번에도 앞면이 땅에 닿을 확률과 뒷면이 닿을 확률은 똑같은데도 말이다. 이것이 바로 잘 알려진 도박꾼의 오류이다.

한 개의 동전을 50번 던지는데 50번 다 앞면이 땅에 닿는다. 또다시 누군가 당신에게 백만 원을 걸도록 강요한다. 그러면 다음번에 그 동전을 던질 때 당신은 앞면에 걸겠는가, 아니면 뒷면에 걸겠는가? 당신은 멋진 미소를 짓는다. 왜냐하면 당신은 지금 이 책을 여기까지 읽었으므로, 결과는 출현 횟수에 달려 있지 않다는 것을 알기 때문이다.

앞장에서 우리는 '중간으로의 역행'에 대해 자세히 살펴보았다. 예를 들어 당신이 사는 지역에서 기록적인 혹한을 겪고 있으면, 다음 날의 기온은 올라갈 개연성이 높다. 그러나 그 날씨를 룰렛 게임 구슬과 같다고 생각하면 개연성은 없어진다. 온도가 내려갈 확률은 50퍼센트고 올라갈 확률도 50퍼센트일 것이다. 하지만 날씨는 카지노가 아니다. 인간의 몸이나 날씨처럼 복잡한 피드백을 주고받는 수치들은 다시 균형을 맞추려는 성향이 있다. 그런데 다른 경우들에서 극단적인 것들은 더욱 강화된다. 예컨대 부자들은 점점 더 부유해지는 경향이 있다. 어떤 주식의 주가가 치솟으면, 그것은 어느 지점까지는 자체적으로 수요를 만들어낸다. 왜냐하면 단순히 그것이 매우 뚜렷하게 눈에 띄기 때문이다. 일종의 역(逆)균형 효과이다.

 결론적으로 당신은 눈앞에 독립적인 사건이 벌어지고 있는지, 아니면 독립적이지 않은 사건이 벌어지고 있는지를 자세히 바라보아야 한다. 독립적인 사건들은 원래 카지노나 로또, 그리고 이론 서적들 안에만 있다. 정상적인 삶에서 사건들은 대개 서로 의존해서 일어난다. 다시 말해 이미 일어난 일은 미래에 일어날 일에 영향을 미친다.

공유지의 비극

무료 공공 화장실이 더러운 이유

어느 마을에 모든 농부가 자유롭게 사용할 수 있는 비옥한 땅이 있다고 상상해보라. 농부들은 자기가 기르는 소들을 가능한 한 많이 목초지에 보내 풀을 뜯게 할 것이다. 그리고 그 목초지는 황폐해지거나 역병이 돌기 전까지 그 기능을 발휘할 것이다. 그러나 만약 소들의 숫자가 일정 범위를 넘어서서 목초지가 완전히 황량해질 때까지 경쟁적으로 풀을 뜯는다면 이 멋진 공유지는 비극을 맞는다. 합리적인 인간으로서 모든 농부는 이익을 최대화하려고 애쓴다. 농부들은 자문한다. "만약 공유지에 내 소를 한 마리 더 보내면 어떤 이익을 얻을 수 있을까?" 그들은 목초지에 소를 한 마리씩 더 보내면 팔 수 있는 소의 수는 배로 늘어나고 그만큼 이익이 커진다는 사실에 집중한다. 그리고 그에 따른 목초지의 손실은 모두가 함께 떠맡게 될 것이므로 이익에 비해 책임은 적다고 예측한다. 그런 관점에서 농부들은 "한 마리만 더", "나도 한 마리만 더" 하며 그 공유 재산이 황폐해질 때까지 소를 보낸다.

'공유지의 비극(Tragedy of the commons)'이란 말은 진정한 의미에서 볼 때 공허한 상투어일 뿐이다. 가장 큰 오류는 공유지의 비극이 사람들을 교육하거나 정보 캠페인을 벌이거나 사회적 감정에 호소함으로써, 또는 교황의 칙서나 팝스타의 설교를 통해서 없어질 수 있다는 희망을 갖는 데 있다. 그렇게는 안 될 것이다. 공유 재산 문제에 실제로 관여하려 한다면 두 가지 가능성밖에 없다. 그 재산을 사유화하거나 관리하는 것. 좀 더 구체적으로 말하면 그 비옥한 땅을 한 사람의 소유로 만들어버리거나, 아니면 아예 사람들이 목초지에 접근하지 못하도록 규제하는 것이다. 미국의 생물학자 가렛 하딘은 그 밖의 다른 조치는 그것이 무엇이든 결국 공유지를 황폐화시키고 말 것이라고 했다.

관리한다는 것은 국가가 규제를 세운다는 의미가 될 수 있다. 목초지 사용에 대한 수수료를 도입하거나 새로 풀이 돋아날 때까지 일시적으로 사용을 제한할 수도 있고, 아니면 농부나 소들의 눈 색깔에 따라 출입 권한을 줄 수도 있다. 한편 사유화하는 것은 더 간단한 해결책이다. 그러나 사람들은 공유 재산을 관리할 것이냐 사유화할 것이냐를 논의하면서 힘들어한다. 왜 우리는 매번 다시 공유지의 비극에 빠지는 것일까? 그것은 진화의 역사 속에서 그런 비극에 대비할 기회가 많지 않았기 때문이다. 거기에는 두 가지 이유가 있다. 첫째, 지금까지의 인류 역사상 자원은 제한 없이 사용해도 될 만큼 풍부했다. 둘째, 만 년 전까지만 해도 인류는 약 50여 명의 작은 집단끼리 무리 지어 살았다. 이익과 희생, 모든 생활을 공유했기 때문에 합리적으로 경쟁하고 정당하게 이익을 차등 지급하는 것에 익숙하지 않았다. 만약 그 시절에 누군가가 더 많은 이익을 갖기 위해 공동체를 이용했다면 즉각 보복당하고 가장 심한 형벌을 받았을 것이다.

물론 오늘날의 자본주의 사회에서 개인이 이익을 추구하는 것은 당연한 일이다. 따라서 자기의 소 한 마리를 추가로 공유지에 방목한 농부 역시 비인간적인 선택을 했다고 볼 수 없다. 사실 공유지의 비극은 집단의 규모가 백 명이 넘어서고 우리가 재생산 능력의 한계에 부딪힐 때 나타나는 하나의 현상일 뿐이다. 그러나 우리가 점점 더 이러한 비극에 자주 부딪히게 되리라는 것을 알아차리는 데는 특별한 지성이 필요하지 않다.

현대 과학이 발달하고 세계 인구가 증가함에 따라 또 다른 형태의 공유지의 비극이 생겨나고 있다. 그 누구도 소유할 수는 없지만 공동체가 비용을 감당해야 하는 것들, 이를 테면 이산화탄소 · 벌목 · 물의 오염 · 라디오 주파수의 과잉 사용 · 공공 화장실 · 우주 폐기물 · 파산시킬 수도 인수할 수도 없는 거대 은행들을 어떻게 처리해야 할지 우리는 아직 대책을 마련하지 못했다.

공유 재산 문제를 해결하려면 두 가지 방법밖에 없다.
그 재산을 사유화하거나
아예 사람들이 접근하지 못하도록 규제하는 것이다.

이러한 공유지의 비극은 애덤 스미스가 말하는 '보이지 않는 손'과는 대립되는 개념이다. 그러나 특정한 상황에서는 시장의 보이지 않는 손이 최선의 상태가 아니라 최악의 상태로 이끈다.

그럼에도 불구하고 자신들의 행동이 인류와 생태계에 미치는 영향을 자발적으로 진지하게 고민하는 사람들도 있다. 그러나 한 사람 한 사람을 변화시키면 공유지의 비극 따위는 일어나지 않을 수 있다고 믿는 정책은 세상을 모르는 순진한 발상이다. 모든 사람이 윤리적인 이성을 갖고 있다고 가정해서는 안 된다. 사회비평가 업턴 싱클레어는 이렇게 말했다. "누군가에게 뭔가를 이해시키기란 어려운 일이다. 만약 그 사람이 벌어들이는 소득이 그 뭔가와 깊은 연관이 있다면 그것은 이해할 수 없는 일이 된다."

모든 경우의 수를 살펴보아도 공유지의 비극을 해결할 수 있는 방법은 이미 말한 두 가지뿐이다. 사유화하거나, 아니면 관리하는 것. 그리고 사유화할 수 없는 바다와 오존층, 우주 같은 것들은 효율적으로 관리할 수 있는 방법을 생각해내야 할 것이다.

결과 편향

'결과만 좋으면 됐지'의 위험

생각에 대한 간단한 실험을 하나 해보겠다. 모든 인간이 잠시 휴식을 취하는 사이, 백만 마리의 원숭이들이 증권거래소에서 주식투자를 한다고 가정하자. 그들은 주식을 마구 사고팔고 하는데, 어떤 의도나 계산이 있는 것은 아니다. 그로부터 1년 후 무슨 일이 벌어질까? 원숭이의 절반 정도는 수익을 올리고 나머지 절반은 손실을 본다. 2년째 되는 해에도 원숭이 무리의 절반은 수익을 내고 나머지 절반은 손해를 본다. 그 상태가 지속되다가 10년 후에는 언제나 오르는 주식에 투자했던 원숭이가 약 천 마리 정도 남는다. 그리고 20년 후에는 언제나 오르는 주식에 투자했던 단 한 마리의 원숭이만 남을 것이다. 그 원숭이는 억만장자가 된다. 우리는 그를 '성공한 원숭이'라고 부르자.

성공한 원숭이가 등장하면 매스컴은
성공 노하우를 탐지하기 위해 구름처럼 몰려든다.
과정의 질이 아니라 결과를 보고서
그의 능력 전체를 평가한다.

성공한 원숭이가 등장하면 매스컴은 성공 노하우를 탐지하기 위해 구름처럼 몰려든다. 그리고 어떻게든 그 노하우를 정리하여 공식으로 만들고 싶어 할 것이다. '다른 원숭이들보다 바나나를 더 많이 먹었다'라든가, '무리에서 떨어져 혼자 앉아 있는 것을 즐겼다'라고. 어쩌면 '나뭇가지에 올라가 머리를 거꾸로 매달고 있는 것을 즐겼다'거나 '몸에서 이를 잡을 때 오랫동안 생각에 잠긴다'라고 말할 수도 있다. 그것이 무엇이든 성공한 원숭이는 성공에 이를 만한 뭔가 특별한 해법을 갖고 있어야만 한다. 사람들은 그런 노하우가 없다는 것을 믿지 않는다. 그런 게 없다면 어떻게 그 원숭이 한 마리만 그토록 찬란한 실적을 거둘 수 있었겠는가 말이다. 그리고 20년 동안 언제나 제대로 생각하고 행동한 자가 어떻게 한갓 무지한 원숭이일 수 있단 말인가. 사람들은 불가능한 일이라고 믿는다.

이 원숭이의 이야기는 '결과 편향(Outcome bias)'이 무엇인지를 잘 묘사해주고 있다. 우리는 자주 과정의 질이 아니라 결과를 보고서 어떤 결정을 평가하는 경향을 보인다. 이것은 역사가들의 오류로 알려져 있기도 하다. 그 전형적인 예가 바로 일본의 진주만 공격이다. 누군가 "1941년 미국의 군사기지는 진주만에서 진즉에 철수해야 하는 것이 아니었을까?"라는 의문을 던졌다고 해보자. 왜냐하면 일본의 공격이 바로 눈앞에 닥쳤음을 암시하는 많은 신호들이 있었기 때문이다. 하지만 그러한 신호들은 그 당시에는 제대로 확인되지 않았다. 시간이 지난 뒤에 돌이켜보았을 때야 비로소 크고 분명하게 보이는 것이다. 그리고 정작 당시에는 서로 상반되는 것처럼 보이는 암시들이 매우 많았다. 어떤 것들은 공습이 있을 거라고 암시해주는가 하면, 어떤 것들은 그렇지 않았다. 만약 철수하는 게 옳았는지 아닌지를 정확하게 판단하고 싶다면 정보를 주고받던 그 당시 상황으로 되돌아가봐야 한다. 그리고 우리가 시간이 지난 후 알게 된 모든 것(특히 진주만 공격에 대한 것들)은 걸러내야 한다.

생각에 관한 또 다른 실험이 있다. 당신은 세 명의 심장외과 의사의 실적을 평가하는 심사위원이다. 제대로 평가하기 위해 각각의 의사에게 어려운 수술 다섯 가지를 시행해보라고 한다. 몇 년 동안의 통계 결과에 따르면 이 다섯 가지 수술의 사망률은 20퍼센트 정도였다. 그리고 구체적인 결과를 보면 A의사의 경우 다섯 명의 환자 가운데 아무도 사망하지 않았고, B의사의 경우는 한 명, C의사의 경우는 두 명이 사망했다. 당신은 A, B, C 의사들의 수술 실적을 어떻게 평가하겠는가? 만약 당신이 대다수의 사람들처럼 생각한다면 A를 가장 좋은 의사로 꼽고, B를 두 번째 좋은 의사로, 그리고 C를 가장 서툰 의사로 꼽을 것이다. 하지만 그렇게 생각함으로써 당신은 정확히 결과 편향에 빠지게 된다. 왜 그런지 이미 예감하고 있을 것이다. 임의로 추출한 실험들의 횟수가 너무 적어서 근거 자료로 쓰일 만한 자료를 얻지 못했기 때문이다. 그러면 어떻게 세 명의 외과 의사를 평가해야 할까? 각각의 의사들이 가진 손기술의 강점을 이해하고, 수술 준비 단계부터 시행하는 모든 과정을 정확히 관찰하면 가능하다. 즉 수술 결과가 아니라 수술 과정을 평가하는 것이다. 만약 객관적인 자료를 바탕으로 하고 싶다면 더 많은 실험을 통계에 포함시켜야 한다. 백 번이나 천 번 이상 시행된 수술들을 관찰함으로써 비로소 어떤 결과에 의한 평가가 가능해지는 것이다.

평균적인 외과 의사의 경우 환자 가운데 아무도 죽지 않을 확률은 33퍼센트이고, 한 명이 죽을 확률은 44퍼센트이며, 두 명의 환자가 죽을 확률은 20퍼센트이다. 그러나 앞서 세 명의 외과 의사들을 무조건 그 결과에 끼워 맞추려고 하는 것은 경솔할 뿐만 아니라 비윤리적이기도 하다.

요컨대 앞으로 당신은 어떤 결과만을 근거로 의사결정을 내리지 않길 바란다. 결과가 나쁘다고 해서 무조건 의사결정이 잘못된 것은 아니다. 그 반대의 경우도 마찬가지다. 그러므로 당신은 어떤 결정이 결과적으로 잘못이었다고 증명됐다고 해도 불만스러워하지 말라. 혹시 성공을 거두었냐면 그렇게 결정한 것을 자랑스러워하는 대신에, 왜 그렇게 결정했었는지를 다시 한 번 주목해봐야 할 것이다. 결과가 어찌 되었든 이성적이고 스스로 납득할 만한 이유가 있어서 내린 결정이라면, 다음번에 그와 똑같이 행동해도 좋다. 비록 당신이 그 때문에 지난번에 운이 없었더라도.

선택의 역설

너무 많은 것보다 차라리 하나뿐인 게 나은 이유

나의 여동생과 그녀의 남편은 아직 완공되지 않은 아파트를 한 채 구입했다. 그 후로 우리는 더 이상 정상적인 이야기를 나눌 수 없게 되었다. 두 달 전부터 그들의 모든 관심사가 오직 욕실 바닥에 집중됐기 때문이다. 세라믹, 화강암, 대리석, 금속, 인조석, 목재, 유리 등 온갖 종류의 바닥재 가운데서 그들은 적어도 10년은 써야 할 한 가지를 선택해야 했다. 지금까지 나는 여동생이 그처럼 고민하는 것을 본 적이 없다. 한동안 그녀는 타일 견본 카탈로그를 옆구리에 끼고 머리를 싸맨 채 "선택할 것이 너무나 많아!"라며 한숨을 쉬고 다녔다.

내가 직접 세어보고 물어본 결과, 이웃에 있는 식료품 가게에는 48종류의 요구르트, 134종류의 레드와인, 64종류의 세탁 제품과 다른 수십 가지 상품들을 포함해 무려 3만 종의 상품을 팔고 있었다. 또 인터넷 서점 '아마존'에서는 무려 2백만 종에 달하는 책들을 배송한다. 오늘날의 인간에게는 5백 가지나 되는 정신병, 5천여 가지나 되는 직업, 5천여 곳이나 되는 휴가철 행선지, 그리고 다양하기 그지없는 삶의 스타일들이 주어져 있다. 지금까지 이토록 선택의 여지가 많은 적은 없었다.

내가 어렸을 때만 해도 요구르트는 세 종류, 텔레비전 채널은 세 개, 교회는 두 군데, 치즈는 두 종류(신선하거나 혹은 부드럽거나), 생선은 송어 한 종류, 전화기는 스위스 우편국에서 연결해주는 한 종류가 전부였다. 다이얼이 부착된 검은 전화 상자는 전화를 할 때 외에는 쓸 수 있는 기능이 없었으며, 그 당시에는 그것만으로 충분했다. 그런데 오늘날에는 휴대전화 가게에 발을 들여놓는 순간 수많은 종류의 휴대전화 모델들과 전화 요금제라는 홍수에 빠져 익사할 지경이다.

그럼에도 불구하고 선택의 폭은 발전의 기준을 재는 척도가 되고 있다. 우리를 계획경제나 석기시대로부터 구분 지어주기도 한다. 물론 품질 좋은 다양한 물건들 사이에서 내가 원하는 것을 선택하는 일은 행복감을 느끼게 해준다. 그러나 선택에도 한계가 있다. 그 한계를 넘어서서 계속 선택하기를 요구하면 오히려 삶의 질을 망치는 경우가 있다. 이를 가리켜 학문적 용어로는 '선택의 역설(Paradox of choice)'이라고 부른다.

미국의 심리학자 배리 슈워츠는 자신의 저서『선택의 심리학』에서 왜 선택의 행복이 불행으로 바뀌는 모순이 생기는지 설명했다. 거기에는 세 가지 이유가 있다. 첫 번째 이유는 선택의 여지가 크면 내면적인 무감각으로 이끌려가기 때문이다. 한 슈퍼마켓에서는 잼을 많이 팔기 위해 시식 행사를 진행했다. 행사 코너에는 무려 24가지 종류의 잼이 놓여 있었다. 고객들은 마음에 드는 것을 골라서 맛을 본 다음 할인된 가격으로 상품을 살 수 있었다. 다음 날 그 슈퍼마켓은 잼의 종류를 여섯 가지로 줄였다. 그리고 똑같이 시식 행사를 진행하고 할인된 값에 팔았다. 판매 결과는 어땠을까? 첫째 날보다 둘째 날에 열 배나 많은 잼이 팔려 나갔다. 그 이유를 분석해본 결과, 고객들은 선택할 것이 너무 많으면 쉽게 결정을 내리지 못하고 망설이다가 오히려 구입하지 않는 쪽을 선택하기 때문이었다. 다른 여러 가지 상품들로 같은 실험을 수차례 되풀이했지만 결과는 언제나 똑같았다.

두 번째 이유는 선택의 폭이 커지면 좋지 않은 의사결정을 내리게 되기 때문이다. 미혼의 젊은 남녀에게 인생의 파트너를 고를 때 무엇을 가장 중요하게 생각하느냐고 물으면, 그들은 갖가지 고상한 조건들을 열거한다. 지성, 사교성, 따뜻한 마음, 배려심, 참을성, 유머 감각, 정신적 교감까지. 도무지 모두 갖춘 사람은 인간이 아닐 것 같은 생각이 들 정도다. 그러나 이런 많은 기준이 실제로 사람을 만날 때 중요하게 작용할까? 과거에는 평균적인 젊은 남

선택할 것이 너무 많으면
사람들은 결정을 내리지 못하고 망설이다가
오히려 구입하지 않는 쪽을 선택한다.

자가 선택할 수 있는 여성이 20명 남짓이었다. 그리고 그들은 한 동네에 살면서 학창 시절을 함께 보냈고, 자연스레 장점과 단점, 매력을 알고 있는 사이였다. 반면에 온라인으로 데이트를 하는 오늘날에는 수백만 명의 잠재적인 파트너들 가운데서 선택을 할 수 있다. 그러나 선택의 스트레스가 너무나 크다 보니, 정작 남성의 뇌는 선택의 기준을 신체적인 매력, 단 한 가지로 축소시킨다. 그러나 이러한 식으로 연애 상대를 선택했을 때 결과가 좋을지는 미지수다.

세 번째 이유는 선택의 폭이 커지면 결과적으로 불만족에 이르게 되기 때문이다. 당신은 2백여 가지나 되는 것 중에서 어느 한 가지를 선택할 권리를 갖고 있다. 그때 어떤 것이 완벽한 선택이라고 확신할 수 있겠는가? 확신할 수 없다. 선택의 폭이 크면 클수록 당신은 더욱 불확실해지며, 따라서 선택을 한 후에는 더욱 불만족하게 되는 것이다.

그렇다면 어찌할 것인가? 일단 선택하도록 주어진 것들을 살펴보기 전에, 당신이 원하는 것이 무엇인지 분명하게 생각해보라. 당신의 판단 기준을 기록하고 무조건 그것을 지켜라. 그리고 후회 없는 완벽한 선택은 없다고 인정하라. 홍수처럼 밀려오는 가능성들 앞에서 최고의 선택을 해야 한다고 스스로를 다그치는 것은 비합리적인 완벽주의에 지나지 않는다. 당신은 그냥 일이 잘 해결된 것으로 만족하라. 인생의 파트너를 선택하는 데 있어서도 그렇다. 선택의 폭이 무제한적인 시대에는 오히려 그 반대로 하는 것이 현명하다. 즉 '최고'가 아니라 '최선'이 가장 좋은 것이다(물론 당신의 경우와 나의 경우를 제외하고는).

확률의 무시

가능성이 희박해도

당첨 상금이 높은 것에 도전하는 이유

행운을 거머쥘 수 있는 두 가지 도박이 있다. 첫 번째 도박에서는 백억 원을 딸 가능성이 있으며, 두 번째 도박에서는 천만 원을 딸 가능성이 있다. 당신 같으면 어느 쪽에 도전하겠는가? 만약 당신이 첫 번째 도박에서 이긴다면 인생이 바뀐다. 당장 일을 때려치우고 이자 소득만으로 생활할 수 있게 된다. 한편 두 번째 도박에서 이긴다면 카리브 해로 멋진 휴가를 떠날 수 있다. 그리고 그것으로 끝이다. 첫 번째 도박의 경우는 이길 확률이 백만 분의 1이고, 두 번째 도박은 만 분의 1이다. 다시 묻겠다. 당신은 어느 쪽의 도박을 하겠는가? 객관적으로 보면 두 번째 도박에서 이길 확률이 훨씬 더 높지만 우리의 마음은 첫 번째 도박 쪽에 강하게 끌린다. 그래서 도박에 중독된 사람들은 이길 확률이 희박해지는

데도 점점 더 우승 상금이 커지는 도박으로 옮겨가는 것이다.

　1972년 시카고대학의 한 연구팀은 전형적인 전기 자극 실험을 진행했다. 연구가들은 실험 참가자들을 두 그룹으로 나누고 첫 번째 그룹에는 전기 자극을 받을 확률이 100퍼센트라고 말해줬다. 그리고 두 번째 그룹에게는 전기 자극을 받을 위험이 50퍼센트라고 말했다. 이어 연구가들은 실험이 시작되기 직전에 피험자들에게 일어나는 신체적 흥분 상태(심장박동, 신경과민, 손에서 땀이 나는 정도 등등)를 측정했다. 결과는 당혹스러웠다. 양쪽 그룹이 똑같은 정도로 흥분하고 있었던 것이다. 연구가들은 그 후 실험에서 두 번째 그룹에게 전기 자극을 받을 확률을 20퍼센트, 10퍼센트, 5퍼센트로 점차 줄여 나갔지만 결과는 여전히 아무런 차이가 없었다! 그다음 실험에서 연구가들은 전기 충격의 강도를 예고 없이 높였다. 그러자 양쪽 그룹의 차이는 없었지만 신체 흥분 정도는 눈에 띄게 상승했다. 이 실험 결과가 의미하는 것은 사람들이 어떤 사건의 예상된 정도(도박 상금의 크기, 또는 전압의 강도 따위)에는 분명하게 반응하지만, 그 사건이 일어날 확률에는 크게 반응하지 않는다는 것이다. 달리 표현하면, 우리에게는 확률에 대한 직관적인 이해가 결여되어 있다고 볼 수 있다.

　사람들은 종종 가능성에 대해 구체적으로 이야기하는 것을 무시한다. 이것을 '확률의 무시(Neglect of probability)'라고 부른다. 이런 경향은 결과적으로 의사결정의 오류를 낳게 된다. 우리는 처음에는 수익 가능성이 있다는 정보에 홀려 서둘러 투자하지만, 신흥 기업에 투자할 경우 수익을 현실화할 수 있는 확률을 계산하는 일은 까맣게 잊는다(혹은 그것을 계산하는 일에 게으르다). 매스컴에서 비행기 추락 사고에 대해 떠들어대면 비행기가 추락할 확률이 아주 미미하다는 것(그 확률은 비행 사고가 일어난 후에도 예전과 똑같이 크거나 작을 수 있는 것)을 고려하지도 않고, 이미 예약했던 비행 계획을 취소하고 만다. 취미로 투자하는 많은 사람들은 자신들의 투자를 오직 수익만 보고 비교한다. 그들의 눈에는 20퍼센트의 수익을 내는 구글 주식이 10퍼센트 수익을 내는 부동산 투자보다 두 배의 가치가 있어 보인다. 합리적인 투자자라면 수익뿐 아니라 이 두 가지 투자의 서로 다른 위험성에 대해서도 고려할 것이다. 그러나 대부분의 경우에는 위험성에 대한 관심이 자동적으로 발생하지 않으므로 그런 것을 종종 잊어버린다.

앞서 소개한 전기 자극 실험으로 되돌아가보자. 마지막 실험에서 두 번째 그룹의 전기 자극 확률은 5퍼센트에서 4퍼센트, 3퍼센트로 줄어들다 마침내 '0'이 되었다. 그제야 첫 번째 그룹과 두 번째 그룹이 다르게 반응했다. 다시 말해 사람들에게 위험 확률 1퍼센트는 100퍼센트, 50퍼센트와 큰 차이가 없는 것이다. 오직 위험 확률이 '제로'가 됐을 때 다르게 느낀다.

식수를 선별하는 두 가지 조치에 대해서 평가해보라. 조치 A를 실행하면 오염된 물을 마셔서 죽을 위험성이 5퍼센트에서 2퍼센

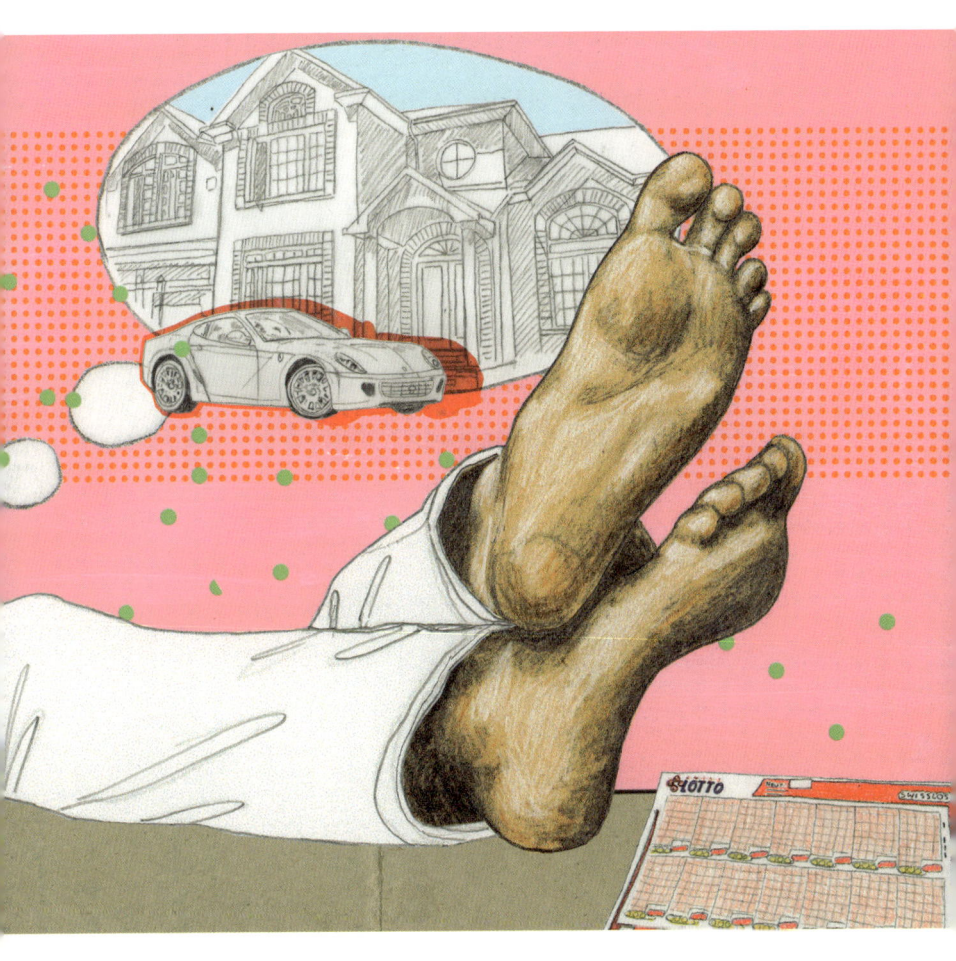

초보 투자자들은 20퍼센트의 수익을 내는 구글 주식이
10퍼센트 수익을 내는 부동산 투자보다 가치가 있다고 판단한다.
그러나 모든 것을 잃게 될 가능성은 계산하지 않는다.

트로 낮아진다. 조치 B를 실행할 경우에는 위험성이 1퍼센트에서 0퍼센트로 낮아진다. 위험성이 완전히 제거되는 것이다. 그렇다면 당신은 조치 A와 B 중 무엇을 선택할 것인가? 대다수의 사람들은 조치 B를 선호할 것이다. 그러나 확률적으로 볼 때 이것은 어리석은 일이다. 왜냐하면 조치 A를 택하면 사람들이 죽을 확률이 3퍼센트나 더 줄어드는 반면, 조치 B는 겨우 1퍼센트만 줄어들기 때문이다. 객관적으로 조치 A가 세 배나 더 나은 것이다. 이와 같은 제로 리스크 편향에 대한 내용은 다음 장에서 더 자세히 살펴보게 될 것이다.

우리는 여러 가지 서로 다른 위험성들에 대해서 제로 상태냐 아니냐 두 종류를 제외하고는 잘 구별하지 못한다. 위험성을 직관적으로 이해하지 못하기 때문에 확률을 계산해야 한다는 생각도 즉각적으로 하지 못한다. 로또의 경우라면 확률에 민감할 것이다. 그러나 일상적인 삶에서는 위험성을 측정하는 일에 여전히 게으르다. 하지만 위험을 비껴갈 수 있는 다른 길은 없다.

제로 리스크 편향

모든 위험을 완벽하게 제거할 수 있다는 환상

당신이 러시안룰렛 게임을 한다고 가정해보자. 당신이 들고 있는 권총의 회전 탄창 안에는 여섯 개의 탄알이 들어갈 자리가 있다. 당신은 그 회전 탄창을 마치 회전식 추첨기처럼 돌리다가 이마에 겨누고 방아쇠를 당겨야 한다. 첫 번째 질문을 던지겠다. 만약 그 회전 탄창 안에 네 개의 탄약이 남아 있다면, 당신은 그 네 개의 탄알 가운데 두 개를 제거하기 위해서 얼마를 지불하겠는가? 다음 두 번째 질문, 만약 권총에 단 한 개의 탄알이 들어 있다면 마지막 한 개의 탄알을 제거하는 데 그 전보다 더 많은 비용을 쓰겠는가?

대부분의 사람들은 두 번째 경우에 더 많은 돈을 지불하겠다고 답한다. 그렇게 하면 죽을 위험성이 제로로 줄어들기 때문이다.

그러나 순수하게 확률적으로 보면 그것은 의미가 없다. 왜냐하면 첫 번째 경우에 죽을 확률은 3분의 1로 줄어들지만, 두 번째 경우에는 6분의 1로 줄어들기 때문이다. 그러니까 첫 번째 경우가 두 배는 더 가치 있는 셈이다. 그러나 무엇인가가 우리로 하여금 위험성이 제로인 것(제로 리스크)을 훨씬 더 높게 평가하도록 유도한다.

우리는 앞의 장에서 사람들이 서로 다른 정도의 위험성을 명확하게 구분하지 못하는 것을 확인했다. 특히 방사능처럼 위험성이 크면 클수록, 또 그 주제가 감정적일수록 위험성의 감소는 우리를 별로 진정시키지 못한다. 전기 자극 실험에서 확인한 바에 따르면, 사람들은 유독성 화학 물질에 의한 오염을 그 위험성의 확률이 99퍼센트이든 1퍼센트이든 똑같이 두려워한다는 것이다. 비합리적인 반응이지만 보통은 그렇다. 이런 경우에는 오직 제로 리스크만이 중요한 모양이다. 제로 리스크는 마치 빛이 모기를 유혹하듯이 우리를 끌어당긴다. 그래서 우리는 아주 사소한 나머지의 위험성마저 완전히 제거하려고 종종 엄청나게 많은 돈을 투자할 마음까지 먹는다. 그리고 이러한 의사결정의 오류를 '제로 리스크 편향(Zero-risk bias)'이라고 부른다.

이와 관련한 사례로 1958년에 있었던 미국의 식료품법을 들 수 있다. 그 법은 암 유발 물질이 들어 있는 식료품의 판매를 금지했다. 이처럼 (제로 리스크를 지향해서) 전면적으로 금지하는 것은 처음에는 모든 위험을 차단한 듯 보였지만, 결국에는 암을 유발하

우리는 위험이 '크다'고 하면 불안해한다.
위험이 '적다'고 해도 여전히 불안해한다.
오직 위험이 '없다'라는 말에만 안심한다.

지는 않지만 더 위험한 식료품 첨가물들이 사용되는 결과를 초래했다.

그것도 역시 불합리한 일이다. 왜냐하면 우리는 이미 16세기에 독(毒)이란 언제나 조제 과정에서 발생하는 문제라는 것을 발견했기 때문이다. 그리고 그 법은 현실적으로 완벽하게 구현될 가능성이 없다. 왜냐하면 어떤 식료품이든 가장 마지막까지 남아 있는 금지된 성분을 모두 다 제거할 수는 없기 때문이다. 그 법을 지키려면 어떤 농가든 컴퓨터 칩 공장처럼 철저한 위생 환경을 갖춰야 할 것이며, 그렇게 해서 만들어진 완전한 순도의 식료품 가격은 수백 배로 뛸 것이다. 따라서 경제 전체로 보았을 때 제로 리스크는 별로 의미가 없다. 그 결과가 엄청난 경우(예를 들어 위험한 바이러스가 실험실 밖으로 유출되는 경우)를 제외하고는 말이다.

도로 교통에서는 차의 속도를 시속 0킬로미터까지 줄였을 때만 제로 리스크에 도달할 수 있다. 그 결과 우리는 매년 교통 사고 사망자의 수가 0이라는 성과도 얻게 될 것이다. 당신이 국가의 지도자로서 어떤 테러 공격의 위험성을 제거하려 한다고 가정하자. 당신은 시민들 각자에게 스파이 역할을 부여해야 한다. 그리고 개개의 스파이에게 또 스파이를 한 명씩 붙여야 한다. 그러다 보면 주민의 90퍼센트는 감시자가 될 것이다. 우리는 그러한 사회가 계속해서 유지될 수 없음을 알고 있다.

그렇다면 증권거래소에서는 어떨까? 제로 리스크, 즉 완벽한 안전성이라는 것이 있을까? 유감스럽지만 없다. 심지어 당신이 갖고 있던 주식을 팔고 그 돈을 어느 은행 계좌에 묶어두더라도 마찬가지다. 그 은행이 파산할 수도 있고, 인플레이션이 돈의 가치를 야금야금 갉아먹을 수도 있다. 또 느닷없는 화폐개혁으로 재산을 날릴 수도 있다. 독일이 지난 세기에 두 번이나 화폐개혁을 단행했다는 사실을 잊지 말자.

우리가 배워야 할 교훈은 안전한 것이란 아무것도 없다는 점이다. 그러니 이제부터라도 제로 리스크에 도달할 수 있을 거라는 환상에서 벗어나라. 저축예금도, 건강도, 결혼 생활도, 우정도, 부동산도 안전하다고 확신할 수 없다. 세상에서 단 한 가지만 우리의 뜻대로 확고하다 말할 수 있다. 바로 우리 자신의 행복감이다.

심리학자들의 연구에 따르면, 수십억 원짜리 로또에 당첨되는 행운이나 하반신 마비의 불운 모두 장기적으로 삶의 만족감에 영향을 주지 못한다. 다시 말해 불행한 사람은 어떤 일이 일어나도 여전히 불행하고, 행복한 사람은 무슨 일이 일어나더라도 여전히 행복하다.

인센티브에
특별 반응을 보이는 경향

쥐를 사육한 사람들

하노이에 있던 프랑스의 식민지 사령부에서 한 가지 법령을 제정했다. 죽은 쥐를 한 마리 잡아서 넘길 때마다 그 대가로 돈을 준다는 것이었다. 그렇게 함으로써 그들은 쥐들을 퇴치하고 싶어 했다. 그러나 그 법이 통과된 후 사람들은 쥐를 사육하게 됐다.

1947년 지중해 사해(死海) 지역에서 고대의 두루마기 문헌이 발견되자 고고학자들은 새로운 양피지를 발견해서 가져올 때마다 발굴 비용을 지불하겠다고 공시했다. 결과는? 사람들이 개수를 늘리기 위해 멀쩡한 양피지들을 찢어서 가져오는 것이었다. 19세기 중국에서 공룡의 뼈를 발견하는 사람에게 사례비를 준다고 공고했을 때도 똑같은 일이 일어났다. 농부들은 완전하게 보존된 공룡의 뼈를 발견해도 그것들을 부숴서 따로따로 제출하고 더 많은 돈을 받아내곤 했다.

한 기업체의 이사회는 경영진에게 목표를 달성하면 보너스를 지급하겠다고 약속했다. 무슨 일이 일어났을까? 경영진은 수익을 창출하는 경영을 하기 위해 노력하기보다는, 가능하면 심오한 목표를 세우는 데 더 많은 에너지를 썼다.

이러한 사례들은 '인센티브에 특별 반응을 보이는 경향(일명 자극에 민감한 감수성)'을 보여준다. 이런 경향은 사람들이 자극적인 시스템에 우선적으로 반응한다는 평범한 실상을 설명하고 있다. 사람들은 언제나 자신에게 이익이 되는 일을 한다. 이것은 놀라운 일이 아니다. 놀라운 것은 다음과 같은 두 가지 부차적인 양상이다. 첫째, 자극적인 것들이 함께 포함되거나 그 자극이 바뀌게 되면 사람들은 너무도 빨리 그들의 태도를 바꾼다. 둘째, 사람들은 자극적인 것에는 반응하지만 그 자극의 배후에 숨겨진 의도에 대해서는 반응하지 않는다.

좋은 자극 시스템은 의도와 자극을 함께 커버해준다. 한 가지 예를 보자. 고대 로마에서는 다리를 건설하는 기술자에게 그 다리가 개통될 때 다리 밑에 서 있게 했다. 그것은 다리를 튼튼하게 짓도록 주문하는 상당히 좋은 자극제였다. 반대로 나쁜 자극 시스템은 본래의 의도를 지나쳐 가거나, 심지어 그것을 왜곡시킨다. 예를 들어 도서 검열은 대부분 그 책의 내용을 세상에 널리 알리는 계기가 된다. 대출 계약이 체결될 때마다 보수를 받는 은행원의 경우라면 조건이 안 되는 신청자 서류도 걸러내지 않을 것이다.

당신이 만약 다른 사람이나 기관들에 영향을 미치고 싶다면 그들이 추구해야 할 가치와 비전에 대해 설교하게 될 것이다. 그때 당신은 이성에 호소할 수 있다. 그러나 그것만으로는 안 된다. 자극을 주어야 한다. 굳이 비용을 들일 필요는 없다. 학교 성적을 올릴 수 있다는 자극, 노벨상을 탈 것이라는 자극, 직장에서 특별 대우를 받을 수 있다는 자극 등 모든 것이 가능하다.

나는 중세 시대에 정신적으로 건강하고 신분도 높은 사람들이 왜 십자군 원정에 참여하려고 말을 타고 먼 길을 달려갔는지에 대해 오랫동안 자문해보았다. 예루살렘까지 말을 타고 가야 하는 힘든 원정길은 최소 6개월이 걸렸다. 원정에 참가한 사람들은 그 사실을 알고 있었다. 그런데 무엇 때문에 그들은 그런 모험을 했을까? 바로 자극 시스템 때문이다. 만약에 그들이 그 원정에서 살아 돌아온다면 전쟁에서 빼앗은 노획물을 가질 수 있을 뿐만 아니라 국가에서 영향력도 높일 수 있었다. 설사 죽는다 해도 순교자에게 약속되는 온갖 혜택을 누리며 천국에 가게 될 테니 손해 볼 것이 없다고 판단한 것이다. 그들이 생각하기에 그 원정에서는 오직 얻는 것만 있었다.

변호사, 건축가, 기업의 고문, 경제 분석가, 또는 운전 강사에게 그들이 노력한 대로 비용을 지불하는 것은 어리석은 일이다. 이런 사람들은 가능하면 많은 소요 비용을 발생시키려는 충동을 갖고

사람들은 언제나 자신에게 이익이 되는 일을 한다.
쥐를 잡을 때마다 돈을 주면 쥐를 사육하고
대출 계약이 체결될 때마다 인센티브를 주면
상환 능력을 따지지 않고 돈부터 빌려준다.

있다. 그러므로 당신은 마음속에 지불할 수 있는 고정된 비용을 책정하고 그들을 만나라. 인센티브를 받으려고 하는 의사라면 되도록 포괄적으로 진찰하고 수술하는 데 관심을 가질 것이다. 그럴 필요가 없을 때조차 말이다. 또 투자 고문이라면 자신이 판매 커미션을 챙길 수 있는 금융 상품을 추천할 것이다. 기업가나 투자 은행가들이 제시하는 사업 계획도 가치가 왜곡되는 경우가 많다. 왜냐하면 그들 역시 거래에 직접 관여하고 있기 때문이다. 그래서 이런 독일 속담이 있는 것 같다. "미용사에게는 머리를 잘라야 할지, 그냥 길러야 할지 결코 물어보지 말라."

다시 한 번 말하지만, 인센티브에 특별 반응을 보이는 경향에 주의하라. 만약 어떤 사람이나 기관의 태도가 특정한 행동을 유도한다면 그 배후에 어떤 자극 시스템이 숨겨져 있는지 의문을 가져라. 단언하건대 당신 행동의 90퍼센트는 그런 식으로 설명할 수 있다. 자발적 열정이나 정신적 나약함, 또는 심리적 장애나 악의가 차지하는 비율은 기껏해야 10퍼센트에 지나지 않는다.

투자가인 찰리 멍거는 낚시 도구를 파는 한 상점에 간 적이 있었다. 그는 진열대 앞에 멈춰 서서 눈에 띄게 반짝거리는 플라스틱 미끼를 집어 들고 가게 주인에게 물어보았다. "솔직히 말해봐요, 정말로 물고기들이 이런 것을 뭅니까?" 그 주인은 미소를 지으며 대답했다. "찰리, 우리는 그 물건들을 물고기들에게 파는 게 아녜요."

정박 효과

깎아줄지언정 가격을 싸게 매기지 않는 이유

독일의 종교개혁가 마틴 루터가 태어난 해는 언제인가? 만약 당신이 그 연도를 외우지 못하는데 스마트폰의 배터리가 방전됐다면 어떻게 정답을 찾겠는가? 아마 당신은 루터가 1517년에 교황청의 면죄부 판매를 반박하는 95개 조항을 비텐베르크 교회 벽에 내걸었다는 사실은 알 것이다. 그 당시 그는 분명히 스무 살은 넘었을 테고 그런 용기 있는 행위를 저지를 수 있을 만큼 젊었다. 그는 95개 조항이 발표된 후에 로마로 소환되었으며, 교황청에 의해 이단자의 죄목을 뒤집어쓰고 결국은 파문되었다. 그 후 9개월간 그는 성서를 독일어로 번역했고 정치적인 함정에 빠졌다. 이런 활동들로 미루어 짐작하건대 1517년에는 대략 30세 정도였을 것이다. 따라서 1487년을 그가 태어난 해로 추정해볼 수 있다

사람들은 언제나 불확실한 무엇인가를 측정할 때
알고 있는 사실을 선택한 다음
그것에 의지해 알지 못하는 사실을 찾는 모험의 항해를 해나간다.

(정확한 답은 1483년이다). 우리는 근거로 삼을 수 있는 하나의 '닻(anchor)'이 있었다. 그것은 '1517년'이라는 해였고, 거기서부터 방향을 잡아갔다.

사람들은 언제나 무엇인가를 측정할 때(예를 들어 라인 강의 길이라든가, 러시아의 인구밀도, 또는 프랑스에 있는 핵발전소의 수 등) 그런 닻을 이용한다. 알고 있는 사실을 선택한 다음, 그것에 기대어 알지 못하는 것을 향해 모험의 항해를 해나간다. 그렇지 않으면 어떻게 측정해야 하겠는가? 그냥 단순하게 하늘에서 숫자를 하나 따오면 될까? 그것은 비효율적인 일일 것이다.

그러나 어리석게도 우리는 전혀 멈출 수가 없는 곳에 닻을 내리기도 한다. 예를 들면 어느 교수가 라벨을 가린 와인 한 병을 탁자 위에 세워놓는다. 그리고 방 안에 있던 사람들에게 부탁하기를, 종이 위에 그들의 사회보장번호의 끝자리 숫자 두 개를 쓰고 그 숫자에 해당하는 돈을 와인의 대가로 지불할 의향이 있는지 생각해 보라고 말했다. 이어서 그 와인은 경매에 부쳐졌다. 그런데 더 큰 숫자를 쓴 사람들은 작은 숫자를 쓴 사람들에 비해 거의 두 배 이상의 경매가를 불렀다. 어이없게도 사회보장번호가 (무의식중에, 그것도 잘못 인도하는 방식으로) 닻의 기능을 한 것이다.

심리학자 아모스 트버스키는 룰렛을 설치해놓고 실험 참가자들에게 그것을 돌리게 했다. 그런 다음 그들에게 유엔의 회원국이 몇 나라인지 질문했다. 그 결과 자기 앞에 선 룰렛 원반의 숫자가 높게 나온 사람들은 룰렛 원반의 숫자가 낮게 나온 사람들보다 회원국의 숫자를 더 높게 대답했다.

루소와 슈메이커라는 두 명의 연구가는 대학생들에게 훈족의 왕인 아틸라가 몇 년도에 유럽에서 치명적인 패배를 당했는지 물어보았다. 사회보장번호 숫자로 실험을 했을 때와 비슷하게 그 참가자들은 자기 전화번호의 마지막 숫자들을 닻으로 삼았다. 같은 결과가 나왔다. 즉 전화번호의 숫자가 높은 사람들은 높은 숫자를 제시했고, 그 반대의 경우도 마찬가지였다(혹시 궁금하다면, 아틸라에 관한 질문의 답은 서기 451년이다).

한 가지 실험이 더 있다. 대학생들과 부동산 전문가들에게 한 집을 보여주면서, 그 집의 가격이 얼마나 될지 평가해보라고 했다. 먼저 그들에게는 우연히 만들어진 '판매가격 목록'을 보여주었다. 과연 기대한 대로, 전문가가 아닌 대학생들은 그 닻의 영향을 받았다. 그 목록에 쓰인 가격의 숫자가 높으면 높을수록 그 부동산의 가치를 더 높게 평가한 것이다. 그렇다면 부동산 전문가들은 과연 그것과 무관하게 평가했을까? 아니, 그들 역시 자의적으로 정한 그 닻의 영향을 받았다. 부동산, 회사, 예술 작품 등 가치가 정해져 있지 않은 대상일수록 전문가들조차 닻에 대한 저항력이 약해진다.

이런 닻들이 떼를 지어 다가오면 우리는 모두 거기에 끌린다. 학문적으로 증명된 사실에 따르면, 교수가 알고 있는 학생의 과거

성적은 그 학생이 제출한 새로운 리포트를 평가할 때 영향을 미친다. 즉 과거의 성적증명서가 닻의 역할을 하는 것이다. 대부분의 제품 포장에 인쇄되어 있는 '권장소비자가격'이라는 것도 다름 아닌 닻이다. 판매 전문가들은 일찌감치 하나의 닻을 내려놓아야 한다는 점을 알고 있는 것이다.

나는 젊은 시절에 어느 자문 회사에서 일했다. 당시 그 회사의 사장은 제대로 된 '정박 효과(Anchoring effect)'의 전문가였다. 그는 고객과 대화를 시작할 때부터 이미 내부적으로 결정된 가격보다 불법적으로 훨씬 더 높게 닻을 내렸다. 그는 이런 식으로 말했다. "친애하는 고객님, 가격 제안을 받으시고 부디 놀라지 마십시오. 저희는 고객님의 경쟁자들 가운데 한 분을 위해서 비슷한 프로젝트를 시행한 적이 있습니다. 그때 가격은 대략 50억이었습니다." 그런 식으로 닻을 던지는 것이다. 그러면 가격 협상은 정확히 50억에서부터 시작되었다.

손실 회피

상대를 설득하는 가장 강력한 기술

오늘 당신의 기분이 얼마나 좋은지 1에서 10까지 등급을 매기고서 생각해보자. 이제부터 두 가지 질문을 하겠다. 첫 번째 질문, 당신의 행복을 10단계까지 높여주는 것은 무엇인가? 바다가 내려다보이는 따뜻한 휴양지에 콘도를 하나 갖는 것? 성공의 사다리를 열심히 올라가는 것? 두 번째 질문, 당신의 행복을 최하로 반감시키는 것은 무엇인가? 하반신 마비? 치매, 암, 우울증, 전쟁, 기근, 고문, 재정 파탄? 평판을 떨어뜨리거나 가장 친한 친구를 잃는 것, 혹은 실명 또는 죽음? 당신은 '하락'하는 것이 '상승'하는 것보다 더 많다는 사실을 확인한다. 즉 좋은 일보다는 나쁜 일이 더 많다는 것을. 그런 경우들은 우리가 진화해온 과거에 훨씬 뚜렷하게 더 많이 나타났다. 어리석은 실수 하나만 저질러도 곧장 죽음이었다. 모든 가능한 일이 우리를 '삶의 유희'로부터 빨리 떨어져 나가도록 유도했다. 이를테면 사냥에서 저지른 부주의, 다리에 생긴 염증, 집단으로부터의 축출 따위가 그것이었다. 부주의했거나 커다란 위험에 빠진 사람들은 자신의 유전자를 다음 세대에 물려주기도 전에 죽고 말았다. 살아남은 자들은 곧 신중한 사람들이었다. 우리는 그런 사람들의 후손인 것이다.

우리는 얻은 것의 가치보다 잃어버린 것의 가치를 더 크게 평가하는데, 이는 이상할 것이 없다. 당신이 1만 원을 잃어버렸을 때 느끼는 상실감은 1만 원을 선물받았을 때 느끼는 행복감보다 더 크다. 경험적으로 증명된 바에 따르면, 잃어버린 것의 무게는 같은 크기로 얻은 것보다 정서적으로 약 두 배나 더 무겁다는 것이다. 학문적으로는 '손실 회피(Loss aversion)'라고 부른다.

당신이 누군가에게 확신을 주고 싶다면, 그 때문에 얻을 가능성이 있는 수익을 내세워 설득하지 말고, 가능한 한 손실을 피할 수 있는 것을 가지고 설득하라. 여기서는 유방암을 조기에 검진하라는 캠페인을 사례로 들 수 있다. 여성들에게 두 가지 서로 다른 팸플릿을 발송했다. 팸플릿 A는 이렇게 주장했다. "매년 유방암 검사를 하십시오. 그로써 암을 조기에 발견해서 제거할 수 있습니다." 팸플릿 B의 주장은 이러했다. "만약 당신이 매년 유방암 검사를 하지 않으면, 당신은 발병 가능성이 있는 암을 조기에 발견해서 제거하지 못하는 위험을 감수하게 됩니다." 모든 팸플릿에

잃어버린 것의 무게는
같은 크기로 얻은 것보다
정신적으로 두 배나 더 무겁다.

는 부가적인 정보를 얻을 수 있는 전화번호가 적혀 있었다. 결과는 팸플릿 B를 읽은 사람들이 훨씬 더 많이 전화를 걸어온 것으로 나타났다.

뭔가를 잃어버릴 수 있다는 불안은 똑같은 가치의 뭔가를 얻는다는 생각보다 사람들에게 더 강한 동기를 부여한다. 예컨대 당신은 건물에 사용되는 단열 재료들을 생산한다. 고객으로 하여금 자신의 집에 단열 시설을 하게 하려면, 단열 시설을 잘해서 절약되는 비용 효과보다는 단열 시설이 부족할 때 일어날 수 있는 손해에 대해 말해주어야 한다. 물론 양쪽 다 드는 비용은 똑같지만 말이다.

증권거래소에서도 같은 식으로 일이 진행된다. 투자자들은 손실을 받아들이기보다는 여전히 기다리면서 주가가 다시 회복될 거라고 바라는 경향이 있다. 현실화되지 않은 손실은 아직 손실이 아닌 것이다. 이런 식으로 그들은 비록 회복에 대한 전망이 불투명하고 주가가 계속해서 떨어질 개연성이 크더라도 결코 주식을 팔지 않는다. 나는 언젠가 한 남자를 만난 적이 있는데, 그는 백만장자인데도 10만 원짜리 수표 한 장을 잃었다고 무섭게 흥분하는 사내였다. 이 얼마나 감정의 낭비인가. 나는 그가 갖고 있는 포트폴리오의 가치가 그의 흥분으로 매순간 적어도 10만 원씩은 빠져나가고 있다는 사실에 그의 주의를 돌렸다.

만약 혼자서 모든 의사결정을 내리고 책임을 지는 회사 구조라면, 직원들은 위험을 기피하는 경향이 있다. 그들의 입장에서 보면 당연한 일이다. 잘해봐야 보너스를 조금 더 받고, 그렇지 못한 경우에는 일자리를 빼앗길 일을 무엇 때문에 감행하겠는가? 어느 회사에서든 거의 모든 경우에 출세를 위협하는 요소가 성공 가능성을 능가한다. 그러므로 이제 회사의 상관으로서 직원들에게 위험을 감수하려는 자세가 부족하다고 하소연해온 사람이 있다면, 마침내 그 이유를 알았을 것이다. 바로 손실 회피 편향 때문이다.

우리는 그것을 바꿀 수 없다. 나쁜 것이 좋은 것보다 더 강하다. 우리는 긍정적인 일보다 부정적인 일들에 더 민감하게 반응한다. 거리를 가나 보면 친절한 얼굴들보다 불친절한 얼굴들이 눈에 더 빨리 띈다. 나쁜 태도는 좋은 태도보다 더 오래 기억에 남는다. 물론 예외는 있는데, 우리 자신에 관한 일일 때가 그렇다.

그릇된 인과관계

소방관이 많으면 화재 피해가 크다?

스코틀랜드 북부의 헤브리디스 제도에 사는 주민들에게는 머리에 기생하는 '이'도 필요한 존재였다. 기생하고 있던 이들이 떠나면 병이 들어 열이 났기 때문이다. 그래서 사람들은 병든 사람의 머리에 일부러 이를 잡아다가 넣기도 했다. 병자들의 머리 속에 이들이 다시 자리를 잡자마자 그들의 상태는 호전되었다.

한 도시에서 소방관이 투입되는 상황에 대해 조사한 결과, 화재의 피해는 매번 투입되는 소방관들의 숫자와 관련이 있었다. 즉 소방관들이 더 많이 투입될수록 방화의 피해는 더욱더 커진다는 것이었다. 그러자 그 도시의 시장은 즉시 소방관의 정원을 줄였다.

위의 두 이야기는 『알을 낳는 개』라는 책에서 인용한 것으로, 인과관계의 혼동에 대해서 보여준다. 어떤 사람의 머리에서 이가

이 세상에 일어나는 모든 일이
무조건 인과관계로 묶이는 것은 아니다.
때때로 영향을 주는 화살은 반대로 날아간다.

떠난 이유는 그가 병에 걸려 열이 났기 때문이다. 머리가 뜨거워지자 발을 딛고 서 있을 수가 없어서 떠났을 뿐이므로 환자의 열이 식으면 기꺼이 다시 돌아온다. 그리고 화재가 크면 클수록 더 많은 소방관들이 투입되는 것은 당연한 일이다. 물론 그 반대는 아니다.

우리는 이런 이야기들을 들으면서 낄낄거릴 수도 있다. 그러나 그릇된 인과관계는 거의 매일같이 우리를 헷갈리게 한다. 다음과 같은 표어를 보자. "직원들이 긍정적인 동기 부여를 받으면 기업의 매출도 올라간다." 이 말이 진정 사실일까? 반대로 회사가 잘 나가기 때문에 직원들이 동기 부여를 받는 것은 아닐까? 특히 경제 서적 작가들과 컨설턴트들은 종종 그릇되거나 확실하지 않은 인과관계를 내세우면서 주장을 펼친다.

1990년대에 미국의 연방준비은행 총재보다 더 존경받은 사람은 없었다. 그 사람은 바로 앨런 그린스펀이었다. 그의 입에서 나오는 모호한 표현들은 미국을 확실한 번영의 길 위에 올려놓은 화폐 정책이 마치 비밀스런 학문이라도 되는 듯 후광을 씌워주었다. 그러자 정치가, 저널리스트, 경제 지도자들은 그린스펀을 신성시하기까지 했다. 오늘날 우리는 그들이 '그릇된 인과관계(Fallacy of causality)'에 희생됐던 것이라는 사실을 알고 있다. 거기에서 훨씬 더 중요한 역할을 한 것은 미국과 미국 부채의 채권국가인 중국의 공생관계였다. 더 과장해서 말하면 그린스펀의 재임 당시에 미국 경제가 그처럼 호황을 누렸던 것은 그냥 운이 좋았기 때문이다.

또 다른 예를 들어보자. 학자들이 확인한 바에 의하면, 병원에 입원해 있는 기간이 길어질수록 환자의 병세도 오래간다고 한다. 이런 결과는 고객들이 병원에 머무는 기간이 짧을수록 이익인 모든 보험사에게 희소식일 것이다. 그러나 오래 입원해야 하는 환자들이 곧 퇴원하게 되는 환자들보다 건강이 나쁜 건 당연하다. 병원에 오래 입원하면 건강하지 못하다는 판단은 무익한 것이다.

한 광고에 다음과 같은 헤드라인 카피가 사용됐다. "학문적 입증 완료! 매일 XYZ 샴푸를 사용하는 여성들은 더 강한 머리카락을 가질 수 있다!" 안타깝게도 이 헤드라인 카피가 말해주는 것은 아무 것도 없다. 무엇을 학문적으로 입증했는지 몰라도, 샴푸가 머리카락을 더 강하게 만들어줄 수는 없다. 굳이 해석하자면, 강한 머리카락을 가진 여성들이 XYZ 샴푸를 쓰는 경향이 있다는 뜻일 수도 있다(그 샴푸 뚜껑에는 '특히 강한 머리카락에 주효'라고 쓰여 있을 테니까). 그러나 그게 전부다.

최근에 나는 집에 책이 많은 학생들이 더 나은 학교 성적을 받는다는 글을 읽었다. 이런 연구 결과는 부모들로 하여금 책을 열심히 사들이게 했다고 한다. 그릇된 인과관계가 만들어낸 긍정적 사례다. 그러나 사실은 '교육을 받은 부모들은 교육을 받지 않은 부모들보다 자녀들의 교육에 더 집중하는 경향이 있다'는 말일 것이다. 집에 있는 책들이 결정적인 영향을 미치는 것이 아니라, 부모들의 교육 수준과 그들의 유전인자가 결정적인 작용을 하는 것이다.

그릇된 인과관계의 가장 멋진 사례로는 독일의 출산율 저하와 황새 커플의 감소 사이의 관계를 들 수 있다. 1965년에서 1987년 사이에 출산율과 황새 커플 수가 변화해온 과정을 표시해보면 서로 거의 일치한다. 그렇다면 속담대로 정말 황새가 어린아이들을 데려오는 것일까?(유럽에서는 황새가 지붕 위에 둥지를 짓곤 하는데, 사람들은 이것을 길조로 여기며 지붕의 굴뚝을 통해 아이를 데려와 선물해준다는 믿음이 있었다 - 옮긴이) 그게 사실이 아니라는 건 누구나 알 것이다. 그저 우연한 일치일 뿐이다. 이 세상에 일어나는 모든 일이 무조건 인과로 묶이는 것은 아니다. 찬찬히 들여다보라. 때때로 영향을 주는 화살은 반대 방향으로 날아간다. 그리고 어떤 경우는 영향을 주는 화살이라는 것 자체가 없다. 황새와 갓난아이들의 경우처럼.

생존 편향

평범한 99퍼센트가 아니라

성공한 1퍼센트에 속한다는 착각

레토의 눈에는 어디를 돌아보아도 도처에 록 스타들이 보인다. 그들은 텔레비전, 화보 잡지의 표지, 콘서트 포스터, 인터넷 팬 사이트에 등장하고 그들의 노래는 쇼핑센터, 거리, 피트니스센터에서 울려 퍼진다. 레토의 시선이 닿는 모든 곳에 성공한 록스타가 있다. 레토는 그들의 성공에 자극을 받아 록 밴드를 구성했다. 그는 과연 그들처럼 성공할 수 있을까? 안타깝지만 그럴 개연성은 거의 전무하다. 추측하건대 많은 사람들처럼 그도 실패한 음악가들이 누워 있는 공동묘지에 묻힐 것이다. 묘지에 묻혀 있는 예술가들의 수는 무대 위에 섰던 음악가들을 모두 합한 수의 만 배는 된다. 그러나 사람들은 성공하지 못한 음악가들이 그렇게 많다는 사실을 알지 못한다. 그 수가 아무리 많아도 실패한 음악가들에게 관심을 갖는 저널리스트는 아무도 없기 때문이다. 혹 성공했다가 추락한 스타들을 제외하고는.

'생존 편향(Survivorship bias)'은 바로 그런 환상에서 시작된다. 성공은 일상에서 실패보다 더 크게 눈에 띄게 되므로, 우리는 시스템적으로 성공에 대한 전망을 과대평가한다. 그리하여 레토처럼 환상에 빠지게 된다. 성공할 개연성이 얼마나 적고 또 얼마나 사라져버리기 쉬운지는 생각하지 않는다. 성공한 작가가 한 명 있다면 그 배후에는 책이 팔리지 않는 작가가 100명 있다. 그리고 그 100명의 작가 한 사람 한 사람 뒤에는 자신이 쓴 글을 책으로 내줄 출판사를 찾지 못한 사람이 100명 있고, 그들 한 사람 한 사람 뒤에는 이제 막 쓰기 시작한 원고를 책상 서랍 안에 넣어둔 사람이 또 100명은 있다. 그러나 우리는 성공한 사람들에 대해서만 듣고 있으며, 작가로서 성공한다는 것이 얼마나 개연성이 적은 일인지에 대해서는 인식하지 못한다. 이는 사진작가, 기업가, 가수, 배우, 스포츠맨, 건축가, 노벨상 수상자, 텔레비전 사회자, 그리고 미인대회 수상자의 경우에도 마찬가지다. 매스컴은 실패한 사람들이 묻혀 있는 공동 묘지를 발굴하는 데는 관심이 없다. 또 그것은 그들의 관할도 아니다. 그러니 미디어를 통해 실패할 확률을 예측하고 성공에 대한 환상을 바로잡는 일은 기대하지 않는 것이 좋다. 그 대신 생존 편향을 줄이고자 한다면 생각하는 방식을 바꿔보자. 성공이라는 달고 맛있는 열매를 맺기까지 필요한 실질적인 비용에 대해 구체적으로 생각해보는 것이다. 그러면 성공에 대한 막연한 환상이 점차 구체적인 회계 장부 안에 들어오게 된다.

어떤 친구가 사업을 시작한다. 잠재적인 투자가들 중에는 당신도 끼어 있다. 당신은 기회를 탐색해본다. 운이 좋으면 그 사업체는 제2의 마이크로소프트가 될 수도 있을 것이다. 그리고 어쩌면 당신은 기막히게 운이 좋은 사람일 수도 있다. 그러나 안타깝게도 현실에서 가장 개연성 있는 시나리오는 그 회사가 3년을 버티지 못하고 문을 닫게 되리라는 것이다. 설사 3년을 견디고 살아남는다 해도 규모가 절반 이상 줄어드는 경우가 대부분이다. 결국 당신은 과거에 성공한 회사들에 대해 매스컴이 떠벌린 광고에 현혹되었던 것이다. 그러면 위험부담이 있는 일은 절대 하지 말아야 할까? 아니다. 위험을 감수하고 투자하되, 생존 편향이라는 작은 악마가 성공의 개연성들을 뒤틀리게 만들 수 있다는 것을 의식하라.

'다우존스(Dow Jones)' 지수의 예를 보자. 그 목록은 순전히 생존자들로만 구성되어 있다. 다시 말해 그 주가지수 목록에는 실패한 회사나 수많은 소규모 회사들의 이름은 올라와 있지 않다. 언론이 음악가 전체의 동향을 일일이 보도하지 않듯, 주가지수가 한 나라의 경제를 대표하지 않는다는 말이다. 그러므로 성공에 관한 무수한 책들과 성공을 훈련시키는 사람들이 하는 말에 대해서도 일단은 의심을 해봐야 할 것이다. 그들의 말에는 실패로 끝날 수 있는 시나리오가 존재하지 않는다. 실패한 사람들은 책을 쓰지도

한 명의 성공한 작가 뒤에는 책이 팔리지 않는 100명의 작가가 있다.
그 100명 뒤에는 출판사를 찾지 못한 사람이 또 100명 있고
그들 뒤에는 이제 막 원고를 쓰기 시작한 100명의 예비 작가가 있다.

않으며 자신들의 실패에 대한 강연도 하지 않기 때문이다.

만약 자신이 살아남는 많은 사람들 가운데 한 명이 된다면, 생존 편향을 더욱 조심스럽게 다루어야 한다. 우연히 이룬 성공이었을지라도 성공한 다른 사람들과의 공통점을 발견하게 될 테고, 그것을 이른바 '성공 요인'으로 천명할 것이다. 그러나 당신이 실패한 사람들이 묻힌 공동묘지를 방문한다면, 그들 역시 그 성공 요인을 이미 갖췄었다는 것을 확인할 수 있다.

많은 학자들의 연구 가운데 몇몇은 '순전히 우연히' 통계학적으로 중요한 결과들을 제공하게 되기도 한다. 예를 들어 '레드와인의 소비와 삶의 질 사이의 관계' 같은 것이 그렇다. 이런 연구 결과는 마치 보편적 진실인 양 오인되어 곧바로 대중에게 널리 알려지게 된다. 이것 역시 일종의 생존 편향이다.

생존 편향이란 시스템적으로 성공의 개연성을 과대평가하는 것을 의미한다. 그 오류에 빠지지 않기 위해서는 한때 많은 것을 약속했으나 실패하고 만 프로젝트, 투자, 경력들이 묻힌 마음속 묘지를 자주 방문해보라. 서글프지만 유익한 산책이 될 것이다.

대안의 길

행운의 두 얼굴

당신은 러시아의 과두정치주의자와 도시 외곽의 어느 숲에서 만나 뭔가를 약속한다. 거기에 나타난 과두정치주의자는 트렁크 하나와 권총 한 자루를 갖고 있다. 그 트렁크 속에는 현금 지폐가 가득 차 있다. 모두 합해 100억 원에 달한다. 그의 권총 회전 탄창 안에는 단 한 개의 탄알만 채워져 있고 나머지 다섯 개의 탄창은 비어 있다. 그가 묻는다. "러시안룰렛을 할 마음이 있습니까?" 이어 "한 번만 방아쇠를 낭겨요. 그러면 이 트렁크와 그 안에 들어 있는 것은 모두 당신 겁니다." 당신은 생각해본다. 100억 원이라면 인생이 바뀔 것이다. 더 이상 매일 아침 억지로 일어나 출근하지 않아도 되는 것이다! 문득 우표 수집을 그만두고 앞으로는 스포츠카를 수집해야겠다는 생각이 들 수도 있다.

일어날 수 있었지만 일어나지 않은 모든 것
우리 곁에 존재하는 보이지 않는 모든 위험
그것이 바로 대안의 길이다.

당신이 그 요구를 받아들여서 총구를 관자놀이에 대고 방아쇠를 당긴다고 가정하자. 낮게 '찰칵'하는 소리를 들으며 당신은 몸속으로 아드레날린이 흐르는 것을 느낀다. 총알은 발사되지 않았고 당신은 살아남았다. 이제 그 돈을 갖고 프랑크푸르트에서 가장 멋진 구역에 거대한 빌라를 지어 이웃들의 심기를 불편하게 만들 일만 남았다.

그 이웃들 가운데 한 사람은 당신이 짓는 빌라 때문에 이제 자기가 살고 있는 집이 그늘에 가리게 된 뛰어난 변호사이다. 그는 하루에 10시간, 1년에 200일을 일한다. 그가 시간당 버는 보수는 50만 원이다. 물론 큰 금액이다. 매년 순수하게 10억 원을 버는 셈이니까. 그렇지만 당신은 그를 보며 자애로운 미소를 지을 수 있다. 그 변호사가 당신과 똑같은 수준이 되려면 앞으로 10년을 더 일해야 할 테니까 말이다.

10년 후에 그 부지런한 이웃 변호사가 정말로 100억 원을 벌었다고 가정하자. 당신의 빌라 옆에는 이제 멋진 빌라가 하나 더 서게 되었다. 그러면 한 신문기자가 찾아와 그 지역의 부유한 주민들에 대한 기사를 쓰겠다고 할 수도 있다. 그는 당신과 이웃의 화려한 건축물 말고도 실내장식과 섬세하게 관리된 정원, 젊은 여인들의 사진도 함께 싣는다. 그러나 그 기자는 당신들 두 사람 사이의 결정적인 차이는 알지 못한다. 바로 그 100억 원 뒤에 숨겨져 있는 위험성이다. 그것을 알려면 '대안의 길'에 대해서도 알아야 한다. 그리고 그것을 알아내는 데는 기자들뿐만 아니라 우리 모두 서투르다.

대안의 길이란 무엇일까? 그것은 마찬가지로 일어날 수 있었지만 일어나지 않은 모든 것을 말한다. 러시안룰렛 게임에서 네 가지의 다른 길은 똑같은 결과로 이끌었을 것이고(즉 100억 원을 얻는 것), 다섯 번째 길은 총알이 발사되어 당신을 죽음으로 이끌었을 것이다. 이것은 엄청난 차이다. 반대로 그 변호사의 경우에는 가능한 여러 가지 길들이 훨씬 안전하게 놓여 있다. 그는 어느 마을에서는 시간당 20만 원을 받았을 수도 있지만, 함부르크 중심가의 대형 은행들로부터 위임받은 일에 대해서는 시간당 80만 원도 벌 수 있었을 것이다. 그러나 당신의 경우와는 달리 그 변호사에게는 어떻게 하더라도 재산을 다 잃거나, 심지어 생명까지 잃게 될 대안의 길은 없다.

대안의 길들은 눈에 보이지 않는다. 그래서 그것을 생각하는 경우가 그처럼 드문 것이다. 고수익 채권, 옵션, 그리고 신용 부도 스와프(Credit Default Swap, 신용파생상품의 가장 기본적인 형태로 채권이나 대출금 등에서 신용위험을 피하기 위해 매입자가 채무불이행 등이 발생할 경우 신용위험을 떠안은 매도자에게서 손실액 등을 보전받기로 약정하는 거래 - 옮긴이)로 투기를 하고 그로써 수백억을 버는 사람은, 동시에 자신을 바로 파멸로 이끌 수 있는 위험한 대안의 길을 함께 짊어지고 있다는 사실을 결코 잊지 말아야 할 것이다. 그처럼 커다란 위험을 감수하면서 얻은 100억 원은 수년 동안 중노동을 하며 모은 100억 원보다 그 값어치가 떨어진다. 후자의 100억이야말로 회계사가 보기에 진짜 100억 원이라고 여전히 주장할 수 있는 돈이다.

언젠가 나심 탈레브와 함께 저녁 식사를 하는데, 그가 동전을 던져서 누가 식사비를 지불할지 정하자고 제안했다. 결국 그가 돈을 내게 되었는데, 그 상황이 나로서는 불편했다. 왜냐하면 그는 나를 방문한 손님이었기 때문이다. 나는 말했다. "다음번에는 내가 내겠습니다. 여기서든 뉴욕에서든." 그는 잠시 생각에 잠기더니 이렇게 말했다. "대안의 길을 생각해보면, 당신은 사실 이미 이 저녁 식사비의 절반을 지불한 겁니다."

결론적으로 말해 리스크는 결코 직접 눈에 보이는 것이 아니다. 그러므로 당신은 대안의 길들이 어떤 모습을 띠고 있을지 언제나 숙고하라. 그리고 '위험한' 대안의 길을 통해서 성취한 성공을 '지루한' 보통의 길을 통해서 도달한 성공보다 덜 중요하게 여겨라.

예지의 환상

금융위기를 정확하게 예견한 경제학자는

0.001퍼센트도 되지 않는다

"앞으로 2년 내에 북한의 정권이 바뀔 것이다", "조만간 아르헨티나산 와인이 프랑스산 와인보다 더 사랑받을 것이다", "3년 안에 페이스북이 가장 중요한 오락 매체가 될 것이다", "유로화는 붕괴할 것이다", "10년 내에 모든 사람이 우주에서 산책하게 될 것이다", "15년 후에는 원유가 고갈될 것이다."

전문가들은 매일같이 이런 식으로 예측을 쏟아낸다. 그 예측들은 얼마나 믿을 만할까? 몇 년 전까지만 해도 그런 예측들의 진가를 검토해보려고 애쓴 사람은 아무도 없었다. 그때 심리학자 필립 테틀럭이 등장했다.

버클리대학교의 교수인 필립 테틀럭은 284명의 전문가들이 쏟아낸 82,361건에 달하는 예측들에 대해서 10년이라는 세월에 걸쳐 그 진위 여부를 확인해보았다. 그 결과 그 대단한 전문가들의 예측들이 아무렇게나 즉흥적으로 숫자를 댔던 사람들과 마찬가지로 거의 맞는 게 없었다는 사실이 밝혀졌다. 특히 가장 많이 매스컴의 주목을 받았던 전문가들, 가령 지구 멸망을 예측하거나 국가 해체 시나리오를 읊어대던 전문가들이 엉터리였다는 것이 입증되었다. 그들은 수없이 캐나다, 나이지리아, 중국, 북한, 인도, 인도네시아, 남아프리카, 그리고 유럽연합의 해체를 예측했지만 아직 아무 일도 일어나지 않았다.(그런데 특이하게도 리비아 붕괴를 예측한 전문가는 아무도 없었다.)

캐나다 출신의 미국 경제학자 존 케네스 갤브레이스는 "미래에 대해서 예측하는 사람들은 두 종류가 있다. 아무것도 모르는 사람들과, 자신이 아무것도 모른다는 사실을 모르는 사람들이다"라고 말했다. 투자의 대가 피터 린치 역시 이렇게 비판했다. "미국에는 6만 명의 교육받은 경제학자들이 있다. 그들 중 많은 수가 경제 위기와 금리에 대해서 예측하도록 고용되었다. 만약 그들의 예측이 단 두 번만이라도 계속해서 맞았다면 그들은 백만장자가 되어 있을 것이다. 그러나 내가 아는 한 대다수 사람들은 여전히 얌전하게만 있는 피고용자들이다." 이것은 10년 전의 평가다. 어쩌면 미국은 지금 그보다 세 배나 많은 경제학자들을 고용하고 있을지도 모른다. 그때나 지금이나 그들의 예측 효과는 제로에 가까운데도 말이다.

문제는 전문가들이 잘못된 예측을 해도 그에 대해 아무런 대가를 치르지 않는다는 데 있다. 돈이든 평판이든 그 무엇도 잃지 않는다. 마치 특혜를 받고 있는 것처럼 보이기도 한다. 예측이 빗나가더라도 '하강'은 없고, 어쩌다 예측이 맞으면 사람들의 이목을 끌게 되고, 자문 위탁과 저서들을 출판할 가능성이 높아지는 '상승'만 있기 때문이다. 이렇게 잘못된 예측의 대가가 '제로'이기 때문에 우리는 그야말로 예측의 인플레이션을 겪고 있다. 점점 더 많은 예측들이 생겨나고 순전히 우연히 맞을 확률도 더 커지고 있다.

만약 경제의 미래를 예측하는 전문가들에게 대가를 치르게 한다면 '예측 펀드'를 만들어 돈을 투자하게 하는 것이 이상적인 방법이다. 그러니까 예측할 때마다 100만 원씩 반드시 투자해야 하는 것이다. 만약 예측이 맞으면 투자금에 이자를 붙여서 되돌려주고, 맞지 않으면 자선단체에게 기부하게 하는 것이다.

무엇이 예측 가능하고, 무엇이 불가능할까? 1년 후에 자신의 몸무게를 예측하는 일이라면 크게 빗나가지는 않을 것이다. 그러나 어떤 시스템이 복잡하면 복잡할수록, 그리고 시간의 지평이 길면 길수록 미래에 대한 전망은 더욱 불투명해진다. 기후 온난화, 원유 가격, 환율 변동 등은 미리 예측하기가 거의 불가능하다. 발명품 또한 예측할 수가 없다. 만약 훗날 우리를 행복하게 해줄 기술에 대해 미리 안다면 지금 이 순간 벌써 발명되어 있을 테니까.

미래에 대해 예측하는 사람들은 두 종류가 있다.
아무것도 모르는 사람들과
아무것도 모른다는 사실을 모르는 사람들이다.
― 존 케네스 갤브레이스

변수가 많을수록, 그리고 장기적인 내용일수록 그 예측들에 대해서 비판적이 되어라. 나는 그런 예측들을 숙고하며 고찰하는 법을 연습했다. 그래서 모든 예측에 대해 그것이 아무리 음울한 내용이라도 태연하게 히죽거리며 웃을 수 있다. 그럼으로써 일단 그 예측이 중요할지도 모른다는 일말의 기대감을 걷어낸다. 이어서 스스로에게 두 가지 질문을 던진다. 첫째, 그 전문가는 자극 시스템을 가질까? 만약 고용된 전문가라면 예측이 계속 빗나갈 경우 직업을 잃을 수 있다는 것이 자극 시스템이 될 테고, 책 출판과 강연을 하는 프리랜서라면 수입 감소가 자극 시스템으로 작동할 것이다. 둘째, 전문가들의 예측이 맞을 확률은 얼마나 될까? 그들은 지난 5년 동안 얼마나 많은 예측을 했을까? 그중 몇 개가 사실로 드러났고, 몇 개가 사실이 아니었을까? 이렇게 구체적인 질문을 던진다. 매스컴도 그래야 할 것이다. 나의 바람은 제발 매스컴이 더 이상 증거 없는 예언가들의 예측들을 발표하지 않는 것이다.

끝으로 토니 블레어가 말한 참으로 현명한 한마디를 인용하겠다. "나는 예측을 하지 않는다. 나는 한 번도 그런 적이 없으며, 결코 그런 일이 없을 것이다."

결합 오류

직관의 함정

클라우스는 35세다. 그는 철학을 공부했으며, 고등학교 시절부터 제3세계에 관한 주제로 토론을 벌여왔다. 대학을 졸업한 후 2년 동안 서아프리카 적십자사에서 일했으며, 그 후에는 3년 동안 제네바의 적십자 본부에서 근무했고 거기에서 과장으로 승진했다. 이어서 그는 MBA를 수료했고, 「기업의 사회적 책임」이라는 학위 논문을 썼다. 이제 한 가지 질문을 던지겠다. 위와 같은 근거로 볼 때 다음 중 어느 것이 더 개연성 있겠는가? A)클라우스는 어느 대형 은행을 위해서 일한다. B)클라우스는 어느 대형 은행을 위해 일하며, 그 은행 소유의 제3세계 재단에서 업무를 맡고 있다. 당신이 선택한 답은 A인가, B인가?

만약에 당신이 대다수의 사람들처럼 생각하고 행동한다면 B를

그럴듯한 설명이 덧붙여지고,
이야기가 조화롭게 흘러갈수록
결합 오류에 빠질 위험성은 커진다.

택할 것이다. 유감스럽지만 틀린 대답이다. 왜냐하면 대답 B는 클라우스가 어느 대형 은행에서 일할 뿐만 아니라 부차적인 다른 내용까지 충족시켜야 하기 때문이다. 현재 은행에서 근무하면서 그 은행 소유의 제3세계 재단을 위해 일하는 사람들은 은행에서 일하는 사람들 중에서도 매우 소수에 불과하다. 그러므로 대답 A가 훨씬 더 개연성이 크다. 그럼에도 불구하고 당신에게 대답 B가 더 개연성이 커 보이는 것은 '결합 오류(Conjunction fallacy)' 때문이다. 노벨상을 수상한 경제학자 대니얼 카너먼과 아모스 트버스키가 그것에 대해서 연구했다.

왜 우리는 결합 오류에 빠질까? 조화로운 이야기나 그럴듯한 이야기들을 훨씬 잘, 직관적으로 이해하기 때문이다. 예를 들어 아프리카의 발전에 도움을 주었던 클라우스의 이력이 구체적이고 입체적으로 묘사될수록 결합의 오류에 빠질 위험성은 커진다. 만약 "클라우스는 35세다"라는 힌트를 주고, A)클라우스는 은행에서 일한다, B)클라우스는 프랑크푸르트에 있는 어느 은행의 24층 57호 사무실에서 일한다 라는 보기 중에서 개연성이 높은 쪽을 선택하라고 한다면, 당신은 그런 오류에 빠지지 않을 것이다.

여기에 또 다른 사례가 있다. 다음 중 어느 것이 더 개연성이 있는가? A)프랑크푸르트 공항은 폐쇄되었다. 비행기 이착륙이 취소되었다. B)프랑크푸르트 공항은 악천후 때문에 폐쇄되었다. 비행기 이착륙이 취소되었다. 당신의 선택은 A인가, B인가? 이번에는 분명히 제대로 맞힐 것이다. A가 더 개연성이 있다. 왜냐하면 B에는 악천후라는 추가적인 조건이 덧붙었기 때문이다. 그 공항은 폭탄 위협이나 사고, 또는 파업 때문에 폐쇄되었을 수도 있는 것이다. 그러나 앞에서 결합 오류에 대해 배우지 않았다면 우리는 또다시 B를 선택했을지도 모른다. 두 가지 사건이 그럴듯하게 연결되어 있을 때 단순히 확률을 계산할 생각을 하기가 쉽지 않기 때문이다. 적어도 우리가 그런 것들에 대해 민감하게 대응하지 않으면 그렇게 된다. 이 테스트를 친구들에게도 해보라. 대다수가 B라고 대답하는 것을 보게 될 것이다.

전문가들조차도 결합 오류에 맞설 저항력을 갖고 있지 못하다. 1982년에 열린 한 미래 연구를 위한 국제회의에 모인 전문가들은 모두가 공인된 학위를 받은 학자들이었다. 대니얼 카너먼은 그들을 A, B 두 그룹으로 나누고 다음과 같은 시나리오를 제시했다. 먼저 A그룹에는 이듬해인 "1983년 석유 소비가 30퍼센트 감소할 것입니다"라는 시나리오를 보여줬다. 이어 B그룹에는 "1983년 석유 가격의 극적인 상승은 석유 소비를 30퍼센트 감소하게 만들 것입니다"라는 시나리오를 보여줬다. 그리고 실험에 참가한 전문가들에게 그들이 본 시나리오가 얼마나 개연성 있는지 점수로 말해보라고 했다. 결과는 명백했다. 그룹 B가 그룹 A보다 자신들에게 제시된 예측을 훨씬 더 강하게 믿고 있었다.

카너먼은 사람들에게는 두 가지 종류의 생각이 있다는 데서 출발하고 있다. 첫째는 직관적이고 자동적이며 직접적인 생각이고, 둘째는 의식적이고 합리적이며 서서히 힘들여서 해야 하는 논리적인 생각이다. 유감스럽게도 직관적인 생각은 의식적인 생각이 진행되기도 전에 추론을 한다. 나 역시 그런 경험이 있다. 2011년 9월 11일, 내가 여행 보험 계약을 맺으려고 하던 즈음에 뉴욕 세계 무역센터에서 테러가 발생했다. 그때 어느 영리한 회사가 결합 오류를 이용해 특별한 '테러 보험'을 내놓았다. 그 당시에 다른 보험사들도(테러를 포함해) 온갖 이유로 여행이 취소될 경우를 보장하겠다고 했지만, 나는 특화된 테러 보험을 선택했다. 심지어 나는 그 특별 보험이 일반적인 다른 보험보다 납부금이 더 많다는 약관에도 당연하다고 생각할 정도로 어리석게 행동했다.

　좌뇌와 우뇌의 능력에 대한 이야기를 하는 것이 아니다. 그 이전에 훨씬 더 중요한 것은 직관적인 생각과 의식적인 생각의 차이다. 직관적인 생각은 그럴듯한 이야기에 취약하다. 그러니 중요한 의사결정을 내릴 때 되도록 드라마처럼 앞뒤가 딱 맞는 그럴듯한 이야기에 귀를 기울이지 않도록 노력하길 바란다.

연상 편향

징크스의 탄생

보석 상점의 여자 판매원이 너무도 예뻐서 에릭은 그 여직원이 무뚝뚝하게 꺼내 보여준 비싼 약혼반지를 사지 않을 수 없었다. 천만 원, 그것은 그가 두 번째 결혼을 위해서 예산한 액수를 훨씬 초과하는 금액이었지만 무의식중에 에릭은 미래의 아내가 그 반지를 끼면 판매원처럼 눈부시게 보일 거라고 상상한 것이다.

해마다 케빈은 건강검진을 받으러 병원에 간다. 의사는 대개 케빈이 나이(마흔네 살)에 비해 '여전히 건강이 좋다'는 진단을 내려준다. 그는 충격적인 진단을 받고 병원을 나선 적이 두 번 있었다. 한 번은 맹장염이 발견돼 당장 수술을 받아야 했다. 또 한 번은 전립선이 부어올랐는데, 정밀 검사를 해보니까 다행히 암은 아니고 염증으로 밝혀졌다. 물론 케빈은 이 두 번 모두 병원을 나설

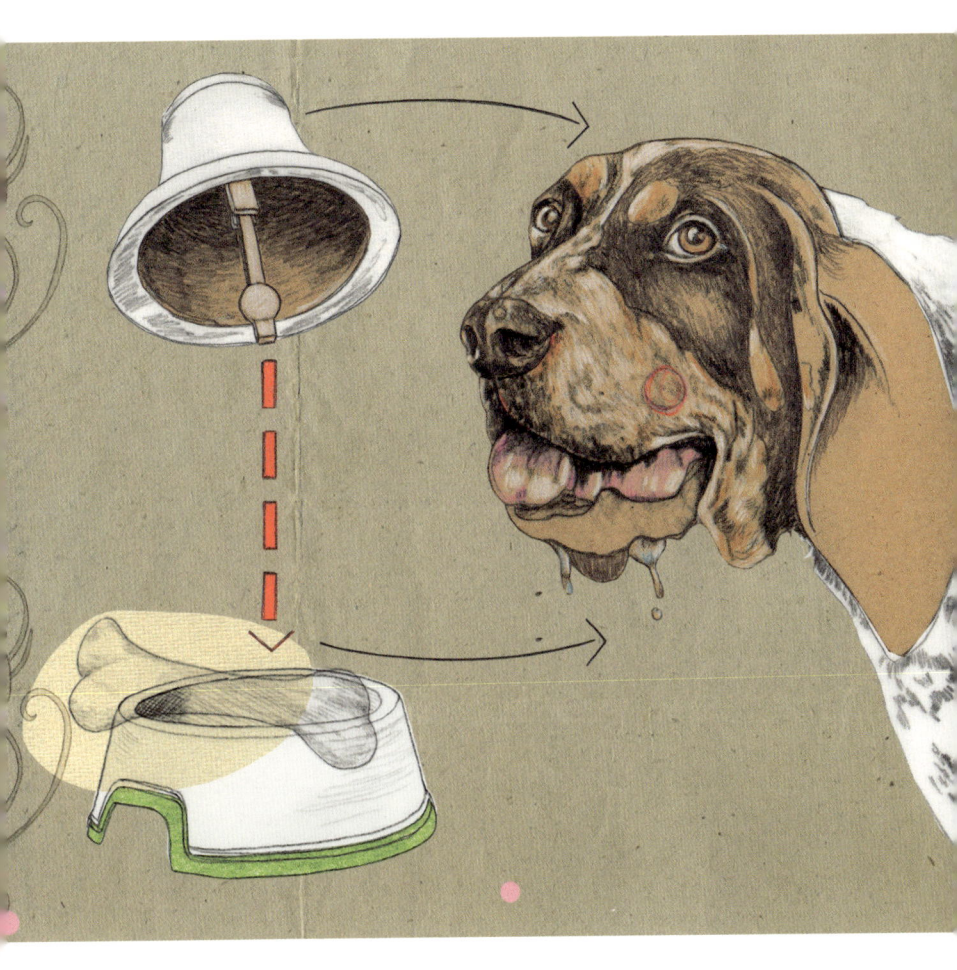

우리는 나쁜 소식을 가져온 사람들을 좋아하지 않는다.
그 사람이 나쁜 소식을 연상시키기 때문이다.
종소리를 들을 때마다 먹이를 먹은 개가
종소리만 들어도 침을 흘리는 것처럼.

때 제정신이 아니었다. 게다가 그때는 두 번 다 지독하게 더운 날이었다. 그 이후로 그는 태양이 뜨겁게 내리쬘 때면 늘 기분이 좋지 않았다. 혹시 의사를 만나기로 정한 날에 날씨가 무더우면 그는 당분간 그 약속을 연기했다.

뇌는 연결 기계 장치다. 근본적으로 그것은 좋은 것이다. 가령 어떤 모르는 열매를 먹고 나서 속이 좋지 않으면 그 후로 그 열매가 나는 식물은 피하게 되며, 그 식물의 열매는 독이 있거나 적어도 먹을 수 없다고 인식한다. 그런 식으로 해서 지식은 생겨난다.

단, 그렇게 해서 그릇된 지식도 생겨난다. 그런 현상을 처음 연구한 사람은 러시아의 이반 파블로프라는 생리학자였다. 원래 그는 개들이 흘리는 침에 대해서만 측정하려고 했는데, 그 실험 규칙은 개들에게 먹이를 주기 전에 종을 울리는 것이었다. 얼마 안 가서 종을 울리기만 해도 개들은 침을 흘렸다. 그 실험은 기능상 서로 아무런 연관이 없는 두 상황을 연결했는데, 종소리가 울리는 것과 침이 만들어져 나오게 하는 것이었다.

파블로프의 방식은 인간의 경우에도 같은 식으로 작용했다. 광고는 제품을 긍정적인 감정들과 연결시킨다. 그러므로 당신은 코카콜라를 결코 불만스러운 얼굴이나 늙은 사람의 몸과 연관시키는 것은 보지 못할 것이다. 코카콜라를 마시는 사람들은 젊고 아름다우며 믿을 수 없을 정도로 즐거워하는 사람들이다.

'연상 편향(Association bias)'은 우리가 내리는 결정들의 가치를 해친다. 예를 들어보자. 우리는 나쁜 소식을 가져온 사람들을 좋아하지 않는 경향이 있다. 영어로는 '전령을 쏘다 신드롬(Shoot the Messenger Syndrome, 원래 아무리 심각한 전쟁 중이라도 '전령은 쏘지 말라'는 말과 반대되는 것으로, 소식을 받은 사람은 그 소식이 나쁠 경우 그 내용을 전령과 연관시켜 생각하고 그에게 불쾌하게 반응하는 것을 뜻한다 - 옮긴이)'이라고 부른다. 소식을 가져온 사람이 그 소식의 내용과 함께 연상되는 것이다. 기업의 CEO나 투자가들은 그런 달갑지 않은 피해를 가져오는 사람들을 무의식적으로 피하려는 경향을 보인다. 결과는 이렇다. 즉 양탄자가 깔린 계단 위로는 오로지 좋은 소식들만 도착한다. 그렇게 해서 왜곡된 이미지가 생겨나는 것이다. 워런 버핏은 그 점을 매우 잘 의식하고 있다. 그래서 그는 자신이 소유한 회사들의 CEO들에게 지시하기를, 좋은 소식은 전혀 전하지 말고 오직 나쁜 소식을 (그것도 주저하지 말고) 즉각 전하도록 했다.

텔레마케팅과 이메일이 생겨나기 전에는 세일즈맨들이 직접 상품을 들고 집집마다 찾아다니면서 선전을 하곤 했다. 조지 포스터라는 한 세일즈맨이 어느 집 앞을 지나가게 되었다. 사람이 살지 않는 집이었지만 밖에서는 그 사실을 알 수 없었다. 그 집 안에는 몇 주 동안 가스 밸브의 작은 틈새로 새어 나온 가스가 폭발을 일으킬 만큼 가득 차 있었다. 불행히도 포스터가 초인종 버튼을 누르자마자 불꽃이 튀면서 그 집은 폭발하고 말았다. 포스터는 곧 병원으로 이송됐다. 다행히도 그는 얼마 안 가서 다시 두 발로 서게 되었지만, 별로 소용이 없는 일이었다. 그는 초인종 버튼만 보면 아주 극심한 패닉 상태에 빠지는 바람에 그 후 몇 년 동안은 직장 생활을 할 수 없었기 때문이다. 물론 그는 그런 사고가 다시 일어날 개연성이 얼마나 작은지도 아주 잘 알고 있었다. 하지만 그의 올바른 이성이 아무리 노력해도 정서적으로 사실을 그릇되게 연상하는 태도를 바꾸지는 못했다.

여기서 배울 수 있는 교훈에 대해 작가 마크 트웨인보다 더 적절하게 표현한 사람은 없을 것이다. "우리는 어떤 경험으로부터 그 안에 들어 있는 만큼만의 지혜를 추출하고 그 이상은 추출하지 않도록 조심해야 한다. 뜨거운 부뚜막 위에 앉았던 고양이처럼 되지 않으려면 말이다. 뜨거운 부뚜막 위에 앉았던 고양이는 다시는 그 위에 앉지 않았다. 그것은 잘한 일이다. 하지만 그 고양이는 차가운 부뚜막 위에도 다시는 앉지 않았다."

초심자의 행운

처음에 모든 일이 잘 풀리면 의심할 것

앞서 우리는 '연상 편향', 즉 서로 아무런 관련이 없는 사건들을 서로 연관시키는 경향에 대해서 알아보았다. 당신이 세 번이나 연속으로 이사회 앞에서 탁월한 발표를 했고 그때마다 하필 녹색 반점 무늬가 있는 속옷을 입었다고 해서, 그 속옷이 행운을 가져왔다고 믿는 것은 아무 의미가 없는 일이다.

여기서 살펴볼 것은 특히 연상 편향이 미묘하게 작용하는 특수한 경우로, 앞서 거둔 성공들에 나중의 결과를 그릇되게 연관시키는 경향이다. 카지노에서 도박을 하는 사람들은 그것을 '초심자의 행운(Beginner's luck)'이라 이야기하곤 한다. 즉 처음 어떤 도박을 몇 번 해보다 실패한 사람은 거기에서 이내 손을 떼고 하차한다. 그러나 그 도박에서 재미를 본 사람은 그것을 계속하는 경향이 있다.

처음 해본 도박에서 돈을 따는 사람들은
자신이 보통 이상의 능력과 행운을 갖고 있다고 확신하고 판돈을 키운다.
그러면 그는 여지없이 운 나쁜 사람이 되고 만다.

그 행운아는 자신이 보통 이상의 능력을 갖고 있다고 확신하고서 도박에 거는 판돈을 키운다. 그러다가 나중에 가서, 이길 확률이 보통이 되는 때가 오면 그는 여지없이 운 나쁜 사람이 되고 만다. 초심자가 얻는 행운은 경제에서 중요한 역할을 한다. 예를 들어 A라는 회사는 B와 C, D라는 작은 회사들을 인수했는데, 매번 성공적 투자였음이 입증되었다. 그러자 기업 인수에 맛을 들인 A회사는 점점 더 그 사업에 빠져 규모가 훨씬 더 큰 E라는 회사를 인수한다. 이 같은 회사 합병은 결과적으로 재앙을 가져온다. 냉철하게 관찰했더라면 예측할 수 있는 일이었지만, 초기에 얻은 행운에 스스로 눈이 멀었던 것이다.

그런 일은 증권거래소에서도 일어난다. 1990년대 말경, 초기에 주식 투자에 성공을 거두었던 수많은 투자자들은 한껏 고무되어 자신들이 저축한 돈을 몽땅 인터넷 관련 주식에다 투자했다. 심지어 대출까지 끌어다 투자한 사람도 있었다. 그러나 그들은 한 가지 세심한 사항을 간과했는데, 처음에 당혹스러울 정도로 크게 성공을 거둔 것은 그들의 주식 투자 능력과는 아무런 상관이 없었다는 사실이다. 단지 주식 시장이 상승세를 타던 시기였을 뿐이다. 그러자 투자자들은 이런 시기에 돈을 벌지 못하면 바보라고 스스로 어리석은 판단을 했다. 그 후에 주식 시세가 폭락하자 수많은 사람들이 빚더미에 올라앉았다.

똑같은 현상이 2001년에서 2007년 사이에 미국의 부동산 시장에서도 나타났다. 그 당시 치과 의사, 변호사, 교사, 택시 운전사들을 막론하고 모두가 주택에 도박을 걸기 위해서, 그리고 구입한 즉시 더 높은 가격으로 되팔기 위해서 직업까지도 포기했다. 처음에 그들이 거둔 성공은 그들이 옳았음을 증명하는 듯했다. 그러나 그 성공은 물론 부동산 투자에 대한 개인의 특별한 능력과는 아무 상관이 없었다. 당시의 부동산 거품은 서투른 아마추어 투자가라도 누구나 예상치 못한 높은 수익을 쉽게 올리게 해주었던 것이다. 그러자 많은 사람들이 보다 더 많은, 보다 더 큰 주택들을 급히 사들여 투기를 하려고 빚을 졌다. 결국 부동산 시장이 무너지자 그들은 폐허 더미 위에 주저앉게 되었다.

초심자의 행운은 세계사 속에서도 볼 수 있다. 나폴레옹이나 히틀러 같은 사람들도 만약 초기에 겪은 작은 전쟁들에서 몇 차례 승리를 거두지 않았더라면, 그들을 결정적인 파멸로 몰아간 엄청난 러시아 원정을 과연 감행했을까, 라고 나는 의심해본다.

그렇다면 어느 순간부터 초심자의 행운이 아니라 진짜 재능이 나타날까? 분명한 경계는 없다. 그러나 이를 구분할 수 있게 해주는 두 가지가 있다. 첫째, 만약 당신이 오랜 기간에 걸쳐 어느 분야에서 남들보다 확실히 더 낫다는 것이 드러나면, 적어도 당신의 재능이 어느 정도 역할을 하고 있다고 가정해도 좋다. 둘째, 참여 인원이 많으면 많을수록 누군가 순전히 요행으로 장기간에 걸쳐 성공을 거둘 개연성이 크다. 어쩌면 당신이 그 '누군가'일 수도 있다.

만일 경쟁자가 열 명인 어떤 시장에서 선두를 달린다면, 확실히 재능이 있음을 시사해준다. 그러나 경쟁자가 백만 명이나 되는 시장(예를 들면 금융시장)에서 성공을 거둔다면, 별로 의기양양할 이유가 없다. 이 경우에는 그저 아주 운이 좋았을 뿐이라고 가정해야 한다.

아무튼 초심자의 행운은 치명적인 것이 될 수 있다. 자기기만에 맞서기 위해 무장을 하려면 학자처럼 행동해야 한다. 즉 경험을 통해 재능이 있다고 가정한 것이 과연 맞는지 틀리는지 논리적인 방식으로 시험해보라. 나 자신을 예로 들면, '35'라는 제목의 소설을 한편 완성한 후에 그 원고를 책상 서랍 속에 넣어두었다가 단 한 군데 출판사에 보낸 적이 있다. 바로 디오게네스 출판사(독일의 대형 출판사)였다. 그 출판사에서는 내 원고를 즉각 받아주었다. 그러자 나는 한순간 내 스스로가 천재인 것처럼, 마치 문학에서 대단한 선풍을 일으킨 작가처럼 느껴졌다.(디오게네스 출판사에 자진해서 원고를 보내 책으로 출판될 확률은 15,000분의 1에 불과하기 때문이다.) 그 출판사와 계약서에 서명을 하고 나서 나는 내 재능을 한번 시험해보기 위해서 똑같은 원고를 다른 열 군데의 인문 출판사에도 보냈다. 그 열 곳의 출판사들 모두에게서 내 원고는 거절당하고 말았다. 이로써 나의 '천재 이론'은 틀렸다는 것이 입증되었다. 그리고 그 사실은 나를 원래 내가 있던 위치로 되돌아오게 했다.

과신 효과

예언가들이 옳았다면 지구는 백 번도 더 망했다

쿠데타를 일으켜 남편 표트르 3세를 죽이고 스스로 제위에 오른 러시아의 여황제 예카테리나 2세는 독재 기간 동안 수많은 정부(情夫)를 두었다. 여기에서 문제를 하나 내겠다. "그 여황제가 거느렸던 정부는 몇 명인지 그 범위를 맞혀보라. 단, 98퍼센트 확신하는 답을 말하라." 예를 들면 20에서 70 사이라는 답이 나올 수 있다. 예카테리나 여제가 가졌던 정부의 숫자가 20명 이상 70명 이하였을 거라고 추측한다는 뜻이다. 정답은 마지막에 밝히겠다. 여기서 중요한 것은 다른 데 있다. 우리는 우리의 지식에 관해서 얼마나 신뢰를 해야 할까? 방금 낸 문제는 이를 알기 위한 것이다.

일찍이 나에게 바로 이 과제를 냈던 나심 탈레브는 이런 식으로 수백 명에게 질문을 던지곤 했다. 어떤 때는 미시시피 강의 길이에 대해 물었고, 어떤 때는 에어버스(중단거리용 대형 여객기—옮긴이)의 등유 소비량에 대해서, 또 어떤 때는 아프리카 부룬디에 사는 주민의 수에 대해서 물었다. 질문을 받은 사람들은 숫자의 범위를 마음대로 선택할 수 있었는데, 이미 말했듯이 98퍼센트 정확하다고 확신하고, 2퍼센트 정도만 틀리다고 생각하는 범위를 말해야 했다. 결과는 놀라웠다. 그들이 추측한 숫자의 범위는 무려 40퍼센트나 틀렸다. 이런 놀라운 현상을 처음 발견한 두 명의 연구가인 마크 앨퍼트와 하워드 래이퍼는 그것을 자기 자신에 대한 '과신 효과(Overconfidence effect)'라고 불렀다.

 현재까지의 결과를 바탕으로 미래를 예측하는 경우도 마찬가지다. 증권거래소에서 발표하는 1년 후 주가에 대한 예측이나, 한 기업의 향후 3년 매출액에 대한 예측도 이와 같은 과신 효과에 빠지곤 한다. 즉 우리는 시스템적으로 자신의 지식과 예측하는 능력을 대단히 과신하는 것이다. 과신 효과에서 문제가 되는 것은 개개의 예측이 과연 맞는가 그렇지 않은가가 아니다. 과신 효과에서는 실제 알고 있는 것과 안다고 생각하는 것의 차이가 드러난다. 정말로 놀라운 것은 전문가들이 비전문가들보다 더 심하게 과신 효과에 빠진다는 것이다. 경제학 교수라고 해도 앞으로 5년 동안의 석유 가격을 예측해달라고 하면 경제학자가 아닌 사람과 마찬가지로 틀린다. 다만 그는 엄청나게 자신을 과신하면서 틀린다.

과신 효과는 자신을 소개하거나 능력들을 드러내고 싶을 때도 일어난다. 예를 들어 프랑스 남자들에게 "애인에게 당신은 어떤 사람입니까?"라고 물어보면, 응답자 중 84퍼센트가 스스로를 가리켜 평균적으로 좋은 애인이라고 대답한다고 한다. 만약에 과신 효과가 없다면 그 수치는 논리상 50퍼센트밖에 되지 않았을 것이다. 왜냐하면 '평균적'이라는 말은 사실 50퍼센트 전후를 의미하기 때문이다.

사업가들의 과신 효과는 더 심각하다. 레스토랑을 소유한 사람이라면 누구나 제2의 크로넨할레(스위스 쥐리히에 있는 고급 식당-옮긴이)나 보르하르트(베를린에 있는 출장 음식 서비스 업체-옮긴이)를 꿈꾸지만, 대다수는 3년 안에 다시 가게 문을 닫거나 만성적 적자 상태에 놓인다. 또한 예상보다 더 빨리 더 값싸게 완성할 수 있는 거창한 프로젝트는 거의 없다. 에어버스 A400, 시드니의 오페라 하우스, 그리고 스위스 알프스의 고타르 터널의 경우 모두 원래의 예상보다 공사 시일이 지연되었고, 천문학적인 비용이 초과되었다. 그리고 이런 프로젝트들의 목록은 얼마든지 열거할 수 있다.

그 이유는 무엇일까? 여기에는 두 가지가 함께 작용하고 있다. 첫째는 전형적인 과신이고, 둘째는 프로젝트에 직접 관여하는 사람들에 의해 의도적으로 소요 비용이 낮게 책정된 것이다. 이런 낙관적인 비용의 수치들로 인해 투자 상담가는 투자 주문이 이어지기를 바라고, 건축업자나 납품업자는 자신들의 입지가 강화되

사람들은 자신이 직접 운영하는 사업의 성공을 과신한다.
그러나 대부분의 사업은 3년 안에 문을 닫거나
만성적 적자 상태에 놓이게 된다.

었다고 느끼며, 정치가는 유권자의 표를 얻는다. 중요한 점은 과신 효과가 인센티브로 생겨나는 것이 아니라 자연적으로 타고나는 성향이라는 것이다.

과신 효과에 대해 자세히 보면 다음과 같은 세 가지 사항을 발견할 수 있다. A)과신(즉 과대평가)의 반대인 '과소평가 효과'라는 것은 없다. B)여성보다 남성에게 과신 효과가 더 뚜렷이 나타난다. 즉 여성들은 자신들을 과신하는 일이 남성에 비해 적다. C)낙관주의자들만 과신 효과를 보이는 것은 아니다. 스스로 비관주의자라고 천명하는 사람들조차 좀 덜하기는 하지만 자신을 과신하는 경우가 많다.

과신 효과에 대비하기 위해 우리가 해야 할 일은 모든 예언에 대해 의심을 해보는 것이다. 특히 이른바 전문가라고 불리는 이들에게서 나온 예언이라면 더욱 그렇다. 그리고 어떤 계획을 세우든 언제나 비관적인 시나리오에서 출발하라. 그렇게 하면 상황을 어느 정도 현실적으로 판단할 진정한 기회를 갖게 될 것이다.

정답:
러시아의 여제 예카테리나 2세에게는 약 40명의 정부가 있었는데, 그중 20명은 이름이 알려져 있다.

권위자 편향

권위자에게 무례해야 하는 이유

『구약성서』의 첫 장 '창세기'는 만약 인간이 거대한 권위자의 말에 따르지 않으면 어떤 일이 일어나는지를 분명히 보여준다. 낙원에서 쫓겨나는 것이다. 오늘날의 작은 권위자들도 우리에게 그런 일이 일어나게 할 수 있다는 것을 믿게 하려고 애쓰고 있다. 그 작은 권위자들은 바로 정치가, 학자, 의사, CEO, 자본가, 행정가, 기업의 고문, 그리고 증권 투자의 대가들이다. 그러나 권위자들은 완벽하지 않다.

전 세계적으로 교육받은 경제학자의 수는 100만 명이 넘는다. 그런데도 경제 위기가 일어날 타이밍에 대해서 정확히 예측한 사람은 단 한 명도 없었다. 미국 부동산 시장의 버블이 붕괴할 때도, 그 결과가 어떻게 채무불이행으로 이어지고 신용 부도 스와프의 붕괴를 거쳐 경제 위기로까지 확대될지 예언한 사람이 없었던 것은 말할 나위도 없다. 의학 분야에서도 한 예를 찾아볼 수 있다. 역사적으로 입증된 바에 의하면, 1900년까지 사람들은 몸이 아프더라도 의사를 찾아가지 않는 편이 더 낫다고 믿었다. 왜냐하면 위생 개념이 부족한 의사가 사혈이나 기타 잘못된 시술 등을 함으로써 환자의 몸 상태를 더욱 악화시켰기 때문이다. 이렇게 권위자들이 종종 자신의 역할을 제대로 수행하지 못한다는 것은 문제의 한 부분일 뿐이다. 사람이라면 누구나 실수할 수 있으니까. 그보다 심각하고 유의해야 할 것은 권위자 앞에서 작아지는 우리의 태도다. 우리는 권위자가 앞에 서 있으면 스스로 옳다고 생각했던 것조차 이야기하지 못한다. 신빙성 있는 증거나 다른 경험 많은 사람들의 의견보다 전문가로 불리는 사람들의 주장 앞에서 우리는 주관을 잃고 부주의해진다. 그리고 심지어 이치에 맞지 않고 도덕적으로도 아무런 의미가 없다 해도 전문가의 말이라면 귀를 기울인다. 이것이 바로 '권위자 편향(Authority bias)'이다.

심리학자 스탠리 밀그램은 1961년에 실시한 실험을 통해 권위에 대한 사람들의 복종 심리를 명확하게 보여주었다. 스탠리의 실험에는 세 사람이 등장한다. 명령을 내리는 진행자와 전기 충격을 가하는 실험 참가자, 그리고 전기 충격을 당하는 연기자. 물론 실험 참가자는 전기 충격을 당하는 사람이 연기자인 줄 모른다. 두 사람은 각각 다른 방에 들어가 마이크와 이어폰으로 교신하며 단어 퀴즈를 시작한다. 그리고 진행자는 실험 참가자에게 교사의 역할을 주고 학생 역할을 맡은 연기자가 단어를 틀리게 말할 때마다 전기 충격을 주라고 명령한다. 처음에 틀렸을 때는 15볼트, 다음에는 30볼트, 그다음에는 45볼트, 그러다 마침내 치명적인 450볼트에 이른다. 이어폰으로 전기 충격을 당하는 사람이 고통스럽게 비명을 지르며 살려달라고 애원하는 소리가 들린다. 상대방이 연기자인 줄 모르는 실험 참가자는 거의 울 듯한 표정으로 진행자에게 실험을 중단해야 한다고 말한다. 그러나 진행자는 실험을 계속하라고 명령한다. "계속해요. 실험은 계속돼야 합니다." 그러자 실험 참가자는 죄책감으로 고통스러워하면서도 그 일을 계속한다. 스탠리 밀그램의 발표에 따르면, 이 실험에 참가한 사람들 중 65퍼센트가 명령대로 끝까지 전기 충격을 가했다. 그들은 고통을 즐기는 성향도 아니었고 폭력 전과도 없었다. 그들은 그저 평범한 가장이었고 학생이었으며 직장인들이었다. 순전히 권위자에게 복종해서 그렇게 한 것이다.

이렇게 권위자 편향이 위험할 수 있다는 것을 항공사들은 경험으로 깨우쳤다. 수십 년간 발생했던 많은 항공기 사고를 조사한 결과, 원인은 대부분 기장의 실수를 동료 비행사가 알아차리고도 지적하지 않은 데 있었다. 동료 비행사는 순전히 권위자에 대한 믿음 때문에 기장에게 조언하지 않았다. 이런 결과가 나옴에 따라 모든 항공사는 15년 전부터 '승무원 관리 프로그램'을 운영하고 있다.

우리는 권위자 앞에 서 있으면 옳다고 생각했던 것조차 이야기하지 못한다.
수십 년간 발생한 많은 항공기 사고의 주된 원인은
기장의 실수를 동료 비행사가 알고도 지적하지 않은 데 있었다.

이 프로그램은 승무원들이 의사결정을 할 때 일어날 수 있는 오류들을 관리하고 능력을 향상시키는 교육이다. 프로그램을 통해 조종사와 승무원들은 불합리한 일을 보면 솔직하게 곧바로 말을 하도록 배운다. 권위자 편향을 떨쳐내도록 훈련을 받는 것이다. 그러나 여전히 많은 회사들이 항공사의 좋은 예를 도입하지 않고 있다. 특히 위압적인 CEO가 있는 회사에서는 직원들이 권위자 편향에 굴복할 위험이 크다. 결과적으로 그것은 회사에 해가 되는데도 많은 경영자들은 권위를 내려놓지 못한다.

전문가들은 인정받고 싶어 한다. 그래서 그들은 자신들의 지위를 드러낼 수 있는 어떤 표식을 만든다. 의사들의 하얀 가운, 은행가와 화이트칼라 노동자들의 양복과 넥타이가 바로 그런 표식이 된다. 흰 가운과 넥타이 자체는 아무런 기능도 없다. 그저 하나의 '표식'일 뿐이다. 왕의 왕관, 군인의 계급장, 법관의 법복이 그렇듯이. 그리고 오늘날에는 또 다른 표식들이 추가됐다. 토크쇼 출연이나 저서 출간 등이 유명하거나 전문성 있는 사람이라는 표식이 된 것이다.

어느 시대든 그때마다 여러 종류의 권위자들이 있었다. 한때는 사제가 권위자였고, 때로는 왕, 전사, 교황, 철학자, 시인, 록스타, 언론사 기자, 닷컴 회사 설립자, 헤지 펀드 매니저, 중앙은행 총재들이 권위자였다. 이렇게 시대에 따라 유행하는 권위자들이 있고, 사회는 그 유행에 따라 권위자들을 바꿔가며 의지한다. 그러나 그 어떤 권위자들도 정확하게 미래를 예측하고 늘 옳은 판단을 내리지 못했다.

나는 어떤 분야의 전문가를 만나도 그의 의견에 도전한다. 의심해보고 반론을 던진다. 당신도 그렇게 하라. 권위자들에 대해 비판적일수록 오히려 더 자유로워진다. 그리고 그만큼 더 당신은 자신을 신뢰해도 되는 것이다.

인지적 부조화

이따금 위로가 필요할 때는 쓰라

여우 한 마리가 포도나무가 있는 곳으로 다가왔다. 여우의 시선은 알이 굵고 잘 무르익은 포도송이에 갈망하듯이 고정되어 있었다. 여우는 앞발을 포도나무 둥치에 기대고서, 목을 둥치 위로 쭉 뻗어 포도를 몇 알이라도 따내려고 애썼다. 그러나 포도송이들은 너무나 높이 매달려 있었다. 화가 난 여우는 다시 한 번 자신의 행운을 시험했다. 이번에는 힘껏 뛰어올랐지만 그저 허공에 헛발을 디뎠을 뿐이다. 세 번째는 온 힘을 다해서 높이 뛰는 바람에 고꾸라져 땅바닥에 등을 부딪히고 말았다. 여우는 머쓱해서 콧등을 긁었다. "저 포도들은 내가 먹기에는 충분히 익지 않았어. 나는 신 포도는 좋아하지 않아." 그렇게 중얼거리며 머리를 치켜든 여우는 의기양양하게 숲 속으로 되돌아갔다. 그리스의 우화 작가 이

좁은 사람들에게 자주 일어나는 생각의 오류 가운데 하나를 그런 식으로 묘사하고 있다.

다시 말해서, 여우의 행동과 그 결과로 나타난 일은 서로 모순된다. 여우는 다음과 같은 세 가지 방식 가운데 하나를 선택해 스스로 그 모순의 첨예함을 둔화시킬 수 있다. A)여우는 어떤 식으로든 포도를 가져온다. B)여우는 자신의 능력이 거기에 미치지 못한다는 것을 스스로 인정한다. C)여우는 뒤에 가서 스스로 뭔가 해석을 달리한다. 마지막의 경우를 '인지적 부조화(Cognitive dissonance)' 내지는 그 부조화의 해소라고 부른다.

간단한 사례가 있다. 당신은 승용차를 새것으로 한 대 구입했다. 얼마 안 가서 당신은 자신의 선택을 후회한다. 새 자동차의 엔진 소리는 시끄럽고 좌석은 불편하기 때문이다. 어떻게 할까? 당신은 자동차를 다시 반환하지 않는다. 그렇게 하면 스스로 실수를 저질렀다고 인정하는 꼴이 될 것이며, 또 판매상도 어쨌거나 지불한 가격에서 일부를 공제하지 않고는 그 차를 되돌려받지 않을 개연성이 크다. 그래서 당신은 엔진 소리가 크고 좌석이 불편한 것은 어쨌거나 당신이 운전대에 앉아서 잠이 드는 것을 막아주는, 오히려 뛰어난 장점이라고 스스로를 설득한다. '손해 보는 것은 전혀 아니야'라고 생각하면서 당신은 자신의 선택에 다시 만족해한다.

미국 스탠퍼드대학교의 레온 페스팅거와 메릴 칼스미스는 그들이 가르치는 학생들에게 한 시간 동안 지루하기 짝이 없는 일

온 힘을 다해 뛰어도 손에 넣지 못하는 것은
먹지 않는 게 더 나은 신포도일 것이다.

을 해보라고 지시했다. 그런 다음에 그들은 그 실험에 참가한 학생들을 무작위로 두 그룹으로 나누었다. 그룹 A의 학생들에게는 각각 천 원씩을 손에 쥐여주고 나서(당시는 1959년이었다), 밖에서 기다리고 있는 학우에게 원래는 힘들고 재미없던 그 일에 대해서 자랑하라고, 즉 거짓말을 하라고 지시했다. 그룹 B의 학생들에게도 같은 지시를 내렸는데, 다만 한 가지 차이가 있었다. 즉 그들은 작은 거짓말을 하는 대가로 2만 원을 받았다. 나중에 그 학생들은 자신들이 그 일을 정말로 얼마나 편하고 좋다고 느꼈는지 진술해야 했다. 흥미로운 것은, 단지 천 원만 받은 그룹이 2만 원의 보상을 받은 그룹보다 오히려 그 일이 훨씬 더 편하고 재미있었다고 평가한 점이다. 왜 그랬을까? 그룹 A의 학생들은 겨우 천 원을 받고서 거짓말을 할 아무런 의미가 없다고 생각하며 실제로 그 일이 그다지 하기가 나쁘지 않았다고 믿어버린 것이다. 반면에 2만 원을 받은 학생들은 아무것도 돌려서 해석할 필요가 없었다. 그들은 거짓말을 했고 그 대가로 2만 원을 받았으니 공정한 거래였다. 그들은 인지적 부조화를 느끼지 않은 것이다.

당신이 어떤 일자리에 지원했는데, 다른 지원자가 우선적으로 선정되었다고 가정하자. 당신은 자신이 뽑히기에 충분한 자질을 갖추지 않았다고 고백하는 대신, 원래는 그 자리를 전혀 원하지 않았다고 스스로를 설득한다. 단지 한 번 더 당신 자신의 상품 가치를 테스트해보고 사람들이 당신을 합격자 명단에 올려줄지 알아보고 싶었다는 식으로.

얼마 전 두 종류의 주식 가운데서 하나를 선택해야 했을 때, 나도 아주 비슷한 반응을 보였다. 내가 산 주식은 얼마 못 가 시세가 뚜렷이 하락한 반면에 다른 주식은 힘차게 올랐다. 나는 너무나 어리석었지만 그래도 나의 잘못을 시인할 수가 없었다. 오히려 나는 한 친구에게 그 주식이 조금 약세이지만 다른 주식들보다 '잠재력은 더 크다'는 것을 사실처럼 믿게 하려고 아주 진지하게 애썼던 일을 자세히 기억하고 있다.

이는 인지적 부조화라는 말로만 설명할 수 있는 고도의 비합리적인 자기기만이다. 다시 말해 만약에 내가 그 주식을 사는 것을 미루고 기다리면서 성과가 좋은 다른 주식을 사는 데 시간을 보냈더라면, 이른바 그 '잠재력'이라는 것은 더 커졌을 것이다. 내 친구는 나에게 이솝 우화를 들려주었다. "자네도 역시 그 영리한 여우의 역할을 매우 잘 연기할 수 있겠군. 그렇게 해서 결국 자네는 그 포도를 먹지 못했지."

과도한 가치 폄하

오늘을 즐겨라. 그러나 일요일에만

당신은 "매일을 마치 마지막 날인 것처럼 즐겨라"라는 구절을 알고 있을 것이다. 그런 말은 모든 라이프 스타일잡지에서 적어도 세 번은 찾아볼 수 있으며, 인생에 도움을 주는 모든 조언자가 되풀이하는 상투적인 레퍼토리에 속한다. 하지만 그런 레퍼토리가 그 조언자를 더 지혜롭게 만들어주지는 않는다. 오늘부터 더 이상 이를 닦지도 않고, 머리도 감지 않고, 집 안 청소도 안 하고, 일거리를 그냥 놔둔 채 쌓여 있는 청구서들도 지불하지 않는다고 상상해보라. 그러면 얼마 안 가서 가난해지고, 병들고, 심지어 감옥에 들어갈 수도 있다. 그런데도 위의 구절은 한 가지 깊은 동경을 표현하고 있다. 다름 아닌 직접성에 대한 동경이다. 오늘날까지 살아남은 모든 라틴어 격언 가운데 '카르페 디엠(Carpe diem), 곧

'오늘을 즐겨라'라는 말은 분명 가장 사랑받는 말이다. 오늘을 즐겨라, 마음껏. 그리고 내일을 걱정하지 말라. 이런 직접성은 우리에게 아주 값어치가 크다. 얼마나 클까? 이성적으로 파악할 수 있는 것 이상이다.

당신은 1년 후에 100만 원을 얻고 싶은가, 아니면 1년하고도 한 달 후에 110만 원을 얻고 싶은가? 만약에 당신이 대다수의 사람들처럼 생각하고 행동한다면, 13개월 후에 110만 원을 얻겠다고 결정한다. 그것은 의미가 있다. 왜냐하면 한 달에 10퍼센트(또는 1년에 120퍼센트)의 이자를 다른 어디서도 받을 수 없기 때문이다. 이 이자는 당신이 한 달을 기다리면서 당할 위험성에 대해 월등하게 보상을 해준다.

두 번째 질문은 이렇다. 당신은 오늘 100만 원을 얻고 싶은가, 아니면 한 달 후에 110만 원을 얻고 싶은가? 만약에 당신이 대다수의 사람들처럼 생각하고 행동한다면, 오늘 100만 원을 얻겠다고 결정할 것이다. 사실 이것은 놀라운 일이다. 위의 두 경우 모두 당신은 정확히 한 달을 참으면 그 대가로 10만 원을 더 얻는다. 첫 번째 경우에, 당신은 스스로에게 이렇게 말한다. "내가 이미 1년을 기다렸다면, 한 달을 더 기다릴 수 있다." 하지만 두 번째 경우에는 그렇지 않다. 이렇게 우리는 시간의 지평에 따라 일관성 없는 결정을 내린다. 학문적으로 이것을 '과도한 가치 폄하(Hyper-bolic discounting)'라고 부른다. 그 의미는 이렇다. 우리가 내리는 결정이 현재와 가까우면 가까울수록 '감정적인 이율(利律)'은 상승한다는 것이다.

우리가 주관적으로 서로 다른 이율을 계산한다는 것을 파악한 경제학자들은 거의 없다. 그들이 적용하는 모델들은 시종일관 일정한 이율에 기초하고 있으며, 따라서 사용 불가능하다.

과도한 가치 폄하, 즉 우리가 직접성의 궤도 안에 머물러 있다는 사실은 우리가 동물적으로 살던 과거의 잔재이다. 동물들은 미래에 더 많은 보상을 얻기 위해서 오늘의 보상을 거부할 준비가 되어 있지 않다. 쥐를 훈련시킬 수는 있지만, 쥐들이 내일 치즈 두 조각을 얻기 위해서 오늘 치즈 한 조각을 거부하는 일은 결코 없을 것이다 ('다람쥐들은 호두를 땅에 묻어둔다'고 말하고 싶은가? 하지만 증명된 바에 의하면, 그것은 순수한 본능이지 충동의 억제와는 아무 관련이 없다).

아이들의 경우에는 어떨까? 미국 스탠퍼드대학의 심리학 교수 월터 미셸은 1960년대에 '보상을 미루기'라는 주제로 유명한 실험을 하나 해보았다. 유튜브에 들어가면 '마시멜로 테스트(Marshmallow test)'라는 표제어로 놀라운 동영상을 하나 볼 수 있다. 그 내용은 이렇다. 네 살짜리 꼬마들 앞에 마시멜로(말랑말랑한 과자)를 놓아두고, 그 마시멜로를 지금 먹어도 되지만 몇 분을 기다리면 하나를 더 받을 수 있는데, 둘 중 하나를 자유롭게 선택할 수 있다고 말해주었다. 결과는 놀라웠는데, 기다린 아이들은 불과 몇 명뿐이었다. 더욱 놀라운 것은 만약 아이들이 보상을 뒤로 미

충동을 억제할 수 있는 힘을 얻을수록
우리는 생각의 오류를 성공적으로 피할 수 있다.

루는 능력을 갖고 있다면, 이는 훗날 그 아이들이 성공적으로 경력을 쌓을 수 있다는 데 믿을 만한 근거가 된다는 것을 발견했다는 사실이다.

우리는 나이가 들수록, 그리고 더 강한 자기 통제력을 구축할수록 보상을 뒤로 미루는 일을 더욱 쉽게 해낼 수 있다. 10만 원을 추가로 받기 위해서 우리는 12개월 대신에 기꺼이 13개월을 기다린다. 그러나 오늘 받을 수도 있는 보상을 미루기 위해서는, 그렇게 하도록 유도하는 조건이 아주 매력적이어야 한다. 그에 대한 가장 좋은 증거로는 신용카드 부채와 또 다른 단기 소비 대출에서 발생하는 고액의 이자를 들 수 있다.

요컨대 직접적인 보상은 매우 유혹적이다. 그럼에도 불구하고 과도한 가치 폄하는 생각의 오류이다. 충동을 억제할 수 있는 힘을 얻을수록 우리는 오류를 더 성공적으로 피할 수 있다. 충동에 의해, 예를 들어 알코올의 영향으로 억제력이 약해질수록 우리는 그 오류에 더 잘 빠진다. '오늘을 즐겨라'라는 격언은 좋은 생각이다. 일주일에 한 번쯤 그렇게 한다면 말이다. 그러나 매일을 마치 마지막 날인 것처럼 즐기는 것은 어리석은 일이다.

에필로그

"공동체 안에서 살 때는 낯선 관념들 속에서 사는 것이 쉽다. 혼자 살 때는 자기 자신의 관념 속에서 사는 것이 쉽다. 그러나 공동체 안에서도 독립성을 유지하는 자만이 주목할 만하다."

— 랠프 왈도 에머슨

비합리성에 관해서는 '뜨거운' 이론과 '차가운' 이론이 있다. 뜨거운 이론은 매우 오래되었다. 이에 대한 비유를 역사를 거슬러 올라가 플라톤에게서 찾을 수 있으니, 말 타는 기사가 거칠게 달리는 말들을 조종하는 것과 같다. 기사는 이성을 나타내고, 달리는 말들은 감정을 나타낸다. 즉 이성이 감정을 길들이는 것이다. 만약에 성공하지 못하면 비합리성이 관철된다. 또 다른 비유가 있다. 감정은 끓어오르는 용암 덩어리라는 것이다. 대개는 이성이 그것을 덮어둘 수 있으나, 이따금 비합리성의 용암이 뚫고 나오기도 한다. 그러므로 그것은 뜨거운 비합리성이다. 이성이 있으면 사실 모든 것에 질서가 있다. 이성은 오류가 없다. 다만 종종 감정이 더 강력한 것이다.

수백 년 넘게 이 비합리성의 뜨거운 이론은 끓고 있었다. 개신교 신학의 기틀을 다진 장 칼뱅의 경우에 감정은 사악한 것으로, 오직 신(神)에게 집중함으로써만 그것을 억제할 수 있었다. 감정의 용암 덩어리를 분출하는 사람들은 악마와 같은 자들이었다. 그들은 그 때문에 고문을 당하고 처형되었다. 프로이트에 이르러서 감정, 즉 '이드(id)'는 '자아(ego)'와 '초자아(superego)'에 의해서 통제된다. 그러나 성공적으로 통제되는 일은 드물다. 억제와 온갖 길들이기에도 불구하고 감정은 생각에 의해 통제되지 않는다. 그것은 우리의 머리카락이 자라는 것을 생각에 따라 조종하려고 시도하는 것만큼이나 어리석은 착각이다.

반면에 비합리성의 '차가운' 이론은 아직 오래되지 않았다. 전쟁 후에 많은 사람들은 나치의 비합리성을 어떻게 설명할 수 있는지 궁금해했다. 히틀러 정권의 수뇌부에서 감정의 분출은 거의 나타나지 않았다. 심지어 히틀러 자신이 보이던 열화와 같은 연설 장면들도 다만 배우처럼 연기한 대가적인 능력이었던 것이다. 국가사회주의의 광기로 이끌어간 것은 도처에서 분출하는 용암이 아니라 얼음처럼 차가운 결정들이었으며, 스탈린이나 붉은 크메르 정권도 그와 비슷했다고 말할 수 있다. 오류를 저지르지 않는 합리성이라고? 그렇지는 않아 보인다. 거기에는 뭔가 믿을 수 없는 것이 있다. 1960년대에 심리학자들은 프로이트의 주장들을 어리석은 것으로 보면서, 우리의 생각과 결정 및 행동을 학문적으로 연구하기 시작했다. 결과는 차가운 비합리성의 이론이 있다는 것이었다. 그것은 생각 그 자체는 순수한 것이 아니라 오류에 빠지기 쉬운데, 그것도 모든 사람에게 있어서 그렇다는 것을 말해주고 있다. 심지어 아주 지적인 사람들도 매번 다시 똑같은 생각의 함정에 빠지곤 한다. 그리고 그런 오류들은 우연히 나타나는 것이 아니다. 생각의 오류에 따라 우리는 시스템적으로 완전히 어느 특정한 방향으로 잘못 달려간다. 그것은 우리의 비합리성을 예측할 수 있게 해주며, 그로써 완전히는 아니더라도 어느 정도는 그 비합리성을 수정할 수 있게 해준다.

수십 년 동안 이러한 생각의 오류들이 생겨나는 근원은 어둠에 파묻혀 있었다. 우리 몸의 다른 모든 것, 심장·근육·호흡·면역체계는 전반적으로 오류 없이 기능을 발휘한다. 그런데 왜 하필이면 뇌만 연속해서 실수를 저지르는 것일까?

생각을 하는 것은 생물학적인 현상이다. 그것은 동물의 생김새나 꽃잎의 색깔과 마찬가지로 진화에 의해서 형성되었다. 우리가 5만 년 전으로 되돌아가 임의의 조상을 한 명 선택해 현재의 도시로 납치해 온 다음, 미용사에게 보내 머리를 손질하게 하고 이어서 세련된 옷을 입힌다고 가정하자. 그러면 그 사람은 거리를 지나가도 눈에 띄지 않을 것이다. 물론 그는 말을 배워야 하고, 운전도 배워야 하고, 전자레인지 사용법도 배워야 할 것이다. 하지만 그런 것들은 우리도 해왔다. 생물학은 의심스러운 것들을 모두 제거했다. 즉 우리가 육체적으로는 세련되고 현대적인 옷을 입고 있지만 여전히 사냥꾼이자 채집가라는 것이다.

하지만 그 오랜 과거 이후로 눈에 띄게 변한 것은 우리가 살고 있는 환경이다. 태곳적의 환경은 단순하고 불변적이었다. 우리는 약 50여 명으로 이루어진 작은 집단 속에서 살았다. 언급할 만한 기술적 진보나 사회적 진보는 없었다. 지난 만 년에 걸쳐서 비로소 세계는 엄청나게 변하기 시작했다. 농업, 가축 사육, 도시, 그리고 세계무역이 등장했으며, 산업화가 이루어진 이후로 과학기술은 끊임없이 빠르게 발전하고 있다. 오늘날에는 한 시간만 쇼핑센터를 돌아다니면 우리의 조상들이 평생 동안 보았던 사람들의 수보다 더 많은 사람들을 본다.

만약 오늘날의 세계가 앞으로 10년 후에는 어떻게 보일 거라고 말하는 사람이 있으면, 우리는 그 사람을 비웃는다. 지난 만 년 동안 우리는 우리가 더 이상 이해하지 못하는 세계를 창조했다. 우리는 모든 것을 더욱 정교하게 만들기도 했지만, 그러나 또 더욱 복잡하고 서로 의존하게 만들었다. 그 결과 물질적으로는 더욱 놀라운 번영을 이룩했지만, 유감스럽게도 그와 더불어 문명의 폐단과 생각의 오류도 생겨났다. 복잡성이 계속해서 증가하면 이런 생각의 오류들은 더욱 자주, 그리고 더욱 심각하게 일어나게 될 것이다.

예를 들면 사냥꾼과 채집가들이 사는 환경에서는 곰곰이 생각하기보다 행동을 보이는 것이 더 유익했다. 번개처럼 빠르게 반응하는 것은 생존을 위해서 중요했고, 오랫동안 생각을 파고드는 것은 생존하는 데 불리했다. 사냥과 채집을 하던 동료들이 갑자기 달려가면, 그들이 실제로 본 것이 무서운 이를 드러낸 호랑이인지 아니면 야생돼지인지 곰곰이 생각해보거나, 그럴 생각을 할 겨를도 없이 그들의 뒤를 쫓아서 달아나든가 해야 했다. 첫 번째의 경우가 오류일 때(즉 동료들이 본 것은 위험한 짐승인데 거기에서 달아나지 않았을 때)는 죽음으로 대가를 치른 반면, 두 번째의 경우가 오류일 때(위험한 짐승이 없었는데도 거기서 달아났을 때)는 다만 약간의 칼로리 손실이 있었을 뿐이다. 아주 특정한 어느 방향으로 헤매게 되면 이득이 있지만, 다른 방향으로 헤매게 된 사람들은 유전자풀에서 사라져버렸다. 오늘날 우리와 같은 호모 사피엔스들은 다른 사람들의 뒤를 따라서 달려가는 경향을 보였던 사람들의 후손들이다. 다만, 이런 식의 직관적인 태도를 갖는 것은 현대 세계에서는 불리하다. 오늘날의 세계는 예리하게 숙고하고 독립적으로 행동하는 것에 보상을 해준다. 일찍이 주식 투자 붐에서 당해본 적이 있는 사람은 그것을 알고 있다.

진화심리학은 아직도 대체로 하나의 이론에 불과하지만 매우 확신을 주는 이론으로, 비록 전부는 아니지만 대다수 생각의 오류들에 대해서 설명해준다. 예를 들어서 다음과 같은 진술을 보자. "밀카(Milka) 초콜릿(스위스산 초콜릿 – 옮긴이)은 포장지에 소 그림이 있다. 그러므로 포장지에 소 그림이 있는 초콜릿은 모두 밀카 초콜릿이다." 이런 오류는 심지어 지적인 사람들도 이따금 저지르는 것이다. 그러나 대개 문명과 접촉하지 않은 원주민들도 그런 오류에 빠진다. 게다가 사냥하고 채집하던 우리의 조상들이 그런 오류를 저지르지 않았다고 단정할 근거도 없다. 몇몇 오류는 분명히 고정적으로 프로그램화되어 있으며, 우리가 사는 주위 환경의 '변화'와는 아무런 상관이 없다.

그것은 어떻게 설명될 수 있을까? 아주 간단하다. 즉 진화는 우리를 절대적인 의미에서 최적화하지는 않는다. 우리가 우리의 경쟁자들(예를 들어 네안데르탈인)보다 더 낫기만 하다면 진화는 우리가 저지르는 오류들을 용서해준다. 수백만 년 전부터 뻐꾸기들은 자기보다 더 작은 새들의 둥지에다 알을 낳았고, 이 작은 새들은 그 뻐꾸기 알들을 부화시킬 뿐만 아니라 자기 새끼처럼 길러주기까지 했다. 이는 진화가 이 작은 새들에게서(아직) 퇴화시키지 않은 태도의 오류이다. 그 이유는 그러한 오류가 아직은 충분히 심각해 보이지 않기 때문이다.

두 번째로 병행해서 설명하자면, 생각의 오류들이 그처럼 완고하게 나타나곤 하는 이유는 1990년대 말에 이르러 결정적으로 밝혀졌다. 우리의 뇌는 진실을 발견하도록 구성되어 있는 것이 아니라 재생산을 하도록 구성되어 있기 때문이라는 것이다. 달리 말하면, 우리는 우리의 생각을 우선적으로 다른 사람들을 확신시키기 위해서 사용한다는 것이다. 다른 사람들을 확신시키는 사람은 스스로 권력을 장악하고, 그로써 더 많은 재원으로 접근하는 길을 확보한다. 이렇게 재원으로 접근하게 되면 다시금 짝짓기를 하고 후손을 기르는 데 결정적으로 유리하게 작용한다. 출판 시장은 우리가 생각하는 데 진실이 우선적으로 중요하지는 않다는 것을 잘 보여준다. 즉 실용 서적이 훨씬 더 진실한 내용을 포함하고 있음에도 불구하고 소설이 실용 서적보다 훨씬 더 잘 팔린다는 점을 보면 그렇다.

마지막 세 번째로는 다음과 같은 설명을 들 수 있다. 바로 직관적인 결정들은 비록 완전히 합리적이지는 않더라도 특정한 상황에서는 더 낫다는 점이다. 이른바 인식 방법론 연구는 그런 것을 다룬다. 결정을 내려야 할 순간에는 필요한 정보가 부족한 경우가 많다. 그래서 우리는 생각을 간략히 하고 주먹구구식으로 적용하도록 강요받는다. 예를 들어 당신이 여러 여성들에게(또는 남성들에게) 끌린다고 느낄 때, 누구와 결혼해야 할까? 그런 결정은 이성적으로는 되지 않는다. 오직 생각만 믿다가는 영원히 독신으로 남을 수도 있다. 간단히 말해서, 우리는 종종 직관적으로 먼저 결정을 하고 그 선택에 대한 근거는 나중에 가서 찾는다. 많은 결정들(직업, 반려자, 투자 대상의 선택 등)은 무의식중에 이루어진다. 우리는 무의식중에 이루어진 듯한 인상을 주는 결정에 대해 몇 초 후에 가서 그 근거를 구성한다. 우리의 사고(思考)는 우리에게 순수한 진실을 알려주는 학자보다는 오히려 변호사에 비유할 수 있다. 변호사들은 이미 확정된 결론에 대해서 가장 그럴듯한 이유를 찾는 일을 잘하는 것이다.

그러므로 당신은 절반쯤 지적인 내용이 담긴 온갖 경영 관련 책들에 실려 있는 '좌뇌, 우뇌' 따위의 말은 잊어라. 훨씬 더 중요한 것은 직관적인 생각과 합리적인 생각의 차이다. 둘 다 각자 합법적으로 개입하는 영역을 갖고 있다. 즉 직관적인 생각은 빠르고 자발적이고 에너지 절약적이며, 합리적인 생각은 서서히 이루어지고 소모적이며 많은 칼로리를(혈당의 형태로) 소비한다.

물론 합리적인 것이 직관적인 것으로 넘어갈 수도 있다. 당신은 어떤 악기를 연습할 때 음표를 하나씩 익혀가면서 손가락 하나하나에게 무엇을 해야 할지 명령한다. 시간이 지나면서 당신은 피아노나 현악기를 직관적으로 다루게 된다. 즉 악보가 눈앞에 보이면 손이 마치 저절로 움직이듯이 연주한다. 워런 버핏은 마치 프로 음악가가 악보를 읽듯이 그의 대차대조표를 읽는다. 그것이 바로 '능력의 범위'다. 즉 직관적인 이해 또는 노련함이라는 뜻이다. 유감스럽게도 직관적인 생각은 우리가 노련하지 않을 때도 튀쳐나온다. 그리고 그럴 때 생각의 오류들이 발생한다. 비합리성의 차가운 이론은 아주 새로운 것이다.

끝으로 세 가지 언급할 사항이 있다.

첫째, 이 책에서 열거한 생각의 오류들에 대한 내용이 완전한 것은 아니다.

둘째, 여기서는 병리학적인 장애들에 대해서 다루려 한 것이 아니다. 이런 생각의 오류들에도 불구하고 우리는 문제없이 일상생활을 해나가고 있다. 한 가지 오류 때문에 1조를 날려버린 CEO라고 해서 정신병원으로 보내지는 위험에 처하지는 않는다. 하지만 그런 오류에서 그를 벗어나게 할 수 있는 치료 시스템이나 약 같은 것은 없다.

셋째, 대다수의 생각의 오류들은 서로 연결되어 있다. 그렇다고 해서 놀랄 일은 아니다. 뇌 속에서는 모든 것이 서로 그물처럼 짜여 있기 때문이다. 신경에서 투사된 것들은 뇌의 한 부위에서 다른 부위로 이동해 간다. 혼자만 머물러 있는 뇌의 부위는 단 하나도 없다.

나는 생각의 오류들을 수집하고 설명해 나가기 시작한 이후로 종종 다음과 같은 질문을 받는다. "도벨리 씨, 당신은 생각의 오류 없이 살아가는 일을 어떻게 해냅니까?" 대답인즉, 나도 그렇게 하지는 못한다는 것이다. 좀 더 자세히 말하면, 나는 그렇게 하려고 시도한 적이 전혀 없다. 생각의 오류를 피하려고 하는 것은 소모적인 일이다. 나는 스스로에게 다음과 같은 규칙을 정했다. (중요한 개인적 결정이나 사업상의 결정처럼) 그 결과가 미치는 영향이 너무 커질 수 있는 상황에서는 가능하면 이성적이고 합리적으로 생각해 결정하려고 애쓴다는 것이다. 내가 수집한 생각의 오류 목록을 꺼내서, 마치 파일럿이 체크리스트를 보듯이 그것들을 하나씩 하나씩 살펴나간다. 나는 나 자신을 위해 중요한 결정이 있을 때 철저하게 검토할 수 있도록 편리한 '체크리스트 결정표'를 하나 고안해냈다.

결과가 미치는 영향이 별로 크지 않은 상황일 때는 (예를 들어 BMW를 살지, 폭스바겐을 살지 결정하는 경우) 최적의 합리적인 사고방식을 거부하고 직관이 작동하도록 내버려둔다. 머리로 분명하게 생각하는 것은 소모적인 일이다. 그러므로 만약에 피해 가능성이 작다면 그런 일에 머리를 싸매지 말고 오류가 생기더라도 그냥 두어라. 당신은 그렇게 함으로써 더 나은 삶을 살게 된다. 자연은 우리가 어느 정도 안전하게 우리의 인생을 헤쳐 나가는 한, 그리고 중요한 결정일 때 우리가 주의를 기울이는 한 우리가 내리는 결정들이 완벽한지 그렇지 않은지에는 별로 신경 쓰지 않는 것 같다.

감사의 말

나는 이 책에 대한 영감을 준 나심 니콜라스 탈레브에게 감사드린다. 그리고 이 책을 편집해준 출판사 편집자와 칼럼을 실어준 신문사 편집장에게도 감사의 말을 전한다. 그들의 압박이 없었다면 이 책은 나오지 못했을 것이다. 이 책의 오류를 잡아준 후버트 슈피겔 박사에게도 진심으로 감사드린다. 무수한 편집 단계를 거쳐서 여기 이 책에 담긴 내용에 대한 모든 책임은 나에게 있다.

참고문헌

생각의 오류에 대해서는 수백 가지 연구들이 나와 있다. 그중 중요한 인용문과 참고문헌, 추천할 만한 책과 주석들을 실었다.

후광 효과

- 경제 측면에 후광 효과에 대한 최고의 저서인 다음을 참조: Rosenzweig, P.: *The Halo Effect: and the Eight Other Business Delusions That Deceive Managers*, Free Press, 2007.
- Thorndike, E. L.: "A constant error on psychological rating", *Journal of Applied Psychology* IV, 1920, S. 25-29.
- Nisbett, Richard E. & Wilson, Timothy D.: "The halo effect: Evidence for unconscious alteration of judgments", *Journal of Personality and Social Psychology* 35 (4), 1977, S. 250-256.

매몰 비용의 오류

- 콩코드 여객기에 대해서는 다음을 참조: Weatherhead, P. J.: "Do Savannah Sparrows Commit the Concorde Fallacy?", *Behavioral Ecology and Sociobiology* 5, 1979, S. 373-381.
- Arkes, H. R. & Ayton, P.: "The Sunk Cost and Concorde effects: are humans less rational than lower animals?", *Psychological Bulletin* 125, 1999, S. 591-600

수영 선수 몸매에 대한 환상

- Taleb, Nassim Nicholas: *The Black Swan*, Random House, 2007, S. 109 f.
- 하버드대학교에 대한 생각에 관해서는 다음을 참조: Sowell, Thomas: *Economic Facts and Fallacies*, Basic Books, 2008, S. 105 ff.

희소성의 오류

- Cialdini, Robert B.: Influence: *The Psychology of Persuasion*, Collins, paperback edition, 2007, S. 237 ff.
- 비스킷 실험은 다음을 참조: Worchel, Stephen & Lee, Jerry & Adewole, Akanbi: "Effects of supply and demand on ratings of object value", *Journal of Personality and Social Psychology* 32 (5), November 1975, S. 906-991.
- 포스터 실험은 다음을 참조: Baumeister, Roy F.: *The Cultural Animal: Human Nature, Meaning, and Social Life*, Oxford University Press, 2005, S. 102.

기적

- 교회 폭발에 관한 이야기는 다음을 참조: Nichols, Luke: "Church explosion 60 years ago not forgotten", *Beatrice Daily Sun*, 1. März 2010.
- Plous, Scott: *The Psychology of Judgment and Decision Making*, McGraw-Hill, 1993, S. 164.
- 기적에 대한 토론 중 추천하고 싶은 것: Bevelin, Peter: *Seeking Wisdom. From Darwin to Munger*, Post Scriptum, 2003, S. 145.

소유 효과

- 찰스 멍거의 사례에 대해서는 다음을 참조: Munger, Charles T.: *Poor Charlie's Almanack*, Third Edition, Donning, 2008, S. 479.

- Ariely, Dan: *Predictably Irrational. The Hidden Forces that Shape Our Decisions*, HarperCollins, 2008, Chapter: "The High Price of Ownership". Kahneman, D. & Knetsch, Jack L. & Thaler, R.: "Experimental Test of the endowment effect and the Coase Theorem", *Journal of Political Economy*, 98 (6), 1991, 1325-1348.
- Carmon, Z.& Ariely, D.: "Focusing on the Forgone: How Value Can Appear So Different to Buyers and Sellers", *Journal of Consumer Research*, Vol. 27, 2000.
- "손실을 줄이는 것은 좋은 생각이지만, 투자가들은 손실 자체를 받아들이려고 하지 않는다. 그 이유는 손실을 받아들이는 것은 잘못을 인정하는 것이 되기 때문이다. 야욕과 결부된 손실에 대한 반감은 투자가들로 하여금 언젠가는 시장이 그들의 판단을 입증해주고 지위를 보장해주리라는 어리석은 희망을 갖게 하고 자신들의 실수에 매달려 투기를 하도록 유도해간다."(Bernstein, Peter L.: *Against the Gods -The Remarkable Story of Risk*, Wiley, 1996, S. 276 und S. 294)
- "손실이 미치는 영향은 같은 액수의 수익이 미치는 영향의 두 배 빈이나 된다." (Ferguson, Niall: *The Ascent of Money - A Financial History of the World*, Penguin Press, 2008, S. 345)
- "10달러 손실을 보는 것은 10달러 이익을 보는 것보다 훨씬 더 심각한 결과로 느껴진다. 10달러의 이익을 얻어서 행복해지는 것보다 10달러의 손해를 보았을 때 더 불행해질 거라는 생각에서 당신은 통계학자나 회계사가 베팅을 하라고 승인하더라도 그것을 거절한다."(Baumeister, Roy F.: *The Cultural Animal: Human Nature, Meaning, and Social Life*, Oxford University Press, 2005, S. 319 ff.)
- 더 많은 노동을 투자한 대상일수록 소유의 느낌은 더 강해진다. 그것은 'IKEA 효과'라고도 불린다.

  Dan Arielys Website: http://danariely.com/tag/ikeaeffect/

귀납법의 오류

- 거위의 사례는 나심 탈레브의 책에서 추수감사절에 먹는 칠면조의 형태로 등장한다. 탈레브는 그 사례를 철학자 버트런드 러셀에게서 인용했으며, 러셀은 또 철학자 데이비드 흄에게서 인용했다. 다음을 참조: Taleb, Nassim Nicholas: *The Black Swan*, Random House, 2007, S. 40.
- 귀납법은 인식철학에서 다루는 대형 주제들 가운데 하나이다. 만약 우리가 과거 외에는 아무것도 갖고 있지 않다면 미래에 대해서 어떻게 뭔가를 말할 수 있을까? 그에 대한 대답은, 우리는 할 수 없다는 것이다. 모든 귀납법은 언제나 불확실성과 결합되어 있다. 이는 인과관계에서도 마찬가지이다. 어떤 것을 백만 번이나 관찰했더라도, 과연 그것이 인과관계로 연이어 일어나는지에 대해서는 결코 알 수 없다. 데이비드 흄은 18세기에 이러한 주제들을 탁월하게 다루었다.

더 좋아지기 전에 더 나빠지는 함정

- 이에 해당하는 참고 문헌은 없다. 그러나 누구나 경험으로 이해할 수 있을 것이다.

확증 편향1

- "케인스의 보고에 따르면, 인간의 마음은 인간의 난자와 비슷하게 작용한다. 정자가 들어간 난자는 더 이상 다른 정자가 들어오지 못하도록 자동적으로 폐쇄하는 기능이 있다. 사람의 마음도 종종 그런 식으로 이미 고정된 결론과 태도를 심리적으로 고수하고 강화하는 경향이 있다. 그런 것들이 틀리다는 증거가 많음에도 불구하고 그렇게 한다." (Munger, Charles T.: *Poor Charlie's Almanack*, Third Edition, Donning, 2008, S. 461 f.)
- Taleb, Nassim Nicholas: *The Black Swan*, Random House, 2007, S. 58.
- "새로운 정보는 영상을 방해한다. 사람들은 일단 어떤 결정을 내리게 되면, 결정을 내리기 이전 단계의 모든 불확실성과 결정하지 못한 상태에서 벗어난 것을 기뻐한다." (Dörner, Dietrich: *Die Logik des Misslingens. Strategisches Denken in komplexen Situationen*, Rowohlt, 2003, S. 147.)

- 숫자의 나열 실험에 대해서는 다음을 참조:Wason, Peter C.: "On the failure to eliminate hypotheses in a conceptual task", *Quarterly Journal of Experimental Psychology* 12 (3), 1960, S. 129-140.
- "자신의 마음을 바꾸든 자기 마음을 입증하든 해야 할 상황에 맞닥뜨리면 선택할 필요가 없다. 거의 모든 사람이 증명하는 일에 바빠지기 때문이다."(John Kenneth Galbraith)

확증 편향2
- 확증 편향의 전형화에 대해서는 다음을 참조: Baumeister, Roy F.: *The Cultural Animal: Human Nature, Meaning, and Social Life*, Oxford University Press, 2005, S. 198 f.

상호 관계 유지의 오류
- Cialdini, Robert B.: *Influence: The Psychology of Persuasion*, HarperCollins, 1998, S. 17 ff.
- 생물학적 협력으로서의 '상호 관계'에 대해서는 1990년 이후에 출간된 생물학에 관한 기초 도서를 참조할 것.
- 로버트 트리버스 교수의 이론 참조: Trivers, R. L. (1971). *The Evolution of Reciprocal Altruism*. The Quarterly Review of Biology 46 (1): 35-57.
- 상호 관계의 진화심리학적 근거에 대해서는 다음을 참조: Buss, David M.: *Evolutionary Psychology. The New Science of the Mind*, Pearson, 1999. Baumeister, Roy F.: *The Cultural Animal: Human Nature, Meaning, and Social Life*, Oxford University Press, 2005.

운전사의 지식
- 막스 플랑크에 대한 이야기는 다음을 참조: "Charlie Munger - USC School of Law Commencement - May 13, 2007". Abgedruckt in: Munger, Charlie:

Poor Charlie's Almanack, Donning, 2008, S. 436.
- "또한 그것은 매우, 매우 강력한 아이디어다. 모든 사람은 경쟁하는 집단을 갖게 될 것이다. 그리고 그 집단을 확대하는 것은 매우 어렵다. 만약 내가 음악가로서 나의 생계를 꾸려가야 한다면…… 만약 음악이 문명을 재는 척도가 된다면 내가 어디에 분류될지, 아무리 낮은 수준이라도 분류 기준을 생각조차 할 수 없다. 그러므로 당신은 자신의 적성이 무엇인지를 파악해내야 한다. 만약 다른 사람들은 재능을 발휘하고 있는 분야에 재능 없는 당신이 뛰어든다면 십중팔구 패배하게 될 것이다. 그것이야말로 당신이 예측할 수 있는 아주 확실한 것이다. 당신은 어디에 당신의 강점이 있는지 파악해야 한다. 그리고 당신이 속한 경쟁 집단 내에서 연주를 해야 한다."(Munger, Charlie: "A Lesson on Elementary Worldly Wisdom as It Relates to Investment Management and Business", University of Southern California, 1994 in *Poor Charlie's Almanack*, Donning, 2008, S. 192)

대비 효과

- Cialdini, Robert B.: *Influence: The Psychology of Persuasion*, HarperCollins, 1998, S. 11-16.
- 찰스 멍거는 대비 효과를 '대비 오류반응 경향(Contrast Misreaction Tendency)'이라고도 부른다. 이에 대해서는 다음을 참조: Munger, Charles T.: *Poor Charlie's Almanack*, Third Edition, Donning, 2008, S. 448 und S. 483.
- 댄 애리얼리는 대비 효과를 '상대성 문제'라고 부르고 있다. 다음을 참조: Ariely, Dan: *Predictably Irrational, Revised and Expanded Edition: The Hidden Forces That Shape Our Decisions*, Harper Perennial, 2010, Kapitel 1
- 어떤 대비인가에 따라 사람들의 선택이 달라진다는 사례의 원전은 다음을 참조: Kahneman, Daniel & Tversky, Amos: "Prospect Theory: An Analysis of Decision under Risk", *Econometrica* 47 (2), März 1979.

사회적 검증과 동조 심리

- Cialdini, Robert B.: *Influence: The Psychology of Persuasion*, HarperCollins, 1998, S. 114 ff.
- Asch, S. E.: "Effects of group pressure upon the modification and distortion of judgment", in: Guetzkow, H.(Hrsg.): *Groups, leadership and men*, Carnegie Press, 1951.
- 억지웃음에 대한 연구: Platow, Michael J. et al.(2005): "It's not funny if they're laughing: Self-categorization, social influence, and responses to canned laughter", *Journal of Experimental Social Psychology* 41 (5), 2005, S. 542-550.

승자의 저주

- Der Klassiker zum Thema : Thaler, Richard: "The Winner's Curse", *Journal of Economic Perspectives* 1, 1988.
- 다른 사람을 경쟁에서 쓰러뜨리는 일에 대해서는 다음을 참조: Malhotra, Deepak: "The desire to win: The effects of competitive arousal on motivation and behavior", *Organizational Behavior and Human Decision Processes* 111 (2), März 2010, S. 139-146.
- Plous, Scott: *The Psychology of Judgment and Decision Making*, McGraw-Hill, 1993, S. 248.

사회적 태만

- Kravitz, David A. & Martin, Barbara: "Ringelmann rediscovered: The original article", *Journal of Personality and Social Psychology* 50 (5), 1986, S. 936-941.
- Latané, B. & Williams, K. D. & Harkins, S.: "Many hands make light the work: The causes and consequences of social loafing", *Journal of*

Personality and Social Psychology 37 (6), 1979, S. 822-832.
- Plous, Scott: *The Psychology of Judgment and Decision Making*, McGraw-Hill, 1993, S. 193.
- Pruitt, D.: "Choice shifts in group discussion: An introductory review", Journal of Personality and Social Psychology 20 (3), 1971, S. 339-360 und Moscovici, S. & Zavalloni, M.: "The group as a polarizer of attitudes", *Journal of Personality and Social Psychology* 12, 1969, S. 125-135.

지수의 확장

- 30일 사례는 다음을 참조: Munger, Charles T.: *Poor Charlie's Almanack*, Third Edition, Donning, 2008, S. 366.
- Dörner, Dietrich: *Die Logik des Misslingens. Strategisches Denken in komplexen Situationen*, Rowohlt, 2003, S. 161 ff.
- Dubben, Hans-Hermann & Beck-Bornholdt, Hans-Peter: *Der Hund, der Eier legt. Erkennen von Fehlinformation durch Querdenken*, rororo, 2006, S. 120 ff.
- 인구 지수의 증가는 처음으로 재화 부족이 대중의 시야에 들어오게 된 1970년대에 다루어진 주제이기도 하다. 이에 대해서는 다음을 참조: Meadows, Donella H. et al.: *The Limits to Growth*, University Books, 1972. 인플레이션이나 재화의 부족 없이 성장할 거라는 믿음을 가진 신경제는 이런 주제를 다루는 것을 폐기해버렸다. 그러나 2007년 원자재 부족이 발생한 후부터 우리는 그 주제가 영원히 사라진 것이 아니라는 것을 알게 됐다. 세계의 인구 지수는 여전히 상승하고 있다.

틀 짓기

- Tversky, Amos & Kahneman, Daniel: "The Framing of Decisions and the Psychology of Choice", *Science, New Series*, Vol. 211, 1981, S. 453-458.

- Dawes, Robyn M.: *Everyday Irrationality: How Pseudo-Scientists, Lunatics, and the Rest of Us Systematically Fail to Think Rationally*, Westview Press, 2001, S. 3 ff.
- Shepherd, R. et al.: "The effects of information on sensory ratings and preferences: The importance of attitudes", *Food Quality and Preference* 3(3), 1991-1992, S. 147-155.

행동 편향

- Bar-Eli, Michael et al.: "Action Bias among Elite Soccer Goalkeepers: The Case of Penalty Kicks", *Journal of Economic Psychology* 28 (5), 2007, S. 606-621.
- 워런 버핏은 행동 편향을 성공적으로 경계했다. "우리는 행동에 대해 보상을 받는 것이 아니라 옳은 것에 대해 보상을 받는다. 그러면 얼마나 오래 기다릴 것인가, 무한정 기다릴 것이다."(Buffett, Warren: Berkshire Hathaway Annual Meeting 1998)
- "주식시장은 '노 콜드 스트라이크(no-called strike) 게임'과 같다. 모든 것을 향해 방망이를 휘두를 필요는 없다. 당신은 좋은 공을 기다릴 수 있다. 당신이 자금 매니저일 때 문제가 되는 것은 당신의 팬들이 '방망이를 휘둘러, 이 바보야!'라고 소리를 질러댄다는 것이다. (Buffett, Warren: Berkshire Hathaway Annual Meeting 1999)
- "그 모든 현금을 갖고 아무것도 하지 않은 채 앉아 있는 것은 특이한 일이다. 나는 평범한 기회들을 따라가면서 지금의 위치에 도달한 것이 아니다."(Munger, Charlie: *Poor Charlie's Almanack*, Third Edition, Donning, 2008, S. 61)
- "찰리는 정말로 좋은 뭔가를 찾는 것이 어렵다는 것을 인식한다. 그래서 만약 당신이 갖고 있는 시간의 90퍼센트를 '아니오'라고 말한다면, 당신은 세상에서 많은 것을 놓치지 않을 것이다."(위의 책 S. 99)
- "개인이 몇 개의 우량주에 투자하고 가만히 기다리는 상태가 되면 대단한 장점

이 있다. 브로커에게 돈을 덜 주게 되는 것이다. 그리고 어리석은 소리에도 덜 귀 기울이게 된다."(위의 책 S. 209)

부작위 편향

- Baron, Jonathan: *Thinking and Deciding*, Cambridge University Press, 1988, 1994, 2000.
- Asch, D. A. et al.: "Omission bias and pertussis vaccination", *Medical Decision Making* 14, 1994, S. 118-124.
- Baron, Jonathan & Ritov, Ilana: "Omission bias, individual differences, and normality", *Organizational Behavior and Human Decision Processes* 94, 2004, S. 74-85.
- "Der Unterlassungseffekt", Kapitel aus der Dissertation: Schweizer, Mark: *Kognitive Täuschungen vor Gericht*, Zürich, 2005.

이기적 편향

- Schlenker, B. R. & Miller, R. S.: "Egocentrism in groups: Self-serving biases or logical information processing?", *Journal of Personality and Social Psychology* 35, 1977, S. 755-764.
- Miller, D. T. & Ross, M.: "Self-serving biases in the attribution of causality: Fact or fiction?", *Psychological Bulletin* 82, 1975, S. 213-225.
- Arkin, R. M. & Maruyama, G. M.: "Attribution, affect and college exam performance", *Journal of Educational Psychology* 71, 1979, S. 85-93.
- Baumeister, Roy F.: *The Cultural Animal: Human Nature, Meaning, and Social Life*, Oxford University Press, 2005, S. 215 ff.
- 학교 성적에 관한 것은 다음을 참조: Johnson, Joel T. et al.: "The 'Barnum effect' revisited: Cognitive and motivational factors in the acceptance of personality descriptions", *Journal of Personality and Social Psychology*

49(5), November 1985, S. 1378-1391.
- Ariely, Dan: *Why we think it's OK to cheat and steal (sometimes)* auf TED.com.
- Ross, M. & Sicoly, F.: "Egocentric biases in availability and attribution", *Journal of Personality and Social Psychology* 37, 1979, S. 322-336.

쾌락의 쳇바퀴

- Taleb, Nassim Nicholas: *The Black Swan*, Random House, 2007, S. 91.
- Gilbert, Daniel T. et al.: "Immune neglect: A source of durability bias in affective forecasting", *Journal of Personality and Social Psychology* 75 (3), 1998, S. 617-638.
- Gilbert, Daniel T. & Ebert, Jane E. J.: "Decisions and Revisions: The Affective Forecasting of Changeable Outcomes", *Journal of Personality and Social Psychology* 82 (4), 2002, S. 503-614.
- Gilbert, Daniel T.: *Stumbling on happiness*, Alfred A. Knopf, 2006.
- Gilbert, Daniel T.: *Why are we happy?*, (Video) auf TED.com.
- Frey, Bruno S. & Stutzer, Alois: Happiness and Economics: How the Economy and Institutions Affect Human Well-Being, Princeton, 2001.
- 가슴 수술에 대한 연구는 수많은 라이프스타일 관련 발행물들에서 성공을 거두었다. 그러나 (112명의 여성을 대상으로 한) 실험은 그 성과가 크지 않다. 다음을 참조: Young, V. L. & Nemecek, J. R., Nemecek, D. A.: "The efficacy of breast augmentation: breast size increase, patient satisfaction, and psychological effects", *Plastic and Reconstructive Surgery* 94 (7), Dezember 1994, S. 958-969.

자기 선택적 편향

- "자기 선택적 편향의 좀 더 신중한 형태는 종종 투자 매니저들의 성과를 측정할

때 나타난다. 전형적으로, 처음에는 잠복기에 있는 수많은 펀드들이 설립된다. 그리고 그 실적을 이룰 때까지는 대중에게 감춰져 있다. 성공을 거둔 펀드들이 대중에게 판매되는 반면에, 성공을 거두지 못한 펀드는 성공을 거둘 때까지는 여전히 잠복기에 있다. 게다가 줄곧 성공을 거두지 못하는 펀드들은 (잠복기에 있든 아니든) 종종 대중에게는 감춰진 채 '자기 선택적 편향'을 창출한다. 이것은 펀드 매니저가 다루는 다른 펀드들의 실적은 고려하지 않고 리그 테이블에서 가장 선두를 달리는 펀드들을 고르는 투자가들의 성향 때문에 더 효과를 보인다." (Zitiert aus Moneyterms.co.uk)
- "텔레비전에서 테니스 경기를 구경하는 사람이라면 흔히 어느 기간 동안 (그 시점까지는) 다른 펀드보다 몇 퍼센트 정도 더 실적이 좋은 펀드에 대한 광고들이 쏟아져 나오는 것을 본다. 그러나 한 번 더 생각하면, 시장에서 더 우수한 실적을 거두지 못한 사람이 광고를 하겠는가? 만약에 그 성공이 전적으로 무작위로 인해 거둬진 것이라면 그런 투자는 매우 개연적인 것이다. 이런 현상을 경제학자들과 보험 관련 사람들이 '역선택(Adverse selection)'이라고 부른다."(Taleb, Nassim Nicholas: *Fooled by Randomness*, Second Edition, Random House, 2008, S. 158)

기본적 귀인 오류

- 스탠퍼드대학교 심리학 교수 리 로스는 처음으로 '기본적 귀인의 오류'에 대해 설명했다. 다음을 참조: Ross, L.: "The intuitive psychologist and his shortcomings: Distortions in the attribution process", in: Berkowitz, L. (Hrsg.): *Advances in experimental social psychology* (vol. 10), Academic Press, 1977.
- Jones, E. E. & Harris, V. A.: "The attribution of attitudes", *Journal of Experimental Social Psychology* 3, 1967, S. 1-24.
- Plous, Scott: *The Psychology of Judgment and Decision Making*, McGraw-Hill, 1993, S. 180 f.

호감 편향

- Girard, Joe: *How To Sell Anything To Anybody*, Fireside, 1977.
- "우리는 우리 의견에 동의하지 않는 사람들에 대해 상식을 갖고 있다고 생각하지 않는다."(La Rochefoucauld)
- 치알디니는 그의 저서에서 호감 편향에 대해 중요하게 이야기했다. 다음을 참조: Cialdini, Robert B.: *Influence: The Psychology of Persuasion*, HarperCollins, 1998, Kapitel 5.

집단 사고

- Janis, Irving L.: Groupthink: Psychological Studies of Policy Decisions and Fiascoes, Cengage Learning, 1982.
- Wilcox, Clifton: *Groupthink*, Xlibris Corporation, 2010.
- 집단 사고와 반대되는 개념은 집단 지성이다(참고: James: *The Wisdom of the Crowds*, Doubleday, 2004). 그리고 이것은 다음과 같은 식으로 나타난다. "대다수의 평범한 사람들(그러니까 전문가 집단이 아님)은 종종 놀라울 정도로 올바른 해결책을 찾아내곤 한다. 프랜시스 갤슨(1907년)은 한 가지 멋진 실험에서 이런 현상을 증명해보였다. 그는 한 가축 전시회를 방문한 적이 있는데, 거기에서는 어떤 소 한 마리의 무게를 추정하는 내기가 열리고 있었다. 갤슨은 그 전시회 방문객들이 그것을 제대로 추정할 만한 상황에 있지 않다는 생각이 들어서, 무려 800건에 달하는 추정치를 통계적으로 평가해보기로 결심했다. 그러나 모든 추정치의 평균치(1197 파운드)는 놀랍게도 실제 그 소의 무게(1207 파운드)에 가까웠다.(Jürgen Beetz: *Denken, Nach-Denken, Handeln: Triviale Einsichten, die niemand befolgt*, Alibri, 2010, S. 122)
- '집단 사고'는 참여자들이 상호 작용하는 가운데 생겨난다. 반면 '집단 지성'은 행위자들이 서로 무관하게 행동할 때 (예를 들어 각자 어떤 추정치를 제시할 때) 생겨난다. 이런 경우는 점점 더 드물어지지만, 집단 지성은 반론이 거의 불가능하다.

기저율의 무시

- 모차르트 팬에 관한 사례는 다음을 참조: Baumeister, Roy F.: *The Cultural Animal: Human Nature, Meaning, and Social Life*, Oxford University Press, 2005, S. 206 f.
- Kahneman, Daniel & Tversky, Amos: "On the psychology of prediction", *Psychological Review* 80, 1973, S. 237-251.
- Gigerenzer, Gerd: *Das Einmaleins der Skepsis. Über den richtigen Umgang mit Zahlen und Risiken*, 2002.
- Plous, Scott: *The Psychology of Judgment and Decision Making*, McGraw-Hill, 1993, S. 115 ff.

가용성 편향

- "사람들은 자신들이 쉽게 이해할 수 있는 정보를 갖고 있는 한편 이해하기 어려운 다른 정보들도 갖고 있다. 그런데 잘 이해할 수 있는 정보만 근거로 삼아 결정을 내리곤 한다. 그래서 그들은 훨씬 중요한 정보를 무시한다. 그런 정보가 올바른 인식의 결과에 이른다는 점에서 훨씬 중요한데도 불구하고 숫자적인 면에서는 그 가치가 적기 때문이다. 우리 버크셔 해서웨이는 거칠더라도 옳게 하는 것이 더 나을 것이다. 바꿔서 말하면, 만약 어떤 일이 몹시 중요하다면 눈에 보이는 좋은 근거들을 가지고 판단을 내리기보다는 그 일에 대해서 다른 결과를 추측해봐야 할 것이다."(Munger, Charles T.: *Poor Charlie's Almanack*, Third Edition, Donning, 2008, S. 486)
- 가용성 편향은 회사들이 리스크 관리를 할 때 왜 금융시장 리스크 관리에 국한하는가를 보여주는 이유가 되기도 한다. 즉 거기에는 데이터가 많기 때문이다. 반대로 운용상의 리스크에 있어서는 데이터가 거의 없다. 그것들은 공개적이지 않은 것이다. 그러므로 많은 회사들로부터 힘들여서 끌어 모아야 하며 그렇게 하는 데는 비용이 많이 든다. 그래서 사람들은 구하기 쉬운 자료를 가지고 이론을 세우는 것이다.

- "의학 관련 문헌은 의사들이 자신이 겪은 첫 번째 경험에 매어 있는 사람들이라는 것을 보여준다. 그래서 그들이 결정적으로 확실한 연구들조차 받아들이기를 거부한다는 것은 믿기 어려운 일이다."(Dawes, Robyn M.: *Everyday Irrationality: How Pseudo-Scientists, Lunatics, and the Rest of Us Systematically Fail to Think Rationally*, Westview Press, 2001, S. 102 ff.)
- 자기 스스로 내리는 결정의 가치에 대한 신뢰는 그 결정들(예측들)의 구체성 여부와 상관없다. 오로지 그 결정들의 숫자에 달려 있다. 그것은 근본적인 '컨설턴트 문제'라고 부를 수도 있다. 다음을 참조: Einhorn, Hillel J. & Hogarth, Robin M.: "Confidence in judgment: Persistence of the illusion of validity", *Psychological Review* 85 (5), September 1978, S. 395-416
- Tversky, Amos & Kahneman, Daniel: "Availability: A heuristic for judging frequency and probability", *Cognitive Psychology* 5, 1973, S. 207-232.

이야기 편향

- Dawes, Robyn M.: Everyday Irrationality: *How Pseudo-Scientists, Lunatics, and the Rest of Us Systematically Fail to Think Rationally*, Westview Press, 2001, S. 111 ff.
- Turner, Mark: The Literary Mind: The Origins of Thought and Language, Oxford University Press, 1998.

사후 확신 편향

- 로널드 레이건의 대선 승리에 대해서는 다음을 참조: "Where the Polls Went Wrong", *Time Magazine* 1/12/1980.
- Fischoff, B.: "An early history of hindsight research", *Social Cognition* 25, 2007, S. 10-13.
- Blank, H. & Musch, J.& Pohl, R. F.: "Hindsight Bias: On Being Wise After the Event", *Social Cognition* 25 (1), 2007, S. 1-9.

통제의 환상

- 기린에 대한 사례에 관해서는 다음을 참조: "Illusion of Control-6 No One Can Control the Complexity and Mass of the U.S. Economy", *Freeman-Ideas on Liberty* 51 (9), 2001.
- 카지노에서 주사위를 던지는 것에 대해서는 다음을 참조: Henslin, J. M.: "Craps and magic", *American Journal of Sociology* 73, 1967, S. 316-330.
- Plous, Scott: *The Psychology of Judgment and Decision Making*, McGraw-Hill, 1993, S. 171.
- 심리학자 로이 바우마이스터는 사람들이 자신의 병을 이해하면 고통을 더 잘 참아낼 수 있다는 것을 증명했다. 장기적으로 볼 때 환자들은 의사가 그들에게 병명을 말해주고 그것이 어떤 의미를 갖는지 설명해주면 훨씬 더 나아진다는 것이다. 그러나 통제의 환상의 효과는 병을 치료할 아무런 수단이 없는 곳에서도 그 기능을 발휘한다. 이에 관해서는 다음을 참조: Baumeister, Roy F.: *The Cultural Animal: Human Nature, Meaning, and Social Life*, Oxford University Press, 2005, S. 97 ff.
- 위의 주제에 대한 논문 중 추천하고 싶은 것: Rothbaum, Fred & Weisz, John R. & Snyder, Samuel S.: "Changing the world and changing the self: A twoprocess model of perceived control", *Journal of Personality and Social Psychology* 42 (1), 1982, S. 5-37.
- Jenkins, H. H. & Ward, W. C.: "Judgement of contingency between responses and outcomes", *Psychological Monographs* 79 (1), 1965.
- 플라시보 버튼에 대해서는 다음의 4가지 참고 문헌이 있다: ①Lockton, Dan: "Placebo buttons, false affordances and habit-forming", *Design with Intent*, 2008: http://architectures.danlockton.co.uk/2008/10/01/placebobuttons-false-affordances-and-habit-forming/ ②Luo, Michael: "For Exercise in New York Futility, Push Button", *New York Times*, 27.02.2004. ③Paumgarten, Nick: "Up and Then Down-The lives of eleva-

tors", *The New Yorker*, 21.04.2008. ④Sandberg, Jared: "Employees Only Think They Control Thermostat", *The Wall Street Journal*, 15.01.2003.

중간으로의 역행

- '중간으로의 역행'은 인과관계가 아니라 순전히 통계학적인 관계라는 것에 주의할 것.
- 대니얼 카너먼: "나는 비행 교사들을 가르치는 동안 기술 훈련을 촉진시키는 데는 질책보다 칭찬이 효과적이라는 아주 만족할 만한 경험을 했다. 한 강연장에서 그것에 대해 말하자, 청중 속에서 경험이 많은 교사들 가운데 한 명이 손을 들더니 자신의 생각을 짧게 말했다. 그의 말은 긍정적으로 칭찬을 하는 것은 새들에게는 좋을지 모른다는 것으로 시작해서, 비행 사관학교 생도들에게는 최적의 방법이 아니라고 부인하는 쪽으로 흘러갔다. 그는 이렇게 말했다. '저는 비행 생도들에게 어떤 곡예비행을 깨끗하게 해낸 것에 대해서 칭찬을 해주곤 했습니다. 그러면 생도들은 다음번에 전보다 더 실력이 떨어지는 경우가 많았습니다. 그리고 생도들에게 비행을 잘 못한다고 소리쳐 꾸짖기도 했습니다. 그런데 그러고 나면 보통 다음번에는 더 잘해냈습니다. 그러니 제발 저희들한테는 칭찬이 더 효과가 있고 질책이 그렇지 않다는 말을 하지 말아주십시오. 왜냐하면 그 반대의 경우이니까요.' 이것은 내가 세계에 대해서 중요한 진리를 이해하게 된 재미있는 순간이었다." (인용: See Wikipedia entry *Regression Toward The Mean*)
- Frey, Ulrich & Frey, Johannes: *Fallstricke*, Beck, 2009, S. 169 ff.

도박꾼의 오류

- '도박꾼의 오류'는 '몬테카를로의 틀린 결론'이라고도 불린다. 1913년의 사례는 다음 책을 참조: Lehrer, Jonah: *How We Decide*, Houghton Mifflin Harcourt, 2009, S. 66.
- IQ 사례는 다음을 참조: Plous, Scott: *The Psychology of Judgment and Decision Making*, McGraw-Hill, 1993, S. 113.

- Gilovich, Thomas & Vallone, Robert & Tversky, Amos: "The Hot Hand in Basketball: On the Misperception of Random Sequences", in: Gilovich, Thomas & Griffin, Dale & Kahneman, Daniel: *Heuristics and Biases*, Cambridge University Press, 2002, S. 601 ff.

공유지의 비극
- Hardin, Garrett: "The Tragedy of the Commons", Science 162, 1968, S. 1243-1248.
- Hardin, Garrett & Baden, John: *Managing the Commons*, San Francisco, 1977.
- 노벨 경제학상을 수상한 여류 학자 엘리너 오스트롬은 저서 『Governing the Commons: The Evolution of Institutions for Collective Action』에서 공유 재산의 비극을 가렛 하딘처럼 흑백논리로 판단하지 않았다. 그의 말에 따르면 호의적인 독재자도, 공유 재산의 사유화도 필요하지 않다. 참여자들의 자체적인 조직으로도 충분하다는 것이다. 그렇지만 자체적인 조직도 하딘이 이해하는 바처럼 일종의 '경영'이다. 그 점에 있어서 오스트롬은 하딘의 견해와 대립하지 않는다.

결과 편향
- 원숭이 사례는 다음을 참조: Malkiel, Burton Gordon: *A Random Walk Down Wall Street: The Time-tested Strategy for Successful Investing*, W. W. Norton, 1973.
- Baron, J. & Hershey, J. C.: "Outcome bias in decision evaluation", *Journal of Personality and Social Psychology* 54 (4), 1988, S. 569-579.
- 외과 의사들의 사례에 대해 생각해보고 싶다면 통계학 안내서를 택한 후 "Ziehen aus einer Urne mit Zurücklegen" 항목을 읽어보라.
- Taleb, Nassim Nicholas: *Fooled by Randomness*, Second Edition, Random House, 2008, S. 154.

- 역사가들의 오류에 대해서는 다음을 참조: Fischer, David Hackett: *Historians' Fallacies: Toward a Logic of Historical Thought*, Harper Torchbooks, 1970, S. 209-213.

선택의 역설

- TED.com.에 들어 있는 배리 슈워츠의 2가지 비디오 참고.
- Schwartz, Barry: *The Paradox of Choice: Why More Is Less*, Harper, 2004.
- 선택의 역설이라는 문제는 본문에 설명된 것보다 더 심각하다. 실험 결과에 의하면 의사결정을 내리는 일은 많은 에너지를 소모하기 때문에 결국 감정적인 충동에 스스로 맞서려고 할 때 이런 에너지가 부족하게 된다.(Baumeister, Roy F.: *The Cultural Animal: Human Nature, Meaning, and Social Life*, Oxford University Press, 2005, S. 316 ff.)
- Botti, S. & Orfali, K. & Iyengar, S. S.: "Tragic Choices: Autonomy and Emotional Response to Medical Decisions", *Journal of Consumer Research* 36 (3), 2009, S. 337-352.
- Iyengar, S. S. & Wells, R. E. & Schwartz, B.: "Doing Better but Feeling Worse: Looking for the 'Best' Job Undermines Satisfaction", *Psychological Science* 17 (2), 2006, S. 143-150.
- "사람들에게 자신의 선택이 반영된다고 생각하게 만드는 것은 그들의 추종을 확보하는 강력한 도구가 된다."(Baumeister, Roy F.: *The Cultural Animal: Human Nature, Meaning, and Social Life*, Oxford University Press, 2005, S. 323)

확률의 무시

- Monat, Alan & Averill, James R. & Lazarus, Richard S.: "Anticipatory stress and coping reactions under various conditions of uncertainty", *Journal of Personality and Social Psychology* 24 (2), November 1972, S. 237-253.
- "개연성들은 인간의 주요한 맹점이 되며 그리하여 생각을 단순화시키는 데 초점

을 두게 된다. 현실, 특히 사회적인 현실은 본질적으로 개연성이 크다. 그러나 인간의 생각은 그것을 흑백논리 범주 속에서 다루기를 선호한다.(Baumeister, Roy F.: *The Cultural Animal: Human Nature, Meaning, and Social Life*, Oxford University Press, 2005, S. 206)
- 우리는 개연성에 대해서 직관적인 이해를 할 수 없기 때문에 위험성에 대해서도 직관적으로 이해할 수가 없다. 그러므로 보이지 않는 위험성들을 보이게 하기 위해서는 매번 다시금 금융시장의 붕괴 같은 것이 필요하다. 경제학자들이 이것을 이해하는 데는 놀랍게도 오랜 시간이 걸렸다. 참고: Bernstein, Peter L.: *Against the Gods, The Remarkable Story of Risk*, Wiley, 1996, S. 247 ff.

제로 리스크 편향
- Rottenstreich, Y. & Hsee, C. K.: "Money, kisses, and electric shocks: on the affective psychology of risk", *Psychological Science* 12, 2001, S. 185-190.
- Slovic, Paul et al.: "The Affect Heuristic", in: Gilovich, Thomas & Griffin, Dale & Kahneman, Daniel: *Heuristics and Biases*, Cambridge University Press, 2002, S. 409.

인센티브에 특별 반응을 보이는 경향
- Munger Charles T.: *Poor Charlie's Almanack*, Third Edition, Donning, 2008, S. 450 ff.
- "경영에 있어서 가장 중요한 규칙은 '인센티브 권리를 얻는 것이다."(위의 책 S. 451).
- "전문적인 조언이 너무 좋을 때는 그 조언을 두려워하라."(위의 책S. 452).

정박 효과
- 사회보장번호와 룰렛에 대해서는 다음을 참조: Ariely, Dan: *Pedictibly Irrational*, HarperCollins, 2008, Chapter 2. Tversky, Amos & Kahneman,

Daniel: "Judgment under Uncertainty: Heuristics and Biases", *Science* 185, 1974, S. 1124-1131.
- 루터에 관한 변형된 내용은 다음을 참조: Epley, Nicholas & Gilovich, Thomas: "Putting Adjustment Back in the Anchoring and Adjustment Heuristic", in: Gilovich, Thomas & Griffin, Dale & Kahneman, Daniel: *Heuristics and Biases*, Cambridge University Press, 2002, S. 139 ff.
- Frey, Ulrich & Frey, Johannes: *Fallstricke*, Beck, 2009, S. 40.
- 아틸라에 대해서는 다음을 참조: Russo, J. E. & Shoemaker, P. J. H: *Decision Traps*, Simon & Schuster, 1989, S. 6.
- 주택 가격의 책정에 대해서는 다음을 참조: Northcraft, Gregory B. & Neale, Margaret A.: "Experts, Amateurs, and Real Estate: An Anchoring-and-Adjustment Perspective on Property Pricing Decisions", *Organizational Behavior and Human Decision Processes* 39, 1987, S. 84-97.
- 협상과 판매 상황에서 나타나는 정박 효과는 다음을 참조: Ritov, Ilana: "Anchoring in a simulated competitive market negotiation" *Organizational Behavior and Human Decision Processes* 67, 1996, 16-25. Reprinted in: Bazerman, M. H. (Hrsg.): *Negotiation, Decision Making, and Conflict Resolution*, Vol. 2, Edward Elgar Publishers, 2005.

손실 회피

- 손실은 이득보다 두 배는 더 심각하다는 내용에 대해 다음을 참조: Kahneman, Daniel & Tversky, Amos: "Prospect Theory: An Analysis of Decision under Risk", *Econometrica* 47 (2), März 1979, S. 273.
- 유방암을 조기에 인식시키기 위한 캠페인 사례는 다음을 참조: Meyerowitz, Beth E. & Chaiken, Shelly: "The effect of message framing on breast selfexamination attitudes, intentions, and behavior", *Journal of Personality and Social Psychology* 52 (3), März 1987, S. 500-510.

- 우리는 긍정적인 것보다 부정적인 자극에 더 강하게 반응한다. 이에 대해서는 다음을 참조: Baumeister, Roy F.: *The Cultural Animal: Human Nature, Meaning, and Social Life*, Oxford University Press, 2005, S. 201 und S. 319.
- 인간은 손실에 대해 반감을 보이는 유일한 종이라는 것을 이 연구 논문은 설명하고 있다. 원숭이 역시 이러한 생각의 오류를 보인다. 다음을 참조: Silberberg, A. et al.: "On loss aversion in capuchin monkeys", *Journal of the Experimental Analysis of Behavior* 89, 2008, S. 145-155.

그릇된 인과관계

- Dubben, Hans-Hermann & Beck-Bornholdt, Hans-Peter: *Der Hund, der Eier legt-Erkennen von Fehlinformation durch Querdenken*, rororo, 2006, S. 175 ff.
- 황새의 멋진 사례 참조: 위의 책 S. 181.
- 소장하고 있는 책들에 대한 참조: National Endowment for the Arts: *To Read or Not To Read: A Question of National Consequence*, November 2007.

생존 편향

- Dubben, Hans-Hermann & Beck-Bornholdt, Hans-Peter: *Der Hund, der Eier legt-Erkennen von Fehlinformation durch Querdenken*, rororo, 2006, S. 238.
- 펀드와 금융시장 지수 속에 있는 생존 편향에 대해서는 다음을 참조: Elton, Edwin J. & Gruber, Martin J. & Blake, Christopher R.: "Survivorship Bias and Mutual Fund Performance", *The Review of Financial Studies* 9 (4), 1996.
- 우연히 일어나는 통계학상의 중요한 사건들(자기 선택적 편향)에 대해서는 다음을 참조: Ioannidis, John P. A.: "Why Most Published Research Findings Are

False", *PLoS Med* 2 (8), e124, 2005.

대안의 길

- 러시안룰렛에 관한 사례: Taleb, Nassim Nicholas: *Fooled By Randomness*, Random House, 2001, S. 23.
- "알렉산더 대왕이나 카이사르 같은 인물들은 지적이고, 용감하고, (때로는) 고귀했으며, 그들이 살던 당시에 획득 가능한 최고의 문화를 가지고 있었다. 그러나 역사의 곰팡내 나는 각주(脚註) 속에서 살고 있는 수천 명의 다른 사람들 역시 그런 문화를 갖고 있었다."(Taleb, Nassim Nicholas: *Fooled by Randomness*, Random House, 2001, S. 34)
- "4만여 개의 주식 가운데 매년 그 액수가 틀림없이 두 배로 뛰는 주식을 당신에게 알려줄 수 있다고 주장한다면, 당신은 사회보장부금 전액을 거기에 투자하는 것이 옳을까?"(위의 책 S. 146)

예지의 환상

- Tetlock, Philip E.: *How Accurate Are Your Pet Pundits?* Project Syndicate/Institute for Human Sciences, 2006.
- Koehler, Derek J. & Brenner, Lyle & Griffin, Dale: "The Calibration of Expert Judgment. Heuristics and biases beyond the laboratory", in: Gilovich, Dale Griffin and Daniel Kahneman (Hrsg.): *Heuristics and Biases. The Psychology of Intuitive Judgment*, Cambridge University Press, 2002, S. 686.
- "경제적인 예측의 유일한 기능은 천문학적인 시각을 존중하는 것이다."(John Kenneth Galbraith, http://news.bbc.co.uk/2/hi/business/4960280.stm)
- 토니 블레어의 예측에 관한 참조: Buehler, Roger & Griffin, Dale & Ross, Michael: "Inside the planning fallacy: The causes and consequences of optimistic time predictions", in: Gilovich, Thomas & Griffin, Dale

& Kahneman, Daniel (Hrsg.): *Heuristics and biases: The psychology of intuitive judgment*, Cambridge University Press, 2002, S. 270.

- "역사 속에서는 전쟁만큼이나 많은 역병이 있었다. 그러나 역병과 전쟁은 똑같이 사람들을 놀라게 한다."(Albert Camus, *The Plague*)
- "나는 경제 예측을 읽지 않는다. 우스꽝스러운 신문들은 읽지 않는다."(Warren Buffett)
- 하버드대학교 교수 시어도어 레빗은 다음과 같이 말했다. "예언자가 되는 것은 쉬운 일이다. 먼저 스물다섯 가지 예측을 하라. 그러면 당신은 그중 실현되는 것들을 맞춘 예언자가 된다."(Bevelin, Peter: *Seeking Wisdom. From Darwin to Munger*, Post Scriptum, 2003, S. 145)
- "미국에는 6만 명의 경제학자가 있으며, 그들 가운데 상당수는 불황과 금리에 대한 예측을 하도록 고용되었다. 만약 그들이 연속해서 두 번만 예측에 성공한다면 그들은 지금쯤 백만장자가 되어 있을 것이다. 그러나 내가 아는 한, 그들 가운데 대다수는 여전히 피고용인이다."(Lynch, Peter: *One Up On Wall Street*, Simon Schuster, 2000)
- 증권거래소 분석가들은 나중에 가서 예측하는 일은 잘한다. 즉 "애널리스트들과 브로커들, 그들은 아무것도 알지 못한다. 왜 그들은 수익이 나빠진 후에야 언제나 주가를 하향 평가하는 것일까? 수익이 나빠지기 전에 주가를 하향 평가하는 사람들은 어디에 있는가? 그런 사람들이야말로 훌륭한 분석가이다. 그러나 나는 그런 사람은 보지 못했다. 그런 사람들은 드물다, 매우 드물다. 백인 비밀 결사대 모임에서 흑인인 제시 잭슨 목사를 보는 것보다 더 드문 일이다."(Perkins, Marc: 2000 TheStreet.com)

결합 오류

- 클라우스에 관한 이야기는 트버스키와 카너먼의 책에 나오는 '린다 이야기'의 변형이다. 참조: Tversky, Amos & Kahneman, Daniel: "Extension versus intuitive reasoning: The conjunction fallacy in probability judgment",

Psychological Review 90 (4), Oktober 1983, S. 293-331 . Die Conjunction Fallacy wird deshalb auch "Linda-Problem" genannt.
- 석유 소비에 대한 사례는 내용이 변형되면서 간소화됐다. 원문은 다음을 참조: 위의 책 S. 293-315.
- 생각의 두 가지 형태, 직관적 사고와 합리적 사고 또는 시스템1과 시스템2에 대해서는 다음을 참조: Kahneman, Daniel: "A perspective on judgement and choice", *American Psychologist* 58, 2003, S. 697-720.

연상 편향
- Baumeister, Roy F.: *The Cultural Animal: Human Nature, Meaning, and Social Life*, Oxford University Press, 2005, S. 280.
- 워런 버핏은 오히려 나쁜 소식을 빨리 듣고 싶어 한다. 좋은 뉴스라면 기다려도 되기 때문이다. 참조: Munger, Charles T.: *Poor Charlie's Almanack*, Third Edition, Donning, 2008, S. 472.
- "전령을 쏘지 마라"는 말은 셰익스피어의 희곡에서 처음 나온다. 참조: *Henry IV*, Teil 2, 1598.
- 많은 나라들, 특히 18세기 뉴잉글랜드에는 '도시의 외침꾼(Town Crier)'이라는 직업이 있었다. 그의 임무는 세금 인상 같은 나쁜 소식을 퍼뜨리는 것이었다. 그리고 '전령 쏘기 신드롬'을 해결하기 위해 여러 도시들은 도시의 외침꾼에게 위해를 가한 사람에게 높은 형벌을 내리는 법령을 제정했다. 오늘날 우리는 더 이상 그렇게 문명화되어 있지 않다. 우리는 가장 크게 '나쁜 소식을 외치는 사람들'을 곧장 감옥에 처넣는다. 위키리크스의 창설자인 줄리언 어샌지를 보라.

초심자의 행운
- Taleb, Nassim Nicholas: *The Black Swan*, Random House, 2007, S. 109.

과신 효과

- Pallier, Gerry et al.: "The role of individual differences in the accuracy of confidence judgments", *The Journal of General Psychology* 129 (3), 2002, S. 257 f.
- Alpert, Marc & Raiffa, Howard: "A progress report on the training of probability assessors", in: Kahneman, Daniel & Slovic, Paul & Tversky, Amos: *Judgment under uncertainty: Heuristics and biases*, Cambridge University Press, 1982, S. 294-305.
- Hoffrage, Ulrich: "Overconfidence", in: Pohl, Rüdiger: *Cognitive Illusions: a handbook on fallacies and biases in thinking, judgement and memory*, Psychology Press, 2004.
- Gilovich, Thomas & Griffin, Dale & Kahneman, Daniel(Hrsg.): Heuristics and biases: *The psychology of intuitive judgment*, Cambridge University Press, 2002.
- Vallone, R. P. et al. : "Overconfident predictions of future actions and outcomes by self and others", *Journal of Personality and Social Psychology* 58, 1990, S. 582-592.
- Baumeister, Roy F.: *The Cultural Animal: Human Nature, Meaning, and Social Life*, Oxford University Press, 2005, S. 242.
- 과신은 남성들의 진화에 어떤 영향을 끼쳤을까에 대한 흥미로운 가설은 다음을 참조: Baumeister, Roy F.: *Is there Anything Good About Men? How Cultures Flourish by Exploiting Men*, Oxford University Press, 2001, S. 211 ff.
- 과신, 특히 과장된 자기 이미지가 건강에 좋다는 가설에 대한 토론: Plous, Scott: The Psychology of udgment and Decision Making, McGraw-Hill, 1993, S. 217 ff. und 253.

권위자 편향

- 의사의 조치에 의해 야기된 병의 증상들과 상해를 '의원성(Iatrogenesis)' 증상이라고 부른다. 그 예로 '사혈'을 들 수 있다.
- Cialdini: Robert B.: Influence: *The Psychology of Persuasion*, HarperCollins, 1998, S. 208 ff.
- 1900년 이전까지 의사들이 행한 의료 실적에 대해서는 다음을 참조: Arkiha, Noga: *Passions and Tempers: A History of the Humours*, Harper Perennial, 2008.
- 2008년의 금융 위기 이후, 예기치 못한 전 세계적 규모의 큰 사건이 두 건 일어났다(검은 백조 현상). 그것은 아랍 국가 시민들의 민주화 혁명(2011)과 일본 대지진으로 인한 원자력 발전소 참사였다(2011). 정치와 안보를 담당하는 전 세계 권위자들의 수는 약 10만 명으로 추산되는데, 그중에서 단 한 명도 이 두 가지 사건이 일어날 거라고 미리 예측한 사람은 없었다. 권위자들을 불신할 만한 충분한 이유가 된다. 특히 문화 트렌드, 정치, 경제와 같은 사회적 분야의 전문가들일 경우에는 더욱 그렇다. 그들이 어리석기 때문에 예측을 못한 것이 아니다. 다만 그들은 도저히 승리할 수 없는 곳에서 경력을 쌓아야 하는 직업을 선택한 것이 불운이었을 뿐이다. 그들에게는 두 가지 대안이 있다. 하나는 "나는 모릅니다"라고 솔직하게 말하는 것이다(그것은 가족을 부양해야 하는 경우라면 좋은 선택이 아니지만). 다른 하나는 허풍을 떠는 것이다.
- Milgram, Stanley: *Obedience to Authority - An Experimental View*, HarperCollins, 1974. Es gibt auch eine DVD mit dem Titel *Obedience*, 1969.

인지적 부조화

- Plous, Scott: *The Psychology of Judgment and Decision Making*, McGraw-Hill, 1993, S. 22 ff.
- 인지적 부조화에 대한 훌륭한 논문: Festinger, Leon & Carlsmith, James M.:

"Cognitive Consequences of Forced Compliance", *Journal of Abnormal and Social Psychology* 58, 1959.
- Elster, Jon: Sour Grapes: *Studies in the Subversion of Rationality*, Cambridge University Press, 1983, S. 123 ff.
- 탈레브에 의하면, 투자가인 조지 소로스의 강점 가운데 하나는 인지적 부조화가 없다는 것이다. 소로스는 자신의 견해를 조금도 고통스러운 감정을 느끼지 않고도 한순간에 바꿀 수 있다. 이에 대해서는 다음을 참조: Taleb, Nassim Nicholas: *Fooled by Randomness*, Second Edition, Random House, 2008, S. 239.

과도한 가치 폄하

- 과도한 가치 폄하에 대한 첫 번째 연구 보고서: Thaler, R. H.: "Some Empirical Evidence on Dynamic Inconsistency", *Economic Letters* 8, 1981, S. 201-207.
- 마시멜로 테스트 참조: Shoda, Yuichi & Mischel, Walter & Peake, Philip K.: "Predicting Adolescent Cognitive and Self-Regulatory Competencies from Preschool Delay of Gratification: Identifying Diagnostic Conditions", *Developmental Psychology* 26 (6), 1990, S. 978-986.
New Yorker: Lehrer, Jonah: "Don't! The secret of self-control", 18. Mai 2009.
- "보상을 미룰 수 있는 능력은 매우 필요하고 합리적이지만 때로는 실패하며, 사람들은 즉각적인 보상을 움켜쥔다. 즉각적인 것의 효과는 확실성의 효과와 닮았다. 문화적 동물이 갖고 있는 세련된 생각의 과정 밑바닥에는 여전히 사회적 동물이 갖고 있는 더 단순한 요구와 성향이 숨어 있다. 이따금은 그런 성향이 이긴다." (Baumeister, Roy F.: *The Cultural Animal: Human Nature, Meaning, and Social Life*, Oxford University Press, 2005, S. 320 f.)
- 당신이 레스토랑을 하나 운영하고 있는데, 한 손님이 와서 당신에게 100유로짜

리 청구서를 오늘 지불하지 않고 그 대신 30년 후에 1,700유로를 송금해주겠다는 제안을 한다고 가정하자. 이는 연간 10퍼센트의 이자를 계산한 것에 해당된다. 당신은 그것을 받아들이겠는가? 아마도 거의 그러지 않을 것이다. 30년 후에 무슨 일이 일어날지 누가 알겠는가? 그렇다면 지금 생각의 오류를 하나 범한 것일까? 그렇지 않다. '과도한 가치 폄하'와는 반대로 오랜 시간일 경우에는 더 높은 이자율을 적용하는 것이 적합하다. 스위스에서는 (일본의 후쿠시마 원전 사태가 있기 전에는) 30년 후에 상환하는 조건으로 원자력 발전소를 건설하는 계획이 논의됐다. 어리석은 계획이다. 이 30년 동안에 어떤 새로운 기술들이 시장에 나오게 될지 누가 알겠는가? 10년 상환이라면 논의할 만한 이유가 될 수 있을지도 모른다. 그러나 30년은 아니다. 리스크를 전혀 고려하지 않더라도 말이다.

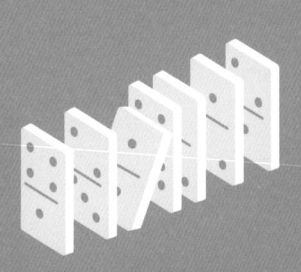

옮긴이 두행숙

서강대학교 독어독문학과를 졸업한 후 독일 뒤셀도르프 대학교에서 독문학 박사학위를 받았다. 그 후 서강대, 명지전문대, 한국교원대, 충북대, 중앙대 등에서 독일문학과 철학을 강의했으며, 현재는 서강대에서 독일어와 독일문학, 독일문화사 강의를 하면서 번역 활동을 하고 있다. 주요 번역서로는 《시간이란 무엇인가》, 《꿈꾸는 책들의 도시》, 《타이타닉의 침몰》, 《디지털 보헤미안》, 《거대한 도박》, 《의사결정의 함정》, 《레아》, 《은하수를 여행했던 천재들의 역사》, 《신의 반지》, 《여름의 마지막 장미》, 《헤겔의 미학강의》, 《젊은 베르테르의 슬픔》, 《차라투스트라는 이렇게 말했다》, 《오레스테이아》, 《스마트한 선택들》, 《데미안》, 《정원에서 보내는 시간》 등 다수가 있다.

스마트한 생각들
사람의 마음을 움직이는 52가지 심리 법칙

초판   1쇄 발행 2024년 12월 23일
초판 56쇄 발행 2022년 8월 19일
2판   1쇄 발행 2024년 12월 30일

지은이 롤프 도벨리   **그림** 비르기트 랑   **옮긴이** 두행숙

발행인 이봉주   **단행본사업본부장** 신동해
디자인 최희종   **마케팅** 최혜진 이인국
국제업무 김은정 김지민   **제작** 정석훈

브랜드 갤리온
주소 경기도 파주시 회동길 20
문의전화 031-956-7210(편집) 031-956-7089(마케팅)
홈페이지 www.wjbooks.co.kr
인스타그램 www.instagram.com/woongjin_readers
페이스북 www.facebook.com/woongjinreaders
블로그 blog.naver.com/wj_booking

발행처 ㈜웅진씽크빅
출판신고 1980년 3월 29일 제406-2007-000046호

한국어판 출판권 © ㈜웅진씽크빅, 2012, 2024
ISBN 978-89-01-29139-0 (03320)

- 갤리온은 ㈜웅진씽크빅 단행본사업본부의 브랜드입니다.
- 책 내용의 전부 또는 일부를 이용하려면 반드시 저작권자와 ㈜웅진씽크빅의 서면 동의를 받아야 합니다.
- 책값은 뒤표지에 있습니다.
- 잘못된 책은 구입하신 곳에서 바꾸어 드립니다.